上山下乡与大返城

——以社会运动学视角

Sent-Down Campaign and Back-to-City Movement:

A Social Movement Perspective

乔晞华 著

Joshua Zhang

美国华忆出版社

Remembering Publishing, LLC. USA

Copyright © 2021 by Remembering Publishing, LLC. USA

Sent-Down Campaign and Back-to-City Movement:
A Social Movement Perspective

Joshua Zhang

ISBN： 978-1-68560-000-6 (Print)
978-1-68560-001-3 (Ebook)

Remembering Publishing, LLC
RememPub@gmail.com

上山下乡与大返城——以社会运动学视角

乔晞华 著

出版： 美国华忆出版社
版次： 2021年11月第一版，第一次印刷
字数： 158千字

All rights reserved.
No part of this book may be reproduced in any form or by any electronic or mechanical means including information storage and retrieval systems, without permission in writing from the publisher. The only exception is by a reviewer, who may quote short excerpts in review.

作品内容受国际知识产权公约保护，版权所有，侵权必究

省思，从知青大返城的成功开始

上山下乡运动历时20多年，涉及千百万知识青年（以下简称"知青"），几乎波及中国城镇居民的每户人家，对中国造成极大的影响。中共当局采用各种强制或半强制手段，迫使广大知青下乡，但是民众从来就没有放弃和停止过抗争。1953年开始当局号召青年下上山下乡，知青返城也从50年代中期开始，以病退的方式拉开对抗的序幕。这是一场知青与当局之间长达20多年的屡败屡战的抗争，这是一个顺应世界潮流和倒行逆施的两股力量的较量。

1978年底，云南知青掀起大返城风潮，他们敢于成立自发的草根机构，举行大规模罢工，接管整个垦区，不惜豁出生命举行悲壮的绝食，打破封锁进京请愿，北上受阻时敢于卧轨，中断铁路交通，终于迫使当局让步。中共的上山下乡运动被迫中止，连50和60年代下乡的老知青也以各种方式回到城市。这是迄今为止自中共建政以来，民众唯一的一次获得全面胜利的自发的群众运动。如何给知青大返城定位和定性，如何总结其经验教训，是本书的重点。

在研究过程中，笔者进行了"关于上山下乡情况"的网上问卷调查，曾得到陈远焕（美国）、汪海如、邱新睦（美国）、阎淮、钱洁永（美国）、启之、何蜀、朱盛镭、于向真、郑红兵、向卫国，以及许多不知名的知青的帮助，并得到《上海知青网》等网站的支持。在此表示衷心的感谢。

本书采用数学统计分析方法，对收集到的数据进行大量的定量分析。为方便对统计学不感兴趣的读者，笔者把有关计算和统计原理介绍放在书末的附录中。书中的图表较多，不感兴趣的读者可以跃过图表，直接阅读有关的论述。

作者 于美国

2021年10月 联：qiaoxihua@gmail.com

目　录

省思，从知青大返城的成功开始 1

绪　论 1

第1章　上山下乡运动述略 17
第2章　上山下乡运动的动员 23
第3章　上山下乡与文革 45
第4章　知青生活 58
第5章　知青大返城概述 83
第6章　另类返城 110
第7章　劫后余生：返城和返城后 131
第8章　大返城与社会运动学 162
第9章　知青大返城运动的动员和发展 181
第10章　知青大返城运动的经验和教训 192
第11章　结　语 206

附录1　关于"上山下乡情况"的问卷调查 216
附录2　知青原居住地 222
附录3　知青下放地 224
附录4　聚类分析法 228
附录5　对数线性模型 230
附录6　对数回归模型 232
附录7　隐类别分析法 234
附录8　线性回归模型 239

附录9 广东知青逃港抽样估算 241
附录10 定性比较分析法 242
附录11 T-检验 244

参考文献 245
索　引 256

绪　　论

中国大规模群众运动的兴起始于文革，为期十年的文革是中国现代史上的重要事件。文革中，党内和党外各自的激进派、温和派和保守派六个集团之间和集团内部，进行了一场不完全信息的、非合作式的博弈。文革以保守派失势开始，以激进派完败告终，这是我们提出的文革"博弈说"。

文革中，造反的民众一次又一次地分裂。每当造反民众获得一个大的胜利，他们立即分裂，陷入内战，造反民众的能量在内战中消耗殆尽。这是为什么呢？造反民众没有能够联合有多种原因，归根结底是因为他们对形势的误判。他们没有分清真正的敌友，以为保守派已经完败。在对权力贪婪的驱动下，把曾是同一战壕的战友当成敌人，试图独霸天下。正是由于这一错误的策略，出现造反民众的分裂。如果造反民众在保守派失败后能够迅速联合，共享胜利果实，中国的历史也许会改写。造反民众是被自己打败的，是被内讧吞噬的，这是文革群众运动失败的最重要的教训（乔晞华等，2020）。

笔者近年来发表了两本关于文革的专著。在第一本专著[1]中，笔者对文革的暴力、分期和定义进行分析，提出文革"博弈说"。在第二本专著[2]中，笔者分析文革中的派别斗争，总结文革群众运动失败的教训。本书是前两本专著的续集，继续研究群众运动，分析知青大返城运动的经验教训，为未来的中国社会运动提供借鉴。

本书的第 1 章对上山下乡运动进行概述。该运动始于上世纪的 50 年代中期，中共号召和鼓励城市青年上山下乡，目的是为了解决城市青年学生的就业，加强农业建设。大跃进年代，上山下乡运动暂时停止，人口的迁徙方向完全逆转。但是好景不长，由于大跃进的失

---

[1] 中文版：乔晞华（2015）；英文版：Zhang and Wright（2018）.
[2] 中文版：乔晞华，Monte and Wright（2020）；英文版：Zhang, Monte and Wright（2020）.

败，许多工矿企业不得不停产关闭，城市人口就业途径变得非常狭窄。周恩来在一次内部讲话中宣称，今后18年内有3,500万城市青年需要下放到农村去。

文革初期，上山下乡运动再次停顿，知青掀起规模巨大的返城风潮，他们趁乱离开农村回到城市。1968年底毛一声令下，全国掀起上山下乡运动的高潮。从此以后，知青上山下乡基本上成为一项制度。高度政治化使得上山下乡运动带有明显的强制性。文革中的上山下乡是一锅端、一刀切，根本不顾知青本人和家庭的具体情况，导致社会强烈不满，为上山下乡运动的失败埋下祸根。

第2章论述上山下乡的动员。笔者于2020年启动了为时一年的"关于上山下乡情况的问卷调查"。调查的对象不仅包括知青，还包括其他下乡人员。问卷调查共有25个问题，涉及下乡前所在地、年龄、性别、家庭出身、本人政治面貌、下乡前职业、文革中参加群众组织的情况、下乡地、下乡安置形式、动员下乡时的心情、下乡期间的劳动情况、收入、婚姻情况、心态、当地农民的态度、返城时间、返城方式、最终职业、子女发展情况、与下乡时农民的交往、目前生活的满意度、如何评价上山下乡运动等问题。参与调查的有效人数为2,822人，来自全国27个省市自治区（缺宁夏和西藏）的113个大、中、小城市，27个地区和57个县。受访者的下乡落户地遍布全国28个省（缺西藏）的640个县，58个城市市郊。

根据各省输入和输出知青的情况，笔者采用聚类分析法分析，28个省可分为四大类，（1）输出类，三个直辖市；（2）输入类14个省，如甘肃、黑龙江、内蒙、宁夏、青海、新疆、云南等；（3）省内流动类10个省，如广东、广西、湖北、湖南、江苏、四川等；（4）特殊类：浙江一个省。该省是仅次于三个直辖市的输出类省。

数据分析结果验证了文革前下乡政策中政治歧视的存在，下乡的知青出身不好的占多数，文革前的知青是"先淘汰后下乡"。文革中，被迫无奈下乡的灰五类和黑五类子弟远多于红五类子弟。在下乡的自愿程度方面，红五类子弟明显高于非红五类子弟，家庭出身与自愿态度之间存在显著差别。文革中自愿积极下乡人数比例较文革前明显减少，被强制下乡人数比例明显增加，特别是黑五类，大多数黑五类子弟（85%）是被迫或被强制下乡的。对数线性模型分析发现，文革前与文革中下乡人员对动员的态度有显著性差别，时间因素和家庭出身均对下乡态度有显著的影响。

文革中，当局采取一系列的强制性手段，受访者中被迫无奈和被强制下乡人数高达三分之二。知青们犹豫、不情愿，不甘心、想不通，出于无奈被迫下乡，这就为知青大返城埋下伏笔。

第 3 章分析知青们参与文革的情况。上山下乡在全国范围内大规模地推行，是从 1968 年下半年开始的。虽然各省相继成立了革命委员会，但是局势仍不稳定，各派群众组织没有停止派性斗争，争吵不休，武斗不断，成为社会稳定的绊脚石。毛泽东派军人和工人接管学校，紧接着开始大规模的上山下乡，意在削弱红卫兵的力量。红卫兵在被毛利用后，终于被抛弃了。不能正确理解文革的红卫兵运动，就不能理解上山下乡，而不能理解曾是红卫兵的知青，也就不能理解后来发生的知青大返城。

该章分析受访者为什么参加群众组织，他们的动机是什么，是什么原因促使他们投入到文革的群众运动中去？对于响应毛号召的原因，家庭出身和本人政治面貌有显著的影响。红五类子弟相对于黑五类子弟，参加群众组织更多的是因为响应毛的号召，相对于黑五类政治面貌，红类受访者参加群众组织的原因更多的是出于响应毛的号召，总之，出身不好，政治面貌不好，对响应号召的反应较低。在争取改变自身处境的原因方面，黑五类热情最高，灰五类次之，工农子弟和革军革干热情最低。这一结果显示出红五类阵营与非红五类阵营的区别，突显了出身不好和本人政治面貌不好的民众在文革群众运动中要求改善自身处境的强烈愿望。

从以上对民众参加群众组织原因的分析，我们可以对当时的中国社会窥见一斑。在响应毛的号召方面，革军革干子弟尤其多，工农子弟、灰五类子弟和黑五类子弟依次递减。在争取改变处境，却是朝相反方向递增。这看似不同，实质上却是一回事，都与自身的处境有关。红五类子弟，特别是革军革干子弟，是共产主义事业的当然接班人。他们只要听从党和毛的号召，前途是有保障的。通过历来的运动，人们明白这是铁定的规律。所以响应毛的号召只是表面的原因，实际上与红五类的前途密切相关。

对于争取改变处境这一目的动机，在非红五类子弟看来，是非常实际的目的。文革前的17年里，中共执行的阶级路线把灰五类和黑五类划为二等公民，他们在升学、就业、提干、事业发展和生活等各方面受尽歧视。文革的发动，使他们看到从未有过的机会。他们带着这一目的积极投入文革，希望能在文革中打个翻身仗。

响应毛的号召是红五类子弟的一种积极防守性的心态和举动，目标是保住他们已有的特权和益处。争取改变处境，则是灰五类和黑五类子弟的一种积极进攻型的心态与举动，旨在争取获得自己以前没有的权力和益处。两种心态与举动只是从不同侧面展现相同的动机，殊途同归。文革中，民众既不是疯子，也不是傻子，更不是毫无政治目标的无知群氓。

从受访者对这两个问题的回答，可以看到当时的中国分裂成为两大阵营：红色阵营和非红色阵营。在红色阵营里，有革军革干子弟、工农子弟、党团员积极分子以及中共的各级干部等。在非红阵营中，有黑五类子弟、灰五类子弟和本人是黑五类或灰五类的人们，以及被淘汰下来的原来属于红色阵营中的少数人们。忽略这一情况就不能正确理解文革，就不能理解文革中被赶出城镇的广大知青，也就不能理解知青的大返城。

第4章分析知青下乡期间的生活。对于知青来说，下乡是一条完全陌生的谋生之路，面临的首要问题，是要靠自己嫩弱的身体谋得温饱。建设兵团和农场里的知青，因为每月有固定工资或津贴，生活相对稳定些。插队落户到农村的知青，则与广大农民一样，出工一天记一天的工分，一年的收入要等数月之后甚至年终时，由生产队决算后才能知道。他们的谋生道路要艰难得多。

在插队低收入的受访者中，有90人收入是负数，辛辛苦苦干了一年，结果还倒欠生产队的钱，还有332名受访者年终结算扣除口粮后，没有任何现金收入，这两类受访者占插队低收入受访者总数的25%。一位受访者在调查问卷中忿忿地写道，"我们一个集体户在生产队干了十年，临走时，一算账还欠生产队100多元。每年冬天结账的时候，全是账面上的数字，没有钱。应该给你的，也没有钱，欠着。

插队知青最苦、最惨。坐十年牢房，也不可能欠钱！"

知青下乡期间的物质生活匮乏，但是对于下乡知青而言，更为痛苦的是精神方面的困扰。对于青年人来说，一时的挨饿受累，身体尚可以抵抗、恢复。青年一代成长所必需的精神支撑却是必不可少的。根据隐类别分析法对知青心态的分析结果，下乡知青可分为五类，在三类的受访者中（即"痛苦类""失望类""绝望类"），灰五类子弟和黑五类子弟的比例比革军革干子弟和工农子弟要高20多个百分点，红五类子弟中"无忧虑类"比非红五类子弟要高一倍。家庭出身与下乡期间的心态有显著关系。非红五类子弟比红五类子弟对前途和未来以及当时的政治压迫更加敏感，更感无助。

值得一提的是，无论是建设兵团的知青，农场知青，还是插队知青，他们在心态方面没有明显区别，尽管在经济条件上，建设兵团优于其他两类知青，但是他们在精神感觉上与其他知青别无二致，同样倍受失望、痛苦、绝望的煎熬。

知青在下乡期间的另一个重要问题是婚恋。中共针对支边青年曾提出过晚婚和计划生育的要求，1968年大批知青上山下乡时，一些地方和单位甚至提出"三年不准谈恋爱"的规定。未婚未恋者和未婚比例按插队、农场和建设兵团依次递减。总体上说，高达89%的受访者在下乡期间未结过婚。换言之，结过婚的受访者仅有一成。各类心态与下乡期间婚姻之间差别显著相关。绝望类的受访者结婚率最低，无忧虑类与失望类的知青结婚率较高，无忧虑者对前途抱有信心，安于现状，忙于成家立业，考虑结婚顺理成章。失望类因失去希望，只好通过婚姻排解目前的困境，也在情理之中。

对数回归模型结果显示，女性比男性结婚概率要高，年龄大的比年龄小的结婚的多，跨省安置的受访者比省内安置的结婚率高，收入高的比收入低的结婚率也高。工农子弟受访者的结婚率最高，黑五类稍次之，灰五类再次之，革军革干子弟最低。建设兵团和农场受访者比插队受访者结婚率高。概言之，女性、年龄大的、跨省安置的、收入高的、工农子弟和黑五类子弟、兵团和农场知青受访者更易在下乡期间结婚。

结婚知青中，又可分为知青婚、农婚等。性别在知青婚方面有明显影响，女性非知青婚比男性高。建设兵团知青婚最高，农场次之，插队最低。插队受访者的婚姻中有四分之一涉及非知青联姻。跨省安置受访者的知青婚比省内安置者要高出 14 个百分点。这是因为，跨省安置的大多数知青进入建设兵团或农场，而建设兵团和农场的知青婚远高于插队受访者。家庭出身为红五类的受访者知青婚概率最高，灰五类次之，黑五类最低，出身非红五类的受访者不得不寻找非知青结婚。四种出身之间有显著差异。本人政治面貌与家庭出身有相似的情况，红类受访者知青婚最高，中等类次之，黑五类最低。收入和年龄在知青婚方面未有显著差异。也就是说，与非知青结婚并非出于经济和年龄原因。

第 5 章简要记叙各地的返城风潮。早在 1966 年文革初期，老知青就已经掀起过返城风潮。他们的返城要求在文革刚开始时以"革命"和"造反"的形式出现。1974 年，云南发生过一次知青大返城。当时预报云南地区可能发生地震，对地震的恐惧超过了知青可以忍受的极限。数以千计的跑震知青冲破层层防线向内地进发。1974 年，江苏下放人员的大返城风潮侥幸获得成功。江苏省级高层陷入严重内斗，数千名下放户趁此机会涌入南京火车站卧轨拦车，使京沪铁路中断两天。执政的军人没有经验，自身地位岌岌可危，不得不向下放户妥协，允许返回城市。

云南农场的知青于 1978 年底开始起事，五万知青形成一个以回城为目标的群体。知青们举行无限期罢工，派出请愿团北上，卧轨阻断铁路交通。勐定农场知青不仅罢工，还举行绝食抗议，此举惊动了中央，赵凡受命前往处理。赵挺身而出，为苦难深重的知青们请命，返城大门终于打开。青海知青举行大游行，这一天恰好是青藏铁路一期工程竣工典礼日。就在鼓乐齐鸣，火车驶进站台的那一刻，数百名山东知青冲破军警的阻拦，齐刷刷地卧到铁轨上。庆典现场乱成一团，主席台上来自西北五个省的领导们怏怏离去。卧轨事件惊动了中央，青海省政府安置山东知青的方案迅速出台。新疆阿克苏知青也掀起波澜，他们进驻地委大院，并成立正式的领导班子，指挥知青的抗议行动。知青们不得已进行绝食。参加绝食的知青带了三口棺材，上面写着:"调职回沪,至死不渝!"显示阿克苏上海知青视死如归的坚定决心。

第6章简述个体的抗争。持续22年之久的大返城波澜壮阔、惊心动魄。前述的抗争是群体行为,在大返城中,也存在个人抗争,这是整个大返城中不可忽视的组成部分。个体抗争的涓涓细水与群体抗争的惊涛洪流汇集在一起,迫使当局不得不终止上山下乡运动。有的知青趁文革夺权之机试图把户口办回城去,却因被识破功亏一篑。重庆知青私刻公章,晚上撬开区公所的门锁和抽屉,偷出空白户口迁移证,又到区粮站,偷粮油关系证。因被发现,偷户口的冒险行动无果而终。昆明三知青冒险翻越深山回家,不幸迷路仅一人幸存。还有众多的知青通过病退回城,广东知青则通过逃港离开农村,奔向自由。

第7章分析知青返城和返城后的生活。知青顶职返城从1969年开始一直持续上升,1978年达到高峰。招工、招兵从1969年开始,在1971至1976年间达到峰值,以后逐年下降。推荐上学始于1970终于1976,在1973和1974两年间最多。通过高考离开农村主要发生在1977和1978两年间。病退、困退虽从1958年开始就已经出现,但是真正的高潮是在1978和1979两年间。受访者中通过最后大返城风潮回城的人数并不多,仅170人,不足受访总人数的十分之一。大多数受访者在大返城风潮来临之前已经通过各种途径离开农村。

在招工、招兵方面,男性较女性更多,年龄越大比例越高,本省安置的受访者比跨省安置的更易得到青睐。家庭出身起着重要作用,可分为两大群体,(1)革军革干子弟;(2)其他子弟;前者享受着后者没有的优势,走后门现象得到证实。下乡的形式也起作用,插队受访者优于农场受访者,农场受访者又优于建设兵团受访者。兵团因其严密的组织及本身相对优势条件,不易获得招工、招兵的机会。

在推荐上学方面,女性比男性多,是否与走后门有关,有待进一步研究。年龄大和跨省安置的也易被推荐上学。家庭出身可分为两大群体,革军革干和灰五类子弟之间不分伯仲,工农与黑五类子弟之间不分彼此,两大群体之间的差异明显。这一现象与当时盛行的阶级路线和出身论并不合拍，工农子弟理应好于灰五类子弟，原因有待进一步探讨。插队受访者比建设兵团和农场受访者更易被推荐上学。

在通过高考离开农村方面，年龄小的受访者比年龄大的受访者在高考入学方面占优势，本省安置的受访者比跨省安置高考录取的人数更多些。家庭出身按高考录取比例，可以分为三个群体，（1）灰五类、黑五类子弟，录取的概率最高；（2）革军革干子弟次之；（3）工农子弟最低。政治面貌红类比其他两类录取得多。1977年恢复的高考开始抛弃所谓的阶级路线，灰五类和黑五类子弟终于得以脱颖而出，以优异的成绩超越红五类子弟。红五类子弟中，革军革干子弟由于家庭条件优越，仍优于普通工农子弟。不过，当时的政治禁忌并未完全打破，本人政治面貌属红类的仍占先机，优于一般群众和黑五类。

对比推荐入学和高考入学的情况，家庭出身的作用发生显著变化。按入学概率高低排列，推荐入学依次为（1）革军革干、灰五类；（2）工农、黑五类。但是高考入学则为，（1）灰五类、黑五类；（2）革军革干；（3）工农。黑五类子弟一跃成为与灰五类并列的最高者，革军革干子弟从第一位跌入第三位，工农子弟则排在了末位。这一变化预示着血统论终于开始淡出中国的历史舞台，取而代之的是凭真才实学。

顶职回城的男性比女性多，可能与中国人的男尊女卑、传宗接代的观念有关。家庭出身对顶替回城非常明显，按以下顺序递减：工农，灰五类，黑五类，革军革干，可以分为两个群体，（1）工农、灰五类、黑五类子弟；（2）革军革干子弟；两大群体之间的差别显著。革军革干子弟顶职的人数明显少于其他出身的子弟的原因不言而喻，他们因有家庭背景不需要通过顶职回城。

女性较之男性病退、困退的多，年龄越大病退、困退的也越多，跨省安置的较之本省安置的受访者病退、困退的也多。家庭出身在病退、困退方面依序递减：黑五类、灰五类、工农子弟、革军革干子弟，四类之间的差别显著。黑五类和灰五类在没有其他门路可走的情况下，只好通过病退、困退的渠道达到回城的目的。政治面貌的作用也较明显，中等类采用病退、困退方法回城大大多于红类和黑五类。如果说红类不屑采用病退、困退手段回城的话，那么黑五类可能是不敢、不便或不准采用此法回城。建设兵团受访者病退、困退回城的人数比农场和插队的多，可能的原因有二，一是建设兵团管理较严，无法用其他方法回城，二是建设兵团劳动强度高，对知青身体的伤害大。

在最后大返城风潮中，跨省安置的受访者多于本省安置的受访者。家庭出身可以分为三大群体，（1）工农子弟；（2）黑五类子弟；（3）灰五类和革军革干子弟。工农子弟在最后大返城中比率最高可以理解，他们没有其他门路，只好在最后大返城中大显身手。黑五类子弟也是同样原因，他们一直被打入社会底层，没有任何门路和办法返城，搭上最后一班车是情理之中的事。灰五类子弟与革军革干子弟在大返城中同伍似乎有点出人预料，有待进一步研究。农场受访者比建设兵团和插队受访者更多地依赖最后大返城风潮达到回城的目的。受访者可以分为两大群体：（1）农场受访者；（2）建设兵团和插队受访者。本人是黑五类的受访者通过最后大返城回城的比红类和一般群众多，这是预料之中的事。

大返城风潮终于使上山下乡运动被迫画上句号。广大知青踏上在城中谋生的艰难道路。他们虽然回到故土，但物是人非，举步维艰。约30%的受访者最终职业属蓝领阶层（即工人），约有43%属中层白领（即科员、一般技术人员、中小学教师等），管理类白领（即领导干部）占10%，学者类白领约占17%。是否就业于蓝领工作，年龄有负增长影响，年龄小的易于就业蓝领工作。家庭出身也有影响，可以分为三个群体：（1）工农子弟；（2）黑五类子弟；（3）灰五类和革军革干子弟。工农子弟最高，黑五类子弟次之，灰五类和革军革干最少。就业蓝领工作的情况，打破了中共建政以来一直推行的阶级路线，出身不好的灰五类、黑五类的待遇似乎开始得到改善，比红五类的工农子弟强。各因素中影响最大的是返城方式，依次可分为三大群体，（1）最后返城者；（2）招工、招兵和其他类返城者；（3）上学类返城者。最后返城者成为蓝领的可能性最大，上学返城者的可能性最小。

女性比男性更容易找到中层白领的职位，年龄大的比年龄小的也易于找到中层白领的工作，本省安置比跨省安置就业于中层白领的可能性稍大些。家庭出身的影响依然存在，工农子弟就业于中层白领的概率最低，黑五类子弟次之，革军革干子弟和灰五类子弟最高。由此可见，灰五类子弟在就业方面的待遇已经比过去有所改善。上学返城类受访者比非上学返城者就业中层白领的概率更高。

回城后就业于学者类白领工作方面，男性比女性有优势，本省安置的比跨省安置的更易就业学者类白领，家庭出身仍有影响，可分为两大群体：（1）工农子弟；（2）非工农子弟。黑五类子弟就业于学者类白领的概率最高，灰五类次之，革军革干子弟再次之，但是三者之间的差别并不显著。三者与工农子弟的区别却较为显著。返城方式对就业于学者类白领的影响最大，返城后就业于学者类白领最少的是最后大返城的受访者，他们回城时，许多先于他们回城的知青早已在城里打拼多年，小有成就，他们在时间上输在了起跑线上，落为最后是预料之中的事。上学返城类的受访者进入学者类白领的可能性最大，这也是预料之中的事。

回城后就业于管理类白领工作方面，男性比女性有优势，年龄大的比年龄小的更有可能成为管理者，跨省安置的受访者也更易于就业管理者工作。尽管中共开始放弃多年的划分阶级的路线，余威仍在，家庭出身在就业于管理类工作上仍有影响，可分为两大群体：（1）红五类（即革军革干、工农子弟）；（2）非红五类子弟（即黑五类、灰五类子弟）。革军革干子弟就业于管理类白领的概率最高，工农子弟次之，黑五类再次之，灰五类最低。这一现象揭示了中共的用人政策，尽管黑五类、灰五类子弟学业优秀，可以进入学术领域，但是领导干部还必须是红五类出身，权把子还需由自己的子弟掌管。政治面貌的作用仍然存在，红类优于中等类和黑五类。返城方式对就业于管理类白领影响最大，可以分为三大群体，（1）招工、招兵、上学返城类；（2）其他返城类；（3）最后大返城类。返城后就业于管理类白领最少的是最后大返城类的受访者，他们回城后，其他知青早已返城，他们一切从零开始，落为最后是预料之中的事。招工、招兵、上学返城的受访者进入管理类白领的可能性较大，也是预料之中的事。三类返城者的差别显著，又一次突显返城时机的重要性。

线性回归分析返城后的满意度显示,女性,年龄小,本省安置,就业于管理类白领,子女教育程度高,出身工农,本人政治面貌红类,下乡分在农场,下乡期间属无忧无虑类的受访者满意程度较之其他人高。值得一提的是,革军革干子弟满意度最低,工农子弟的满意度最高。红五类在此问题上两极分化,有点出乎预料。中共建政以来,他们是既得利益者,他们享受着非红五类不曾有的特权。尽管在下乡期间红五类仍占有优势,但是随着政策的宽松,红五类的某些特权逐渐减少,这一损害对革军革干子弟尤为严重。也许,这是导致他们不满意的重要原因。

对上山下乡运动的评价,只有4%的受访者认为上山下乡运动是正确的,61%的受访者完全否定上山下乡运动,另有32%的人对运动的评价对错各半,认为有错也有对的一面。换言之,认为有错或部分有错的高达93%。尽管有21%的受访者对自身上山下乡的经历持正面肯定态度,但是受访者中只有不到3%的人希望后代经历上山下乡,对于那些认为是"无悔"经历的人来说,他们也不希望历史重演。

对数回归模型分析结果显示,男性比女性更倾向于否定上山下乡,年龄越大,越倾向于否定上山下乡。对目前生活越感到满意,认为上山下乡有错的可能性越小。家庭出身的影响非常明显,黑五类子弟对上山下乡运动持否定态度最多,灰五类子弟次之,革军革干子弟再次之,工农子弟似乎对上山下乡运动比其他群体更倾向于持肯定态度。本人政治面貌方面,中等类的一般群众对上山下乡最为否定,黑五类次之,红类最少。下乡安置形式可分为两大群体,(1)插队、农场;(2)建设兵团;前者比后者更倾向于否定上山下乡,这一现象证明了"兵团情结"的存在。

值得注意的是,受访者返城后的就业对否定上山下乡的影响。按常理,返城后就业越好,作为既得利益者,应该对上山下乡的负面意见少些,可是受访者的观点却并未如预料的那样。对上山下乡持否定意见最多的是学者类白领,受访者否定意见的程度可分为三大群体,(1)学者类白领;(2)中层白领;(3)管理类白领和蓝领。持否定意见最少的是蓝领和管理类白领。作为既得利益者的管理类白领对上山下乡否定意见较少在情理之中,但是蓝领作为受害者却并不是最坚决地反对上山下乡有点出乎意外，有待进一步研究。作为既得利益者的学者类白领反对上山下乡最为坚决，他们是一批有理想、有抱负的人士，是社会的精英，有更高的政治觉悟，更敏锐的目光，对上山下乡运动的实质有较深刻的理解，所以他们中有更多的人反对上山下乡。

在是否希望后代再次经历上山下乡问题上，目前生活越满意的受访者越希望后代再次经历上山下乡。与建设兵团相比，插队的受访者更不希望后代再次经历上山下乡。家庭出身在此问题上显示出明显的差别，可以分为两群体，（1）非红五类；（2）红五类。非红五类子弟更不希望后代再次经历上山下乡。学者类白领最反对后代再次经历上山下乡，中层白领和蓝领次之，管理类白领反对态度最弱。

关于无悔有悔问题，认同无悔观点的受访者女性偏多，大多是当年的红五类，红类政治面貌，建设兵团的战士，下乡期间收入较高，属于无忧虑类，返城后成为管理类白领，对目前生活较为满意，子女教育较好的受访者。尽管在如何评价下乡经历上有无悔和有悔之争，但是只有3%的受访者明确表示希望后代再次经历上山下乡这一事实本身，就是一个最好的证明：上山下乡不得人心！

第8章讨论大返城的定性定位问题。由于大返城风潮发生在上山下乡运动的后期，专业学者和普通百姓都把大返城，视为上山下乡运动的一个组成部分。但是，在目的性、自主性、自发性、性质、对象和结果等诸多方面，大返城和上山下乡迥然不同。

为进一步阐述这一理论性问题，该章介绍西方社会运动学，一个因中国的文革而兴起，并与文革研究密切相关的重要学科。由于种种原因，该领域的发展一直未引起华人学界的注意。社会运动的定义如下：一个有意识的、群体的、有组织的努力，试图以体制外的手段推动或阻碍社会秩序中大规模的变化。该定义中的两个信息特别重要："有意识的"和"体制外的"。"有意识的"指的是社会运动的参与者是有意识的，不是盲目的。"体制外的"指的是社会运动不是通过正常的渠道解决问题，体制外的手段，包括示威、游行、请愿、静坐、绝食、罢工、卧轨甚至暴力等。社会运动有以下四个特点：群体性，时间性，认同性和目的性。

从社会变化的对象和变化的范围两个角度来分析，社会运动可以分为以下四种运动：替代运动、救赎运动、改革运动、革命运动。对社会运动的研究可以追溯到它的前身——群体行为学。社会运动学的理论包括：疯子论、人渣论、罪犯论（统称为坏人论）、乌合之众论、社会冲突论、理性选择理论、资源动员理论、政治过程论、新社会运动理论、构框理论等。这些理论对于我们研究上山下乡和知青大返城运动具有重要的指导意义。

根据社会运动的定义，一个政党进行的运动不属于社会运动范畴。由于语言的差别，中文无法区别群众性的运动和党的运动。上山下乡运动与知青大返城群众运动毫无相似之处。知青大返城运动符合社会运动的四个特点，即群体性，时间性，认同性和目的性。

在专制国家中，社会运动的发展往往依赖有利的政治环境。有利的政治机会包括上层精英的分裂，这是宏观政治结构和政治过程为运动的发生提供的机会。知青大返城有两次高潮，一次发生在文革初期，另一次发生1978年底。文革初期，毛泽东为发动群众打倒政敌，暂时给予民众言论自由和结社自由，在客观上使民众获得短暂的自由。老知青乘机造反，公开否定上山下乡运动，要求回城。如果没有有利的宏观政治环境，提出彻底否定党的上山下乡运动是要受到惩罚的，轻则受批判，重则坐牢。

第二次高潮发生在四人帮倒台以后，中国政治形势和政治格局发生变化。尽管以华国锋为首的文革新贵仍坚持要搞知青上山下乡，但是以邓小平为首的党内务实派却唱反调。正是在这一有利知青的政治背景下，云南等地的知青掀起了大返城风潮。

政治机会不仅指宏观的政治环境，也包括微观的政治条件，发生在江苏南京的1974年下放户返城就是一例。由于江苏的省级领导陷入权力斗争，这一有利的微环境被江苏的下放户及时利用。他们并没有提出对上山下乡运动的挑战，只是要求回城。执政的军人四面楚歌，急于摆脱困境，同意下放户的要求，打开返城的大门。

该章试图通过对群众运动和党的运动的定量分类分析，对大返城运动进行准确的定义。隐类别分类法结果显示，中共建政以来的运动分为三类，第1类运动属于"斗争运动"，或者叫作"整人运动"，第2类运动属于思想教育/生产建设运动，第3类运动具有民主运动性质。知青大返城运动属于第3类，作为对照参考的美国黑人民权运动属于第3类进一步说明了该类运动的性质。

定量分类分析结果的意义是，知青大返城运动有别于党的运动（无论是整人/斗争运动，还是思想教育/生产建设运动）。从社会运动的七个指标上看，知青大返城运动与党的两种运动有着巨大的差别：从运动的目的（是否改革社会不合理现象），运动的组织形式或自主性（是否经过层层党组织的严密控制），运动的自发性（是否成立草根组织），运动的对象（是否矛头向下），运动的性质（是否整治百姓和"贱民"），以及运动中积极分子的命运等诸多方面，知青大返城运动与党的运动风马牛不接。知青大返城运动是对上山下乡运动的否定，是后者的克星。知青大返城运动却与中国历次出现的民主运动和美国的民权运动相似，忽略这些特点就不能正确理解知青的大返城运动。

知青大返城运动与文革中的群众运动、历次的民主运动同为一类说明知青大返城运动与中国的民主运动有着千丝万缕的关系。当年的红卫兵怀抱民主的理想，响应毛泽东的号召投身文革，在上山下乡运动中，他们成为牺牲品。在知青大返城运动中，他们为自身的利益而战。

本书对知青大返城的定义如下：**知青大返城是中国民众自发兴起和组织，为争取自由迁徙权而进行的一场为时20多年民主运动，迫使中共停止上山下乡的错误政策。这是中共建政后，中国民众唯一获得成功的社会运动。**

第9章记叙知青大返城运动的动员和发展。运动兴起的根本原因是知青苦久矣，其次是中共高层态度的变化，部分高官有了不同意见。总之，知青是被逼上梁山，被迫造反的，同时他们的抗争得到有利的政治环境的支持。

第10章总结知青大返城运动的经验教训。社会运动的三要素是，政治机会、动员结构和共鸣构框。政治机会稍纵即逝，需要运动的领导人有敏锐的政治嗅觉。云南知青大返城的成功，不仅时机得当，更是一鼓作气、一气呵成。运动组织的重要性是不言而喻的，如果没有组织发挥领导作用，运动只会停留在原始阶段，并会很快分崩离析。

一个社会运动的力量并不完全取决于参与运动人数的多寡，而是取决于少数精英分子，取决于他们的能力和领导艺术。这是因为大多数人具有从众的倾向，只要有一小部分精英分子团结一致，就可以推动广大的参与者，执行制定的方案。在云南知青的大返城风潮中，知青内部曾经出现不同意见，处于危险的分裂边缘。作为主要领导人的丁惠民在此事上的处理，显示出过人的智慧和宽容。

制定战略以后，运动的领导者需要选择有利的战术。知青大返城运动中采用的战术包括：抗议（集会、请愿、静坐、游行、绝食等）、罢工、卧轨等。笔者利用定性比较分析法（QCA），对各战术进行量化分析，发现集会示威非常重要，综合指数最高，达到0.8。但是，罢工和卧轨的覆盖率非常高，达到最高可能值1.0，是其他战术无法比拟的。在各战术中，卧轨、罢工、绝食的综合指数分别是：0.75、0.50、0.40。这就意味着，卧轨优于罢工，罢工又优于绝食。面对专制体制，绝食并非民众的有效武器。在各种战术中，罢工和卧轨对知青自身的伤害较小，对当局的杀伤力更大（尤其卧轨），是非常有效的战术。

本书是首部以社会运动学视角，分析和研究知青大返城运动的专著。本书首次把上山下乡和大返城作为两个性质完全不同的事物进行研究，前者是由中共发动的自上而下的政党运动，后者是自发的、自下而上的社会运动（也称为"群众运动"）。本书不仅从理论上论证两个运动的不同性质，并用定量的统计分类法从实践上证明两个不同性质运动的存在。本书首次总结了知青大返城运动的经验教训，为中国未来的社会运动提供借鉴。

第1章

上山下乡运动述略

发生在中国的城镇知青上山下乡运动[1]，是中共建政后的一件大事件。该运动始于上世纪的 50 年代中期。中共号召和鼓励城市青年上山下乡，目的是为了解决城市青年学生的就业，加强农业建设。席卷千百万知青的上山下乡运动，前后历时 20 多年之久，对中国社会造成极大震动和深远影响。

1953 年 12 月 3 日，《人民日报》发表社论，首次提出并肯定由政府组织知青到农村务农的模式，为日后上山下乡运动的形成提供了依据和参考。1954 年 3 月，《人民日报》转载山东青年徐建春的事迹，徐成为全国最早的知青先进典型。1955 年 8 月，北京隆重欢送北京青年志愿垦荒队赴黑龙江萝北县垦荒。其他省市自治区，如上海、天津、湖北、河北、山东和江西也出现青年志愿垦荒队开赴边远地区。此时的下乡还未成为大规模的运动，人数有限。而且许多青年并不是刚从学校毕业的学生，也不是真正的城市人，而是郊区的青年农民干部，被动员去参加开发边疆地区。如北京的杨华率领一支 60 人的北京垦荒队在东北的北大荒成立"北京庄"。杨本人是北京郊区石景山西黄乡的乡长兼团支部书记。这是一批招募来的政治精英，是为了树立榜样。

1955 年 9 月，毛泽东提出"广阔天地，大有作为"，标志着知青上山下乡运动的全面启动。1956 年，全国有近 20 万城市青年加入垦荒队伍。1957 年 10 月，中共公布农业发展纲要，规定城市中小学毕业生应响应国家号召，下乡上山去参加农业生产，第一次提出"下乡上山"。这一叫法一直延续到文革才改称为"上山下乡"。中共逐步明确把大批中小学毕业生引导向农村从事生产的思路，试图把解

---

[1] 本章论述基于以下参考资料：潘鸣啸（2010），刘小萌（2004），姚联合（2014）。

决城市剩余劳动力的问题和农村落后面貌、开发边疆和偏远山区的事业结合起来，从而找到一条新的就业途径。不过，在上世纪50年代，中共还没有专门的机构管理这一运动，当时的上山下乡运动基本上由地方政府自行安排和组织。

不久，中国进入大跃进年代，上山下乡运动暂时停止。工矿企业扩大招工，学校扩大招生。人口的迁徙方向完全逆转，许多知青回流，大量的农民涌进城市就业。城市居民人口从1957年底的9,900万上升到1960年底的13,000万。

然而，好景不长。60年代初，由于大跃进的失败，许多工矿企业不得不停产关闭。大跃进时期受雇的农民（约2,000万人）首当其冲被遣送回原居地。城市人口就业途径变得非常狭窄，大量的中学毕业生无法升学。中共在全国范围内有组织有计划地动员知青上山下乡。1960年2月，《人民日报》发表关于邢燕子的长篇报导，邢成为全国下乡务农知青的典型。此后北京的侯隽和江苏的董家耕也被树为全国的下乡知青典型。1964年1月，中共中央和国务院拟定动员和组织城市知青下乡的长期规划。这是文革前上山下乡运动的纲领性文件。周恩来在1963年10月的一次内部讲话中宣称，今后18年内有3,500万城市青年需要下放到农村去。1964年1月，正式成立中央安置城市下乡青年领导小组。这是首个专门管理上山下乡运动的官方机构，规格相当高，由副总理谭震林任组长，各级政府相继成立相应的小组或办公室。

1962年至1966年间，全国有近130万城镇知青下乡，回乡知青人数则更多。当时动员工作很明确，凡是不能在城市升学和就业的青年，都下乡搞农业，长期安家落户。提出的口号是，一颗红心，两种准备，升学是第一选择，下乡排在第二位。当然，对于那些出身不好的青年，他们的出路是升学无门只有下乡。上山下乡运动表面上的合理性包藏着尖锐的矛盾，政策虽然具有强迫性，却又以自愿的形式加以掩饰。它要唤起高尚的情操，但是却在制造更深的社会不公。

1964年2月，《人民日报》社论把提高政治觉悟放到上山下乡运动目的的首位，放在实现农村现代化之前。1965年开始，意识形态方面的调门越来越高，拒绝下乡就是拒绝革命，拒绝革命意味着什么，对于中国民众是不言而喻的。强制下乡开始了，许多出身不好的学生在不可抗拒的压力下被迫下乡。必须指出的是，这一阶段的上山下乡运动努力已经遇到巨大的阻力，被迫下乡的青年心中存在着不满和怨恨。该时期的知青上山下乡运动虽然只是初澜，但是为即将掀起的高潮准备了条件。当局在动员和安置知青的一系列制度和措施方面的成功经验，在文革中淋漓尽致地得到发扬光大。

  文革的发动标志着知青上山下乡运动进入一个新的阶段。文革初期，上山下乡运动几乎完全停顿，知青掀起一个规模巨大的返城风潮，许多知青趁乱离开农村回到城里。他们积极参加文革的群众运动，组织红卫兵队伍造反，强烈要求准许他们返城，批判上山下乡运动是资产阶级反动路线的产物。不幸的是，他们的要求并未得到当局的支持。1968年1月，周恩来明确表态，否定上山下乡运动是刘邓政策的说法，强调这是毛泽东的思想。从1967年1月起，当局尝试让下乡知青返回农村，同年10月，发出紧急通知，命令所有的下乡知青迅速回农村，并严令城里的红卫兵组织不准吸收他们参加。

  文革中最早要求下乡的红卫兵，是北京长辛店铁路中学学生蔡玉琴。1966年红卫兵大串连时，蔡随该校的一支长征队去延安串连。当她途经山西省榆次县的杜家山，见到村民们的艰苦生活时，萌发了立志留下来帮助农民改变落后山区的想法。后来，她只身返回杜家山，向乡亲们表示要扎根杜家山。1968年3月，蔡正式成为一名新社员。为表示决心，她改名为"蔡立坚"。1967年10月，北京市十名中学生奔赴内蒙古锡林郭勒盟插队落户。1968年2月，北京东城区的55名红卫兵来到天安门前宣誓辞行，成为北京第一批参加云南西双版纳建设的红卫兵。虽然这样下乡的学生为数极少，文革中的上山下乡运动的序幕已经悄然拉开。

  文革开始后，学校停课，工厂停工，高校不招生，1966、1967、1968年三届中学毕业生（俗称"老三届"）没有了出路。老三届学生约有1,100万，其中城镇户口的初、高中毕业生约有400万[2]。大量的青年学生待在家里，在社会上游荡，既带来严重的就业压力，也

---

2 有学者对400万的说法有争议，认为可能在500至600万之间，参见潘鸣啸（2010）。

存在社会安定隐患。上山下乡成为这些青年唯一可行的出路。

1968年7月，毛泽东决心与红卫兵来个了断，依靠军队恢复秩序。当工人宣传队进驻清华大学时，大学红卫兵奋起抵抗，开枪打死工人。毛泽东极为不满，召见五大红卫兵领袖当面训斥。当年9月，毛泽东提出大中学毕业生必须接受再教育，再教育的概念最终成为上山下乡运动的最重要的理由。当年12月，《人民日报》头版头条的按语转引毛泽东的最高指示，"知识青年到农村去，接受贫下中农的再教育，很有必要。"毛的这一号召立即在全国掀起上山下乡运动的高潮。从此以后，知青上山下乡基本上成为一项制度。

这是一股由首都红卫兵带头掀起的城镇知青与工农相结合的浪潮，裹挟其中的不仅仅是数以百万计的大学生、中专生、高中生、初中生、高小生和社会青年，而且还有成千上万的城市居民，大量的医疗和文教工作者、国家干部，以及文革中受冲击的人士。从东北的北大荒到西南的西双版纳，从西域的天山戈壁到南疆的海南岛，从内蒙古的大草原到世界屋脊的西藏，到处都有知青的足迹和身影。

文革期间，全国共有1,400万知青上山下乡。换言之，有十分之一以上的城镇人口是在这种形式下被送往农村的。文革中的知青上山下乡运动，既是对50年代以来上山下乡运动的继承和发展，又带有迥异的特点。这是以左的理论指导下的运动，毛泽东否定文革前17年的教育体系，提出再教育理论，扭曲知识分子与工人、农民的关系，将前者变为后者的教育对象。

知青的上山下乡成为改造人的运动，下乡知青被要求在生活上、文化上、思想上、道德观念上向农民看齐。当局鼓吹下乡知青在再教育中，实现所谓的脱胎换骨的改造。文革前为减轻城市就业压力的上山下乡运动，在文革中演变成为高度政治化的运动，与巩固无产阶级专政、防止资本主义复辟、反修防修、缩小三大差别等政治问题联系起来。高度政治化使得上山下乡运动带有明显的强制性。在文革前的上山下乡运动中，被动员者尚有一定的选择权。但是，文革中的上山下乡往往是一锅端、一刀切，根本不顾知青本人和家庭的具体情况，导致社会强烈不满，也为后来的失败埋下祸根。

自1970年起，特别是1971至1972年间，下乡的速度有所放慢。这种放缓的原因可能有三：（1）经济的恢复；（2）社会对上山下乡运动的抵制；（3）当局的决心较前减弱。1970年全国工业总产值的上升促使工厂招工人数增加，下乡人数减少。

大批知青下放到农村，遇到一系列的问题。多数知青生活上长期不能自给，在生存线上挣扎。他们没有医疗保障，在住房、婚姻等方面存在不少困难。农村的文化生活贫乏，下乡知青的学业中断，人身权力得不到保障，不少知青受到迫害，尤其是云南、黑龙江等建设兵团的权势者和农村无赖对女性知青凌辱几乎肆无忌惮[3]，知青的各种工伤事故和意外事故频发，许多知青因繁重劳动和营养不良罹患疾病而累及终生。例如，1970年11月和1972年5月，黑龙江建设兵团知青因大火伤亡过百，赴黑龙江的知青金训华和张勇为抢救公共财产不幸身亡。

与上山下乡运动并行的是走后门之风的畅行。尽管当局宣扬所谓的限制资产阶级法权，与工农画等号，与旧观念传统彻底决裂，但是政治特权却淋漓尽致地高扬。在招工、招生、征兵、提干等方面，根本没有公平，血统论肆虐，家庭出身不好的青年毫无希望。

文革刚开始，当局就取消了全国高考，大学停止招生。1968年7月，毛泽东批示，"大学还是要办的。"1970年开始，大学重新开始招生，实行群众推荐、领导批准和学校复审相结合的录取原则。这一招生方式为各级领导的滥用职权营私舞弊打开方便之门，"走后门"现象相当严重，激起民愤。到1977年正式恢复高考前，全国高校共招收94万工农兵大学生。他们中有插队多年的老知青、基层干部、干部子弟、工厂的技术骨干、部队选拔的官兵。这些工农兵大学生中有不少是组织指派和通过后门入学的。

1973年4月，毛泽东给上书反映知青生活困境的李庆霖复信，说："寄上300元，聊补无米之炊。全国此类事甚多，容当统筹解

---

3 1974年，云南建设兵团曾一次审判十多名强暴女知青的现役军人，有两名连营军官被枪决。此后，黑龙江建设兵团的两名团职军官也因同样的罪名被枪决。内蒙古建设兵团、新疆建设兵团、广州军区建设兵团、陕西、山西、安徽省等地也曾举行过宣判大会，对强暴女知青的罪犯进行了严惩。女知青的受害情况略见一斑。

决。"此信意味着官方正式承认知青上山下乡运动存在的问题。当年6月至8月，国务院召开全国知青上山下乡工作会议，提出统筹解决问题的六个办法，并以中央文件的形式下发全国各地政府。

文革十年间，全国城镇知青上山下乡人数达到约1,403万，加上文革结束后陆续下乡的260万，共计1,663万。与1980年的全国城镇人口19,100万相比，这是个不小的数目。当时几乎所有城镇家庭都与知青有着直接或间接的关系。

1976年10月，四人帮被逮捕，标志着极"左"路线的终结。由于上山下乡运动问题越来越多，已到了积重难返的地步，当局不得不考虑从根本上解决知青上山下乡的问题。正是在这一形势下，知青们开始上访、罢工和请愿，走上艰难的大返城之路，最终形成一场声势浩大、可歌可泣的知青大返城风潮。

知青大返城风潮是由云南西双版纳垦区的农场知青引发的。1978年10月，景洪总场十分场学校教师、上海下乡知青丁惠民起草致邓小平的公开联名信，反映农场知青的困境，要求返城。在写信无果的情况下，他们北上赴京请愿。云南知青开启的大返城风潮迅速蔓延全国各地。从1978年12月起有21个省市自治区相继发生下乡知青和支边知青要求返城的集会、请愿，到次年初形成强大的返城风。

1980年，国务院知青办发出文件，明确宣布，"能够做到不下乡，可以不下。"这是宣告上山下乡运动即将终止的信号。1981年底，国务院知青办并入国家劳动总局，各省市自治区也仿照办理。至此，历经20多年的城镇知青上山下乡运动终于在普遍的抱怨声和反对声中被迫落下帷幕。

随着上山下乡运动的结束，大多数的上山下乡知青陆续返城，但尚有大量的遗留问题有待解决，其中的一个难题是如何安排20万与当地农民结婚的下乡知青，还有许多知青子女回城就学入户问题也未解决。上山下乡运动不仅影响知青一代，还深深地影响他们的下一代。由于知青的学业被耽误，他们的大多数人（85%[4]）成为社会底层的低消费群，挣扎在温饱线上，处境令人同情。

---

4 据著名作家梁晓声估计。

第 2 章

上山下乡运动的动员

发生在中国的持续 20 多年之久的上山下乡运动是城市和农村间大规模的人口迁徙。城市的出现可以追溯到 7,000 年前（也有说是 5,000 年或 6,000 年）。当农业生产发达，能够提供多余的粮食，城市才逐步出现。因此，可以提供多余粮食是城市化的必要条件。在人类历史的长河中，世界城市人口比例长期保持在较低水平，一直在 3%-6% 之间徘徊，城市化的出现是近 150 年的事。目前全世界超过一半人口居住在城市，预计 2050 年城市人口将达到世界总人口的三分之二[1]。

2.1. 城市化

始于 18 世纪的工业革命使运输、农业、商业和工业发生巨大的变化。农业生产力的提高为农民脱离农业移向城市创造了条件。工业发展导致城市进一步扩张，城市化伴随工业化发展，是世界趋势。从 1800 年到上世纪 80 年代，世界城市人口增加 100 倍，而总人口仅增加五倍。

社会学家对城市化现象提出多种理论。社会冲突理论（马克思主义理论属于该派阵营）认为，城市是由政治和经济精英管理的，他们利用手中掌握的资源加强自身的地位，并剥夺穷人的资源。如城市中的银行家、房产投资者、政客等合伙谋取他们各自的利益。所以，城市化的发展实质上是使贫穷居民流离失所，以便建造银行大楼、公司大厦、豪华住房、高档商易中心等。马克思和恩格斯的政治经济学理

1　Clement（2015）.

论谴责资本主义社会的城市化[2]。

人类生态学是功能主义理论框架下的一个理论，着重研究人类与人为的或自然的环境间的关系。该理论认为，当我们理解人类与其生活环境间的关系，城市土地的使用和人口的分布将会以可以预测的形式发展[3]。城市化不是一个自主过程，而是政治和经济过程中的一个部分。芝加哥学派提出同心圆模式、扇形发展模式、多核心发展模式三大经典城市发展模式（张理茜等，2010）

虽然马克思对资本主义的城市化持批判态度，但是马克思认为，现代史是农村城市化而不是古代的城市乡村化[4]。总之，现代社会的主流趋势是城市化不断发展。中国的上山下乡运动却逆世界历史潮流，有着深刻的政治、经济等诸多原因。

2.2. 上山下乡运动的原因

伯恩斯坦早在 1977 年就明确指出知青上山下乡运动的经济原因，即"教育的发展与社会的经济现实协调一致"的危机[5]。有学者认为，1949 年以来的城市化滞后是知青上山下乡运动的经济原因。至 1978 年，中国工业在国民经济生产总值所占比重由 1949 年的不足 10%增加到近 49%，但城市化水平却仅从 11%发展到 18%。70 年代末，世界各国城市化平均水平为 41%，而中国仅为 19%。全国城镇人口，以及建制市和建制镇的数量普遍萎缩，在产业结构上轻流通、轻服务成为趋势。城市化滞后是由于强调单一公有制、重工业优先发展、城乡二元结构、外部冷战形势等多重原因造成。观念滞后导致市场滞后，在当时高生育率背景下，即便没有文革，大规模地将城市多余人口安置到农村也是势所必然（郑谦，2014；金大陆、金光耀，2019）。这也是多位西方学者[6]所持的观点。

---

2 Sociologyguide.com（2021）.
3 Openstax（2015）.
4 Katznelson（1993）.
5 Berstain（1977）.
6 Ivory and Lavely（1977），White（1979），Chen（1972）.

张化（1987）认为，文革前的知青上山下乡运动是劳动就业措施之一，这种措施在文革特定历史条件下却演变成史无前例的政治运动的组成部份。也有学者从毛泽东与农民的关系角度来认识上山下乡运动的发动（刘小萌，1994）。邓鹏（2010）认为，毛泽东的乌托邦思想是文革前上山下乡运动的主要原因。潘鸣啸（2010）则认为上山下乡运动的原因主要是政治原因而非经济因素，因为工业战线上还从农村招收大量工人。

也有学者（金大陆、金光耀，2019）认为，20世纪50年代中期以来的上山下乡运动是一项解决就业，加强农业的正确决策，突出的主题是"大有作为"。1968年底掀起的知青上山下乡运动高潮，是整个文革运动的组成部分，强调反修防修、防止复辟的政治需要。接受"再教育"的理论和实践，泛道德主义类似"灵魂深处闹革命"的说辞，以及轻视正规教育、推崇直接经验的倾向等，成为促进知青上山下乡运动的基本动力。

对上山下乡运动持肯定意见的学者（孙成民，2015）认为，知青上山下乡运动是中共建政以后，在特殊历史时期为解决城镇就业、培养接班人、加快建设新农村等问题采取的一项重要战略举措。从战略角度来审视，上山下乡运动从一开始就渗入到全国就业安置、融入到中国社会主义建设、纳入到培养接班人的战略目标之中。

其实，学者讨论经济原因、政治原因、或意识形态原因都绝非单纯从这三点出发，他们也看到政治、经济、意识形态等多种因素的交织，只不过有所侧重。显然，上山下乡运动不是单一因素，没有人否认多种因素对上山下乡运动的决定作用（易海涛，2018）。

2.3. 上山下乡运动研究简述

国内外已经积累了相当数量的关于上山下乡运动和知青的研究，邱新睦（2003）认为可以分为四个时期，即：（1）萌芽期，1970年代中期到1985年；（2）初潮期，1986年至1994年；（3）高潮期，1995年至1999年；（4）后高潮期，2000年至今。

萌芽期的代表作是伯恩斯坦（1987）的《上山下乡》。该书以不带任何政治偏见的客观态度，对上山下乡运动的起源、目的、政策、过程、结果及其体现的政治色彩、社会冲突和价值观念做了精细分析和精辟议论。该书是迄今为止国外研究中国上山下乡运动问题最全面、最详细、影响也较大的著作之一。

初潮期中，伴随文革研究的展开，上山下乡运动研究开始引起学者注意，出现第一批研究文章，多部以知青为主题的著作相继问世。虽然这些知青回忆录汇编和纪实性文学作品并非真正的研究成果，却为知青问题的研究提供了丰富资料。

高潮期间的代表人物包括定宜庄（1998）、刘小萌（1998）、金大陆（1998）等，学者们梳理归纳浩繁的史料数据，挖掘出前人忽略但具有学术意义的史实，提出新的学术观点。

2000 年以来的后高潮期，研究逐步降温，但仍不乏经典之作，如潘鸣啸（2010）的《失落一代》，被称为"知青学"集大成专著。有学者感叹，知青研究再演"敦煌故事"，知青在中国，知青学却在国外。该著之所以集大成，在于它对大量原始资料进行全面系统地归纳梳耙，整体考察，取精用宏，立桩深固。就资料而言，一册在手，知青可知，为全面概要了解知青一代提供了迄今为止最合适的综述性读本（裴毅然，2009）。金光耀和金大陆（2014）从中国现有 6,000 余部县级以上新编方志中，查阅、复制和编辑有关知青上山下乡运动的全部资料。同时，众多知青不甘沉寂，上山下乡运动研究呈现新特点：（1）互联网异军突起，成为上山下乡运动研究的新园地；（2）海外学人对上山下乡运动研究的关注和参与；（3）知青学者肩负社会责任，在研究中默默求索。

2.4. 关于上山下乡运动情况的问卷调查

王江（1996）曾探讨知青研究中的方法论问题，指出必须重视和加强定量分析。梁海祥（2014）采用 2008 年"中国家庭动态调查"上海数据，辨识知青群体与同辈非知青群体对于婚姻的影响。王甫勤

(2011)采用"中国综合社会调查[7]"项目资料,比较知青群体与同辈非知青群体,研究两者的经历在整体上对"阶层分化""收入分配"和生活幸福感的影响。刘愿(2016)利用"2010年中国家庭追踪调查",检验知青群体接受教育的年限及其代际的补偿效应。

然而,迄今为止全面分析知青情况的定量分析研究并不多见。笔者于2020年6月17日在专业的问卷调查网站[8]上启动"关于上山下乡情况的问卷调查"[9]。调查的对象不仅包括知青,还包括其他下乡人员,如文革前的精简人员,文革中被迫离开城市的居民。考虑到许多受访者已经进入垂暮之年,问卷设计得尽量简单,并且明确告知,可以在了解情况的条件下代亲友填答。

问卷调查共有25个问题:(1)下乡前所在地;(2)出生年月;(3)性别;(4)家庭出身;(5)本人政治面貌;(6)下乡前职业;(7)文革中是否参加过群众组织;(8)参加群众组织的原因,(9)下乡地;(10)下乡的安置形式;(11)动员下乡时的心情;(12)下乡劳动的情况;(13)下乡期间的收入;(14)下乡期间的婚姻情况;(15)下乡期间的心情;(16)当地农民的态度;(17)返城时间;(18)返城方式;(19)本人最终职业;(20)子女发展情况;(21)是否与下乡时的农民有来往;(22)对目前生活的满意度;(23)如何评价上山下乡;(24)如何评价上山下乡经历;(25)是否希望再次经历上山下乡。(问卷调查表详见附录1)。

问卷调查是在上山下乡运动结束近40年之后进行的,受访者在经历数十年后,应该能够以超然的态度看待这段历史。调查以匿名填写网上问卷的方式,任何人(包括主持调查的笔者)无法追踪受访者,绝大多数受访者是与笔者素不相识的自愿者,不受任何政治和经济因素的影响。当年的民众由于大环境的压力,不敢说真心话,在几十年后的今天,受访者无需再掩饰自己,无需对自己的真实想法加以掩饰。

---

7 简称为CGSS。
8 Survey Nuts网站。
9 本研究完全是笔者个人行为,没有任何政府部门或科研机构的资助。问卷调查从设计、数据收集、整理到分析,均由笔者独自完成。

2.5. 数据

截至 2021 年 6 月 16 日（历时一年），共有 2,830 人参与网上问卷调查。其中八人因填写基本空白无法使用，实际有效受访者为 2,822 人。表 1.1 是受访者原住地的分布情况。

表 1.1. 受访者原住省分布

人数	省	省名[10]
500+	1	北京（813）
01~500	3	上海（382）、四川（283）、江苏（268）
101~200	3	天津（129）、湖南（108）、辽宁（106）
51~90	5	河南（94）、陕西（90）、广东（70）、山东（60）、湖北（52）
21~50	8	黑龙江（46）、浙江（39）、河北（37）、吉林（31）、安徽（28）、内蒙（27）、福建（26）、云南（24）
11~20	4	江西（19）、广西（14）、山西（14）、甘肃（11）
1~10	3	贵州（7）、青海（1）、新疆（1）
合计	27	有 42 人未填写原住地，来自西藏和宁夏的下乡人员暂缺。

表 1.1 显示，除少数人口稀少的边远省份，大多数省的受访者均达到或超过 20 人。下乡人员不仅来自大城市，还有一些来自中、小城市、地区和县的镇。表 1.2 是受访者在各省的分布。

表 1.2. 受访者原住地分布：

省	类别[11]	原住城镇[12]
安徽	城市（8）	合肥、安庆、芜湖等
	地区（2）	巢湖、滁县（专区，今滁州）
	县（3）	宣城、亳州、繁昌
北京	城市	
福建	城市（4）	福州、南平、泉州、莆田

---

10 为简单方便起见，省、市、自治区在本书中以"省"统一称之。括号内为受访者人数。
11 括号内为城市、地区或县的数量。
12 本表中的城市、地区和县均以文革时的状况。由于城市化进展，许多当年的县和地区现已成为城市。"地区"为地级行政区，含地区、专区、州和盟。"县"为县级行政区，含县和旗。在表中，地区与县，市与郊县可能有重合，按受访者实际填写内容统计。

省	类别[11]	原住城镇[12]
	地区（1）	晋江
	县（4）	建瓯、福安、连江、闽清
广东	城市（5）	广州、梅州、汕头等
	县（2）	东莞、宝安
甘肃	城市（3）	兰州、嘉峪关、陇南
	县（1）	庆阳
广西	城市（3）	南宁、柳州、桂林
	县（4）	北海、合浦、桂平、贺县
贵州	城市（4）	贵阳、凯里、都云、铜仁
	县（1）	三都自治县
湖北	城市（5）	武汉、荆门、黄冈、黄石等
	地区（1）	孝感
河北	城市（6）	石家庄、保定、唐山、张家口等
	县（1）	河间
黑龙江	城市（5）	哈尔滨、佳木斯、齐齐哈尔等
	县（2）	安达、庆安
湖南	城市（5）	长沙、株州、湘潭、衡阳等
	地区（4）	益阳、邵阳、郴州等
	县（8）	怀化、新化、新邵、永兴等
河南	城市（5）	郑州、开封、洛阳、安阳等
	地区（2）	信阳、南阳
吉林	城市（4）	长春、四平、辽源、通化
	县（1）	海龙县（现梅河口市）
江苏	城市（11）	南京、常州、徐州、苏州等
	县（4）	射阳、常熟、江阴、滨海
江西	城市（5）	南昌、上饶、九江、鹰潭等
	地区（2）	抚州、赣州
辽宁	城市（7）	沈阳、大连、抚顺、鞍山等
	地区（2）	盘锦、铁岭
内蒙	城市（4）	呼和浩特、乌兰浩特、包头等
青海	城市（1）	西宁
四川	城市（6）	成都、重庆、内江、沪州等
	地区（6）	宜宾、江津、雅安、甘孜等
	县（9）	南江、德阳、汉源、绵竹等
山东	城市（5）	济南、淄博、潍坊、青岛等
	地区（1）	菏泽
	县（6）	博兴、昌乐、肥城、郓城等
上海	城市（1）	上海
	县（4）	南江、嘉定、宝山、川沙
陕西	城市（3）	西安、宝鸡、延安

省	类别[11]	原住城镇[12]
	地区（3）	商洛、榆林、汉中
	县（5）	临潼、丹凤、华阴、武功等
山西	城市（3）	太原、大同、阳泉
	地区（1）	运城
天津	城市（1）	天津
新疆	城市（1）	乌鲁木齐
云南	城市（2）	昆明、东川
浙江	城市（5）	杭州、嘉兴、宁波、温州等
	地区（2）	丽水、台州
	县（3）	余姚、海宁、瑞安
合计	城市	113
	地区	27
	县	58

注：上表仅列三至四个例子，详细情况见附录2。

如表1.2所示，受访者的原住地分布在全国27个省的113个大、中、小城市，27个地区和57个县。表1.3是上山下乡目的地的分布情况。

表1.3. 受访者下乡地分布

省	类别[13]	下乡地
安徽	市郊（3）	淮南、黄山、芜湖
	地区（3）	安庆、滁县、池州
	县（39）	长丰、砀山、当涂、东至等
北京	郊县（11）	平谷、顺义、通县、延庆等
福建	市郊（1）	南平
	县（13）	昌仁、光泽、华安、建瓯等
广东	市郊（3）	广州、韶关、汕头
	地区（4）	海南、梅县、韶关、湛江
	县（23）	宝安、博罗、白沙、保亭等
甘肃	市郊（3）	嘉峪关、陇南、天水
	地区（4）	甘南、临夏、平凉、庆阳
	县（12）	敦煌、华亭、酒泉、金塔等
广西	市郊（2）	桂林、柳州
	县（8）	北海、桂平、合浦、柳江等
贵州	市郊（3）	都匀、贵阳、凯里

---

[13] 同上注。"市郊"为城市郊区（受访者未注明具体郊县）。括号内为城市、地区或县的数量。

省	类别[13]	下乡地
	县（6）	罗甸、平塘、铜仁、桐梓等
湖北	地区（4）	黄冈、荆州、十堰、孝感
	县（26）	安陆、大冶、广济、红安等
河北	市郊（2）	石家庄、张家口
	地区（3）	北戴河、承德、邢台
	县（26）	承德、大城、丰宁、获鹿等
黑龙江	市郊（3）	哈尔滨、佳木斯、双鸭山
	地区（5）	北大荒、大兴安岭、黑河等
	县（32）	安达、爱辉、北安、勃利等
	其他（2）	建设兵团、建三江分局
湖南	市郊（1）	长沙
	地区（5）	靖州、零陵、邵阳、益阳等
	县（37）	安化、常德、茶陵、辰溪等
河南	市郊（4）	开封、洛阳、平顶山、郑州
	地区（4）	南阳、信阳、周口、驻马店
	县（32）	安阳、博爱、登封、方城等
吉林	市郊（2）	吉林、四平
	地区（5）	白城、辽源、四平、铁岭等
	县（21）	安图、东丰、德惠、怀德等
江苏	市郊（5）	连云港、泰州、无锡、徐州等
	地区（4）	淮阴、南通、盐城、镇江
	县（37）	滨海、宝应、常熟、大丰等
江西	市郊（1）	鹰潭
	地区（2）	井冈山、九江
	县（27）	安福、波阳、奉新、鄱阳等
辽宁	市郊（3）	大连、锦州、沈阳
	地区（2）	盘锦、昭乌达
	县（20）	北票、昌图、复县、海城等
内蒙	市郊（4）	包头、呼和浩特、满州里等
	地区（7）	巴彦淖尔、呼伦贝尔、乌兰察布等
	县（39）	阿巴嘎、阿荣、巴林左旗等
	其他（1）	建设兵团
宁夏	县（1）	永宁、黄羊滩
青海	县（3）	格尔木、共和、互助
四川	市郊（2）	重庆、攀枝花（渡口）
	地区（8）	乐山、绵阳、涪陵、温江等
	县（80）	巴中、崇庆、长寿、苍溪等
山东	地区（1）	聊城
	县（38）	昌乐、茌平、东阿、肥城等
上海	郊县（7）	崇明、川沙、奉贤、嘉定等

省	类别[13]	下乡地
陕西	地区（2）	咸阳、延安
	县（46）	安塞、白水、彬县、长安等
山西	市郊（2）	太原、阳泉
	县（34）	长治、长子、大同、浮山等
天津	郊县（4）	宝坻、静海、蓟县、武清
新疆	地区（2）	阿克苏、哈密
	县（5）	阿瓦提、布尔津、洛浦、温宿等
	其他（1）	建设兵团
云南	市郊（1）	东川
	地区（6）	保山、大理、临沧、西双版纳等
	县（22）	临沧、潞西、勐海、勐腊等
浙江	市郊（2）	嘉兴、宁波
	地区（1）	台州
	县（11）	淳安、慈溪、嘉善、鄞县等
合计	市郊	58
	地区	72
	县	640

注：上表仅列三至四个例子，详细情况见附录3。

如表1.3所示，受访者的下乡落户地遍布全国28个省的640个县，58个城市市郊，其中还有不少受访者只说明在建设兵团或农场，并未注明兵团或农场所在地区或县。受访者年龄情况见表1.4。

表1.4. 受访者出生年月分布（N=2,530）

出生年月	人数
1921—1930	6
1931—1940	8
1941—1945	36
1946	35
1947	156
1948	175
1949	220
1950	301
1951	356
1952	350
1953	311
1954	118
1955	101

出生年月	人数
1956	125
1957	107
1958	69
1959	30
1960	20
1960 以后	15
合计	2,539

1966年高三学生大多出生于1947年，初一学生大多出生于1952年，常被称为"老三届"。如表1.4所示，处于该年龄段的受访者为1,558，占总受访人数的55%。当然，这些受访者中有的在1966年文革开始前已经下乡成为知青。

家庭出身和本人政治面貌分布见表1.5。

表1.5. 受访者家庭出身和本人政治面貌

受访者自然情况		人数
家庭出身[14]	革军革干	562
	工人农民	597
	灰五类	1,008
	黑五类	400
	走资派	23
	合计	2,590
本人政治面貌[15]	党员	52
	团员、积极分子	671
	一般群众（中等类）	1,793
	黑五类	129
	合计	2,644

---

14 "革军革干"出身意为：革命军人、革命干部家庭出身。"工人农民"出身意为：工人、贫下中农家庭出身。以上两类属于红五类出身。黑五类出身意为：地主、富农、反革命分子、坏分子、右派分子家庭出身。灰五类出身介乎于红五类与黑五类出身之间，如小业主、个体商贩、中农、上中农等。走资派是文革中出现的分类，文革前和文革后属于革军革干的红五类。

15 因党员人数太少，本研究将党员、团员、积极分子归为一类——红类。一般群众在本研究中也称为"中等类"，黑五类为：地主、富农、反革命分子、坏分子、右派分子。

上表受访者中，男性为 1,501（54.6%），女性为 1,250（45.4%），71 人未填性别。1964 年中国人口普查男女比例约为 51.3:48.7，本调查男性受访者略高于当时人口的比例。

受访者下乡前职业分布见表 1.6。

表 1.6. 受访者下乡前职业（N=2,726）

下乡前职业	受访者人数
小学生	52
中学生	2,562
中专生	4
大学生	11
工人	6
领导干部	4
科员、一般技术人员	10
中小学教师	12
大学教师、学者、研究人员	3
城市居民	44
无业人员	17
郊县农民	1
合计	2,726

如表 1.6 所示，受访者中绝大多数在下乡前是中学生，还有少量小学生和大中专学生。此外，受访者中还有近 100 人（约 4%）下乡前是工人、干部、科员、学者、无业人员或城市居民。虽然人数不多，但为研究非学生类下乡人员提供了有用信息。

2.6. 下乡人员的流向

上山下乡是从城市向乡村的大规模移民，但是各省的流向不尽相同，有的省以输出为主，有的省以输入为主，也有的省以省内流动为主。表 1.7 是各省间和省内受访者的流向情况。

表 1.7. 各省受访者的流向

省	输出率[16]	输入率[17]
安徽	7%	76%
北京	89%	0%
福建	4%	0%
广东	18%	10%
甘肃	0%	42%
广西	7%	7%
贵州	0%	63%
湖北	0%	13%
河北	7%	45%
黑龙江	0%	88%
湖南	4%	4%
河南	3%	11%
吉林	0%	63%
江苏	15%	8%
江西	0%	69%
辽宁	6%	2%
内蒙	0%	92%
宁夏	0%	100%
青海	0%	88%
四川	11%	1%
山东	21%	5%
上海	83%	0%
陕西	2%	53%
山西	8%	90%
天津	87%	0%
新疆	0%	97%
云南	0%	82%
浙江	52%	6%

我们举三个省为例，（1）北京有91%受访者落户到外省，只有11%的受访者留在本市郊区农村，外省无一人进入北京郊区；（2）内蒙与北京成鲜明对照，待下乡受访者中无一人落户到外省，而输入本省的外地下乡人员占落户本省下乡人数的92%，换言之，在落户内蒙的下乡人员中，九成以上都是外来户；（3）江苏则处于两极的中间，

---

16 输出率=赴外省人数/待安置总数。
17 输入率=来自外省的受访者人数/该省落户的受访者总数。

待下乡的受访者中，只有 15%落户外省，85%的人员留在本省，输入江苏的外省人仅占落户本省总人数的 8%，落户江苏的受访者中，本省人占九成以上。

关于知青下乡的研究很多，迄今为止，系统地对知青下乡具体流向的研究并不多见，进行定量分析的则更少。关于这方面研究引用最多的是刘小萌（1998）的研究成果和来自 1973 年全国知识青年上山下乡工作会议附件的数据。

本节试图对各省进行定量分类分析。"物以类聚，人以群分"，对观察到的事物进行分类，是人类最基本的思维活动之一，也是科学研究中最基本的过程之一。人类通过对事物的分类，把观察到的事物归入相应的类别，以便更好地理解和解释观察到的现象。简言之，分类是把相近事物归为一类，相异事物归入另一类。分类分析在科学研究中运用非常广泛，医学、生物学、心理学、社会学、犯罪学、教育学、人类学、化学、气象学、地理学等领域，都可以见到它的踪影。

各省下乡流向分类分析采用聚类分析法[18]，结果见表 1.8（关于聚类分析法的原理和计算，此处不赘，有兴趣的读者请参见附录 4）。

表 1.8. 各省下乡人员流向分类

类别[19]	省[20]	输出率	输入率
输出类（3）	北京、上海、天津	87%~89%	0%
输入类（14）	安徽、甘肃、贵州、河北、黑龙江、吉林、江西、内蒙、宁夏、青海、陕西、山西、新疆、云南	0%~7%	42~100%
省内流动类（10）	福建、广东、广西、湖北、湖南、河南、江苏、辽宁、四川、山东	3%~21%	0%~13%
特殊类（1）	浙江	52%	6%

三个直辖市属于输出类省，它们的输出率高达 87%以上，三者的输入率皆为零，用"只出不进"来形容三个直辖市不为过。第二类是输入类省，输出率不超过 7%，而输入率则至少 42%，有的省高达 80%

---

18 Cluster Analysis, CA.
19 括号内为同类省的数量。受访者中没有落户到西藏的下乡人员。
20 个别省的受访者总数较少，实际情况可能会有一定的误差，如宁夏、青海、贵州、甘肃、新疆。

以上，如黑龙江、内蒙、山西和云南等。省内流动类的特征是，输出率低的同时，输入率也低，最高均不超过21%。输入类省份都是边疆或落后地区，人烟稀少，内地省派送大量的下乡人员（尤其是知青）支援边疆。省内流动省份大多是内地省，工农业相对发达，人口众多。

值得一提的是特殊类——浙江。该省的输入率与省内流动类相近，但是输出率却远高于后者。输出的下乡人员主要流向是黑龙江，其次是内蒙。如果人为地强行指令分类软件将各省分为三类的话，浙江则属于输出类，与三个直辖市同伍，因为浙江与输出类省更为接近。

造成这一现象的可能原因有二：（1）浙江山多地少，山地和丘陵面积占75%，平坦地面积仅占20%，河流和湖泊占5%，有"七山一水二分田"之说。该省人口密度高，安置知青有困难；（2）受上海影响，浙江靠近上海，与上海关系密切，推行相似政策。上海一直是资源缺乏城市，中共建政后，主要依靠国家计划调拨和全国各地（尤其是周边省）的支持。在周围几个省中，安徽贫穷落后，江苏较富裕，但在政治上与上海素来不和，浙江与上海却较为密切。例如，浙江岱山县的百姓多以渔业生产为生，下海渔民持有流动购粮证，可在全省沿海各地购粮。秋汛捕蟹季节，渔民可以凭此证到上海补给粮食[21]。当时只有全国粮票可以跨省购粮，浙江地方粮票跨省得到上海供应，在全国可能是独此一例，上海与浙江之间关系略见一斑。关系密切必然受其影响，文革中，上海受中央文革直接控制，执行极"左"路线，上山下乡输出率相当高，其政策影响了浙江[22]。各省输出去向和输入来源的情况见表1.9。

---

21 http://www.zhoushan.cn/rdzz/ggkf2018/zsggkf2018/201810/t20181028_903189.shtml.
22 当然还有另一种可能，即抽样偏差。但是来自浙江省的受访者达到33人，从统计学角度说，样本数大于30，可以视为样本足够大，且33位受访者并无异常，因此可以排除抽样偏差的可能。

表 1.9. 各省输出去向和输入来源

类别	省	输出去向	输入来源
输出类	北京	内蒙、黑龙江、陕西、山西、云南、吉林、河北、河南、湖北、宁夏、湖南、江西、新疆、广东、安徽、甘肃、江苏、辽宁、四川、山东	
	天津	内蒙、黑龙江、河北、山西、甘肃、吉林、江西	
	上海	安徽、黑龙江、江西、云南、吉林、江苏、贵州、内蒙、新疆、甘肃、广东、青海、山东、浙江	
	浙江	黑龙江、内蒙、江西、新疆	上海
输入类	安徽	吉林、陕西	上海、江苏、四川、北京
	甘肃		上海、北京、四川、天津
	贵州		上海、辽宁
	河北	黑龙江、内蒙	天津、北京、辽宁、四川
	黑龙江		北京、上海、天津、浙江、福建、河北、四川、山东
	吉林		上海、北京、安徽、辽宁、天津
	江西		上海、四川、天津、浙江
	内蒙		北京、天津、江苏、上海、浙江、辽宁、山东、河南、河北、山西
	宁夏		北京
	青海		山东、上海
	陕西	河南	北京、安徽、江苏
	山西	内蒙	北京、天津
	新疆		江苏、上海、北京、湖南、河南、四川、山东、浙江
	云南		北京、上海、四川
	福建	黑龙江	
	广东	辽宁	上海、北京、湖南

	广西	湖南	湖南
省内流动类	湖北		北京、湖南
	湖南	广东、广西、湖北、新疆、	北京、广西
	河南	内蒙、新疆	北京、陕西、江苏
	江苏	内蒙、新疆、安徽、河南、江西、陕西	上海、北京
	辽宁	内蒙、贵州、河北、吉林	北京、广东
	四川	云南、安徽、甘肃、河北、黑龙江、江西、新疆、	北京
	山东	青海、内蒙、黑龙江、新疆	北京、上海

以上分析与有些学者的结果有些出入，如徐云（2019）和刘小萌（1998），他们认为接受外省的还包括江苏、辽宁和浙江，共 17 个。事实上，几乎每个省（除三个直辖市外）均或多或少地接受外省的知青。但是从上述三省输入与输出比率来看，江苏和辽宁更多的是省内流动，而浙江输出远大于输入，与三个直辖市相近。

2.7. 上山下乡的动员

上山下乡是 1957 年中共《1956 年到 1967 年全国农业发展纲要（修正草案）》中首次提出的。文革前，上山下乡的动员分为两个阶段，开始是宣传农村青年返乡参加劳动，以后逐步鼓励城镇青年下乡参加劳动。1961 年前主要动员对象是农村青年，也称为返乡知青。1962 年后，中共开始强调动员城镇青年。面对大跃进带来的困难，中共开始实施减少城市人口政策，动员组织城镇人口下乡。各地开始动员工作，如组织知青到农场参观，地方领导接见知青代表等。邢燕子、董加耕、侯隽等人被树为典型，推动了上山下乡的开展。

1964 年初，中共开始建立知青下乡管理机构，如"中央知识青年下乡指导小组""国务院安置办公室"，各级地方政府也建立起相应的分支机构。知青下乡管理被纳入正式管理轨道。《人民日报》播发多篇社论鼓励下乡。返乡青年是回到自己熟悉的地点下乡，所以管理是分散的。而城镇青年下乡则是到陌生的地方，各级政府需要加强管理，知青集体户（即知青点）应运而生（王富秋，2019）

1964 年，中共发布《关于动员和组织城市知识青年参加农村社会主义建设的决定（草案）》，这是"文革"前知青安置工作的纲领性文件。动员和安置知青的一整套模式由此形成，其要点是，在国家统一组织和严格计划下，采取政治动员方式。由国家发放安置经费，送知青到农村生产队集体插队落户为主要形式，或集体分配到国营农场、生产建设兵团（定宜庄，1998）。

具有知青经历的学者邓鹏（2013）指出，文革前有近 130 万城市知青上山下乡，尽管有国家层面"动员和组织城市知识青年参加农村社会主义建设"的决策，且表面上多为高考、中考的落榜生，事实上却存在着阶级路线的"政治歧视"，以至赴农村"脱胎换骨"成为唯一的出路。

以南京师范学院[23]附属中学（简称"南师附中"）为例，该校于 1965 年被国家教育部定为全国中学教育改革的试点学校之一[24]。1964 年，南师附中树立放弃高考、背离家庭、落户农村的学生典型。南师附中和另外二所中学的毕业生总共 72 人主动放弃高考，直接到农村落户，被誉为"72 贤"，成为全国中学生的楷模。文革前夕，形成"父母革命儿接班，父母反动儿背叛"的校园氛围。学校树立为革命而学的教改典型（红五类子弟）登上全国性刊物《中学生》。与此同时，出身剥削阶级家庭的学生，则忙于与家庭划清思想界限（王虹，2020）。表 1.10 是对比文革前和文革中受访者家庭出身的结果[25]。

表 1.10. 家庭出身在两个时段的对比（N=1,705）

时间	革军革干	工人农民	灰五类	黑五类
文革前（1956-1966）[26]	0.4%	4%	4%	11%
文革中（1967-1978）	99.6%	96%	96%	89%
合计	100%	100%	100%	100%

---

23 现为南京师范大学。
24 其他三个学校分别是，上海育才中学、北京景山中学、辽宁黑山中学。
25 由于调查问卷的设计缺陷，有不少受访者（1,117 人，占总受访人数的 40%）无法确定下乡的时间。
26 受访者中有几位是很早就下乡的人员，例如一位生于 1936 年，女，1958 年下乡到四川，一位生于 1940 年，男，1957 年下乡到辽宁，还有一位生于 1941 年，女，1956 年下乡到黑龙江。文革前下乡的受访者在答卷中特别提醒笔者，他们下乡时还没有"插队"的说法。

如表 1.10 所示，黑五类子弟中，文革前下乡的占 11%，革军革干子弟几乎为 0，工人农民和灰五类子弟各占 4%，稍高于革军革干子弟，但是明显低于黑五类子弟。零假设检验结论是家庭出身之间的差异显著（置信度大于 99%）。以上结果验证了文革前下乡政策中政治歧视的存在。正如刘小萌（2015）所说，文革前的知青是"先淘汰后下乡"。中共先把城市毕业生按家庭出身划线，许多品学兼优的学生只是因为家庭出身不好，就被剥夺升学和就业的资格，送到农村。

文革开始，上山下乡暂停。1967 年初，中共发出通知，要求知青们回农村去安心劳动。北京中学生主动申请到边疆插队落户，拉开了文革大规模知青上山下乡的序幕。上山下乡演变为一场政治运动，被拔高到政治层面加以宣传和实施，与青年人主动参与有着明显区别。1968 年的上山下乡属于文革中极"左"政策实施阶段，知青实际上成为遵守命令的被动参与者，上山下乡被誉为一场伟大的革命，被赋予"无产阶级专政下继续革命理论"、接受"再教育""反修防修"伟大举措（马昌海，2009）。表 1.11 是家庭出身与对上山下乡态度的情况。

表 1.11. 文革中被动员的态度与家庭出身的关系（N=2,242）

对下乡动员的态度	革军革干	工人农民	灰五类	黑五类
自愿积极参与	43%	43%	30%	15%
被迫无奈，未被强迫	39%	37%	50%	48%
强制下乡，不得不走	18%	20%	20%	37%
合计	100%	100%	100%	100%

表 1.11 显示，43% 的红五类子弟是自愿积极参与上山下乡的，灰五类和黑五类子弟分别只有 30% 和 15%。被强制下乡的黑五类子弟高达 37%，革军革干子弟仅 18%，不及黑五类子弟的二分之一。被迫无奈下乡的灰五类和黑五类子弟比红五类子弟高了约十个百分点。在下乡的自愿程度方面，红五类子弟明显高于非红五类子弟。零假设检验结论是，家庭出身与自愿态度之间存在显著差别，置信度大于 99%。

我们进一步分析文革前下乡动员的态度。表 1.12 是家庭出身与对动员的态度。

表 1.12. 不同时期下乡动员的态度与家庭出身的关系（N=1,498）

	对下乡动员的态度	革军革干	工人农民	灰五类	黑五类
文革前	自愿积极参与	100%	72%	48%	23%
	被迫无奈，未被强迫	0%	14%	44%	54%
	强制下乡，不得不走	0%	14%	8%	23%
	合计	100%	100%	100%	100%
文革中	自愿积极参与	41%	39%	29&	15%
	被迫无奈，未被强迫	40%	39%	48%	47%
	强制下乡，不得不走	19%	22%	23%	38%
	合计	100%	100%	100%	100%

　　文革前，红五类与非红五类之间的区别依然存在，零假设检验显示，家庭出身与自愿态度之间存在显著差别，置信度大于95%[27]。如表1.12所示，文革前自愿积极参与的比例较高，红五类高达72%和100%，灰五类和黑五类分别是48%和23%。被强制下乡的则较少。文革前，下乡人员自愿的更多些，被迫的相对少些。

　　文革中自愿积极参与总数比文革前明显减少，被强制下乡总数明显增加。黑五类自愿下乡人数从23%下降到15%，文革中有85%的黑五类子弟是被迫或被强制下乡的。这一趋势在所有家庭出身中均有体现，灰五类、工农、革军革干子弟的自愿下乡率分别从48%，72%，100%下降到29%，39%，41%。对数线性模型[28]分析发现，对于下乡动员的态度，时间因素（即文革前和文革中的差别）和家庭出身的影响在统计学均呈现显著差别，置信度大于99%（关于对数线性模型的原理和计算，此处不赘，有兴趣的读者请参见附录5）。

　　尽管当时的动员搞得轰轰烈烈，下乡人员心里却是无奈、不情愿。余杰（2021）曾描写过下乡一刻的情景：火车站上人山人海，虽有喧天锣鼓、飘扬彩旗，更多的却是悲悲戚戚的哭声和千叮咛万嘱咐。当火车的汽笛声响起时，车上车下霎时间爆发出哭声、喊声、呼号声。站台上的人群像一股洪流在向火车边涌动，而车上的一个个窗口伸出无数双舞动着的、无助的手，还有趴在窗前痛哭的人。当列车启动的那一刻，有尖叫的、呐喊的、狂呼的，还有昏厥过去的老人！

---

27 因样本较小，采用费希尔精确检验 Fisher's Exact Test。
28 Log Linear Model.

这就是文革中下乡民众心情的真实写照。

无论是自愿或是被强迫下乡，有些知青希望通过下乡能上学或招工。表1.13是受访者对上学和招工抱有希望的情况。

表1.13. 家庭出身与抱有上学招工想法的关系（N=2,590）

家庭出身	抱有上学招工想法		置信度
	是	否	
革军革干	8%	92%	>95%
工农	10%	90%	
灰五类	6%	94%	
黑五类	5%	95%	

非红五类子弟（尤其是黑五类子弟）还是有自知之明的，尽管他们中有少数人（5%～6%）对上学和招工抱有幻想，但是比例明显低于红五类子弟（8%~10%）。家庭出身与抱有幻想的关系有显著差别，置信度大于95%。

政治歧视不仅表现在是否下乡方面，而且存在于下乡安置方面。建设兵团和农场相对于插队到农村生产队，条件要好些，红五类子弟在能否进入建设兵团或农场方面也占了先机。表1.14是受访者家庭出身与下乡安置的情况。

表1.14. 家庭出身与下乡安置的关系（N=2,524）

下乡安置	革军革干	工人农民	灰五类	黑五类
插队	66.1%	57.6%	68.6%	65.4%
建设兵团/农场	31.3%	40.8%	28.7%	25.4%
全家下放	2.6%	1.6%	2.7%	9.2%
合计	100%	100%	100%	100%

表1.14显示，红五类子弟（31.3%，40.8%）进入建设兵团或农场比，非红五类子弟（28.7%，25.4%）要高一些，黑五类中全家下放的比例（9.2%）高于其他类子弟（1.6%，2.6%）。受访者中非红五类子弟插队和全家下放的多，红五类子弟进入建设兵团和农场的多，家庭出身与下乡安置存在显著相关性，置信度大于99%。

文革中，当局采取一系列的强制性手段，如办学习班、吊销城市户口，派出所的户籍警察和街道居委会轮番上门劝说和威逼，由家长的工作单位出面施加压力等等。受访者中被迫无奈和被强制下乡人数高达三分之二（67%）。除了少数先锋者，很多城市中学生犹豫、不情愿、不甘心、想不通，但他们还是或出于无奈，或是被强迫下乡了，这就为上山下乡的失败埋下祸根。

第3章

上山下乡与文革

上山下乡在全国范围内大规模地推行，是从1968年下半年开始的。当时，虽然各省相继成立了革命委员会，但是局势仍不稳定，各派群众组织没有停止派性斗争，争吵不休，武斗不断，成为社会稳定的绊脚石。7月底，毛泽东派解放军和工人宣传队进入大学，强行制止派性、恢复秩序，紧接着开始大规模的上山下乡。此举意在削弱红卫兵的力量，表明毛泽东已经认识到红卫兵的负面作用，想通过新的方式实现平稳过渡。红卫兵在被毛利用后，终于被抛弃了（徐友渔，2010）。不能正确理解文革的群众运动（包括红卫兵运动），就不能理解上山下乡，而不能理解曾是红卫兵的知青，也就不能理解后来发生的知青大返城。

3.1. 文革的定义

对于如何定义文革，如何评价文革中的群众运动（特别是红卫兵运动），目前有五种理论：（1）内乱说，（2）一个文革说，（3）社会冲突说，（4）两个文革说，（5）博弈说（乔晞华等，2020）。

"内乱说"源于中共的《关于建国以来党的若干历史问题的决议》。内乱说将文革定义为："一场由领导者错误发动，被反革命集团利用，给党、国家和各族人民带来严重灾难的内乱"。对于文革这一全局性的、长时间的左倾严重错误，毛泽东"负有主要责任"。毛发动文革的这些左倾错误论点，明显地脱离了作为马列主义普遍原理和中国革命具体实践相结合的毛泽东思想的轨道。

"一个文革说"将文革定义为："由党和国家的最高领导人亲自发动和领导的，以无产阶级专政下继续革命理论为指导思想的，以所谓走资派和反动学术权威为革命对象的，采取四大方法动员亿万群众参与的，以反修防修巩固红色江山为神圣目标的一场矛盾错综复杂的大规模的长时期的特殊政治运动。"

"社会冲突说"基于马克思主义的社会冲突理论，认为文革中民众分裂成对立的派别，这些派别之间为了夺取权力进行激烈的斗争。文革不是内乱，也不是运动，更不是权力斗争，而是你死我活的为控制中国的阶级斗争。

"两个文革说"与社会冲突说大同小异，认为存在两个文革，第一个文革是"毛的文革"，主动自觉地利用群众运动来打乱共产党，以清除威胁他地位的高级同僚。第二个文革可称为"人民文革"，民众被动地不自觉地利用毛泽东的威望，来打倒直接压迫他们的贪官污吏，以争得起码的民主权利。人民文革不是乌合之众的非理性爆发，而是一个具有明确目标和策略的政治运动。

"博弈说"对文革的定义是："为期十年的文革是中国现代史上的重要事件。文革中，党内和党外各自的激进派、温和派和保守派六个集团之间和集团内部，进行了一场不完全信息的非合作式的博弈。"这是一场混战，六个集团之间没有真心的合作，没有持久的联盟，关心的只是自身的利益。

3.2. 知青在文革中的表现

对于民众在文革中的表现，华人学者中的传统观点认为，亿万民众卷入文革的原因，是由于林彪和"四人帮"的蛊惑挑唆，是不明真相（席宣、金春明，2005）。民众不辨真伪，失去个性，没有推理能力，变成乌合之众（王克明、宋小明，2014）。还有学者更明确地提出，造反派是"疯子"，逍遥派是"傻子"（陈子明，2014）。认为民众智力低下，是疯子、傻子的说法基于"乌合之众论"，其代表人物是勒庞，代表作是1895年发表的《乌合之众》。遗憾的是，乌合之众论早在上世纪70年代就已经被西方学界彻底批判，成为死老虎。

一位美国社会学家[1]早在 1991 发表了专著《令人疯狂的聚众之谜》[2]，系统地总结了对乌合之众论的批判。由于该书还未出中译本，所以广大的中国读者和学者对此知之甚少，乌合之众论在中国学界和民间仍然盛行。本节研究的问题是，知青和其他下乡人员在文革中的表现是否属于乌合之众行为，他们的目的到底是什么。表 3.1 是受访者自然情况与参加群众组织的关系。

表 3.1. 受访者自然情况与参加群众组织的关系

受访者自然情况		参加群众组织	置信度
性别	男	55%	>99%
	女	46%	
家庭出身	革军革干	64%	>99%
	工人农民	60%	
	灰五类	45%	
	黑五类	35%	
政治面貌	红类	62%	>99%
	中等类	47%	
	黑五类	38%	
下乡前职业	中学生	51%	>99%
	非中学生	42%	

表 3.1 显示，女性参加群众组织的比例是 46%，相对于男性（55%），女性似乎没有男性的积极性高。性别在参与群众组织比例上的差异，在统计学上有显著意义（置信度大于99%）。尽管同属红五类，革军革干子弟（64%）参加群众组织的积极性比工农子弟（60%）高，灰五类（45%）次之，最低的是黑五类（仅 35%）。不同的家庭出身之间参与比例的差异，在统计学上有显著意义（置信度大于99%）。受访者参加群众组织的积极性与本人政治面貌成递减关系。党团员、积极分子（简称"红类"）最高（62%）；一般群众（称为"中等类"）的受访者次之（47%）；黑五类最低（仅38%）。一方面，可能黑五类并不愿意参加群众组织；另一方面，群众组织（无论是保守派还是造反派）对他们均取排斥态度（陈益南，2006）。不同

---

[1] 参见 McPhail（1991）。
[2] 英文为 The Myth of the Madding Crowd。

的政治面貌之间参与比例的差异，在统计学上有显著意义（置信度大于99%）。中学生参加群众组织较积极，一半以上的人参加过群众组织，其他人则只有42%。受访者职业与参加群众组织之间关系，统计学上有显著差别（置信度大于99%）。

笔者曾于2019年进行过一次关于民众参加文革情况的问卷调查，征集到1,670位受访者，范围比本次调查广泛，有社会各界人士。民众参加群众组织的比例见表3.2。

表3.2. 受访者自然情况与参加群众组织的关系（2019年文革情况的问卷调查）

受访者自然情况		参加群众组织	置信度
性别	男	60%	>99%
	女	51%	
家庭出身	革军革干	72%	>99%
	工人农民	54%	
	灰五类	61%	
	黑五类	44%	

两次问卷调查中，2019年的调查受访者参加群众组织的比例比此次知青受访者要高。原因有二：（1）前者的女性受访者仅为总受访人数的27%，女性的参与率较男性低，所以文革中民众参加群众组织的实际比率应低于观察到的比率[3]；（2）两次调查的人员构成有差异，前者包括社会各界人士，后者仅为上山下乡人员（老三届学生尤其多）。在前次调查中，革军革干子弟参与率高达72%，此次调查却只有64%，这是因为许多革军革干子弟参军逃避了上山下乡，对于他们来说，"先淘汰后下乡"仍有效。前次调查中，灰五类和黑五类子弟参与文革的比例远高于此次调查。也许，社会上（如机关、事业、企业单位）的灰五类和黑五类子弟比学生的同类子弟更积极参与文革。虽然两次调查的情况略有差异，但是总体趋势是相同的，即出身好的受访者参加群众组织的积极性高于出身不好的。

以下我们采用对数回归模型[4]，分析性别、家庭出身、本人政治

---

[3] 在推测中，笔者根据这一情况做了适当调整，约为58%，表中未列出。
[4] Logistic Regression Model。

面貌和职业对参加群众组织的影响(关于该模型的理论和计算,有兴趣的读者请参见附录6)。也许有读者会问,既然已经对影响参加群众组织的各因素逐个分析,为什么还要用对数回归模型来分析?这是因为,上面讨论的各因素与参加组织的关系是孤立静止的,没有全面地观察各因素同时对参加组织的影响。用对数回归模型分析可以同时考虑各种因素,获得对这一问题更全面的理解。图 3.1 是对数回归模型分析结果[5]:

图 3.1. 受访者是否参加群众组织的对数回归模型(N=2,302)

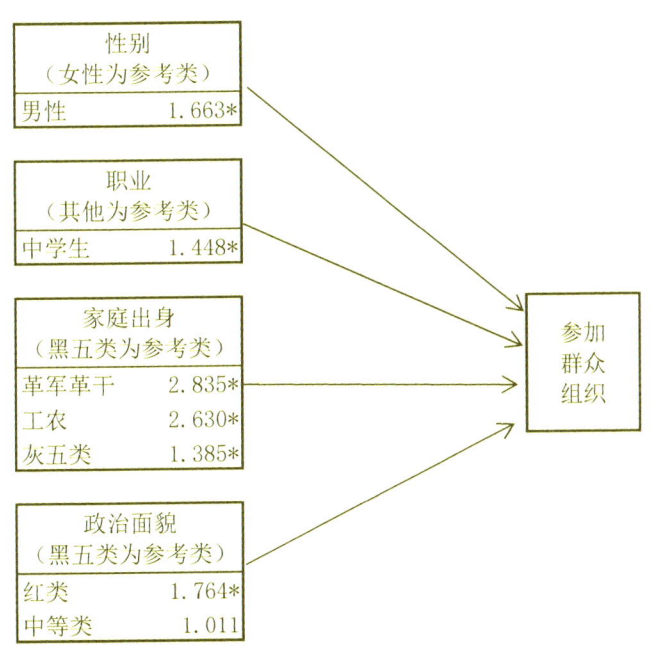

图 3.1 中的数值为比值比(也译为优势比、机会比、交叉乘积比等)。这是描述概率的另一种方式,告诉我们相对于参考类,某种推测的概率比其反向推测的概率大多少[6]。图中的星号(*)表示参数的置信度至少大于 90%。相对于参考类,比值比大于 1.0 表示概率

---

5 因为有受访者未填写性别、下乡前职业、家庭出身、本人政治面貌,分析模型实际人数略低于总人数。
6 具体计算如下:假如女性参加组织的比例是 1:4,男性参加的比例是 3:5,则男性与女性的比值比是 (3/5) / (1/4) = 0.6/0.25 = 2.4。

大，超过 1.0 越多，概率越大。如图所示，性别的作用是 1.663，这就是说，相对于女性，男性参加运动的积极性要高。如果女性参加组织的比例是 1:1，男性的比例则是 1.663:1。换言之，男性参加的概率是女性的 166.3% 倍。中学生比其他职业的受访者也更倾向于参加群众组织，比值比为 1.448，且置信度大于 90%。

性别和职业只有两种情况：男性或女性，中学生或非中学生，我们在计算中把女性和非中学生作为参考类，但是在许多情况下，一个变量会有两个以上的数值。如本人政治面貌有三类人：红类、中等类和黑五类，如果进行两两比较，我们有三个对比：红类相对于中等类，红类相对于黑五类，中等类相对于黑五类。相对于黑五类，红类的比值比是 1.764；中等类的比值比是 1.011（几乎相同，置信度小于 90%）。三者间的差别并不等距，红类远高于中等类和黑五类，（相对于中等类，红类的比值比为 1.432，图中未显示），但中等类与黑五类的差距却并不明显。在是否参加群众组织问题上，本人政治面貌可以分为两大类：（1）红类；（2）中等类和黑五类。红类比非红类更积极地参加群众组织。

如果一个变量有四个类别（如家庭出身），会有六个两两比较：（1）革军革干相对于工农；（2）革军革干相对于灰五类；（3）革军革干相对于黑五类；（4）工农相对于灰五类；（5）工农相对于黑五类；（6）灰五类相对于黑五类。这些比较可以通过选择不同的参考类多次运行回归模型获得结果。本书按学界习惯只列出一个参考类的参数，如图 3.1 所示，相对于黑五类子弟，革军革干子弟、工农子弟、灰五类子弟的比值比分别是 2.835，2.630 和 1.385，置信度均大于 90%，即三类子弟均比黑五类子弟更积极地参加群众组织。但是革军革干子弟与工农子弟的差别却并不显著，比值比为 1.078，置信度小于 90%（图中未列出）。家庭出身之间的差别可以分为三类：（1）红五类子弟（即革军革干和工农子弟）；（2）灰五类子弟；（3）黑五类子弟。他们的积极性依次递减。

总之，男性、中学生、出身红五类、本人政治面貌红类更倾向参加群众组织、积极投入文革群众运动。以上结果与 2019 年关于民众参加文革的问卷调查结果大同小异。

上面分析了受访者参加群众组织的情况，接下来的问题是，受访者为什么参加群众组织，他们的动机是什么，是什么原因促使他们投入到文革的群众运动中去？这一分析需要通过那些参加过群众组织的受访者。表3.3是几个原因与家庭出身关系的情况。

表3.3. 参加群众组织的原因与家庭出身的关系（N=1,174）

原因	革军革干（338）[7]	工农（308）	灰五类（408）	黑五类（120）	置信度
响应毛的号召	66%	74%	57%	48%	>99%
争取改变处境[8]	2%	1%	19%	35%	>99%
对当权派不满	1%	0%	2%	8%	>99%
同情受打压者	3%	2%	6%	13%	>99%

表3.3显示，红五类子弟（革军革干、工农子弟）参加群众组织的主要原因是响应毛的号召。在这一原因上，按照革军革干、工农、灰五类、黑五类出身顺序，呈现递减趋势：66%、74%、57%、48%。

但是在其他三个原因方面，则呈现反向的递增趋势：争取改善处境为2%，1%，19%，35%，对当权派不满为1%，0%，2%，8%，同情受打压者也呈现相同的上升趋势。作为受伤害最重的黑五类子弟有切身体会，他们同病相怜，对受打压者最具有同情心。他们参加组织不仅为自己，也为了帮助与自己一样的受迫害者。四个原因的统计检验结果是拒绝零假设，其置信度均大于99%。换言之，在这四个原因方面，家庭出身之间的差别是显著的。表3.4是四个原因与本人政治面貌的关系。

表3.4. 参加群众组织的原因与本人政治面貌的关系（N=1,174）

原因	红类（404）	中等类（727）	黑五类（43）	置信度
响应毛的号召	70%	61%	44%	>99%
争取改变处境	7%	13%	19%	>99%
对当权派不满	1%	2%	14%	>99%
同情受打压者	3%	5%	7%	72%

---

7 括号内是人数。
8 只有为数不多的受访者出于经济利益。

表 3.4 显示，红五类和中等类政治面貌的人们参加群众组织以响应毛的号召为主，红五类、中等类、黑五类依次为 70%，61%，44%。在争取改变处境问题上，依次为 7%，13%，19%。显然，黑五类对于改善自身处境最为迫切。对当权派不满，呈同样上升趋势，分别为 1%，2%，14%。同情受打击者，似乎不分红五类、中等类或黑五类（置信度 72%）。统计检验结果拒绝以下变量的零假设：响应毛的号召、改善处境、对当权派不满。也就是说，在这三个原因方面，政治面貌之间的差别是显著的，置信度均大于 99%。而同情受打压者方面，政治面貌未显示出明显的差别。

我们对上述的四个原因，分别用对数回归模型进行分析。在分析模型中，因变量分别是四个原因，自变量是性别、下乡前职业、家庭出身和本人政治面貌。响应毛的号召的对数回归分析结果见图 3.2。

图 3.2. 响应毛的号召参加群众组织的对数回归模型（N=1,174）

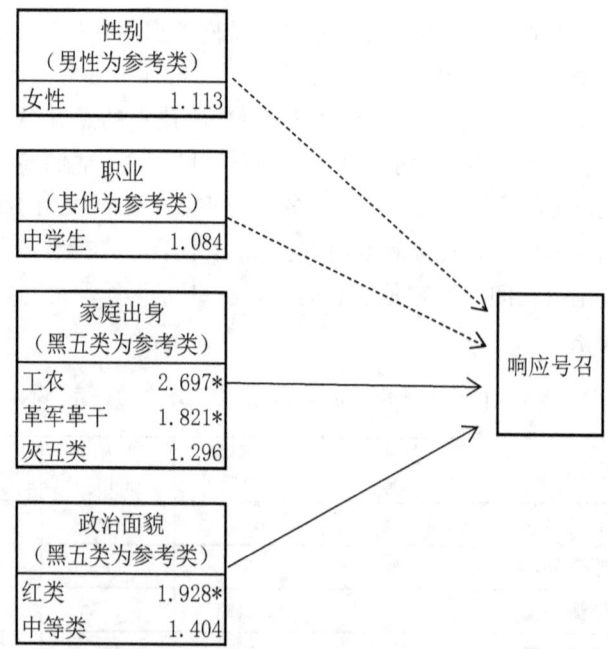

对于响应毛号召的原因，性别和职业（是否是中学生）无明显影响，图 3.2 中用虚线表示。但是家庭出身和本人政治面貌却有显著

的影响。首先，红五类子弟相对于黑五类子弟，参加群众组织更多的是因为响应毛的号召，比值比分别为 1.821 和 2.697，革军革干子弟的热情低于工农子弟。非红五类之间则无明显差别，比值比为 1.296，置信度小于 90%。相对于黑五类政治面貌，红类参加组织的原因更多的是出于响应毛的号召，比值比为 1.928，置信度大于 90%。但政治面貌是中等类的受访者与黑五类的区别并不显著，比值比为 1.404，置仪式度小于 90%。总之，出身不好，政治面貌不好，对响应号召的反应越低。争取改善处境的对数回归分析结果见图 3.3。

图 3.3. 争取改善处境参加群众组织的对数回归模型（N=1,174）

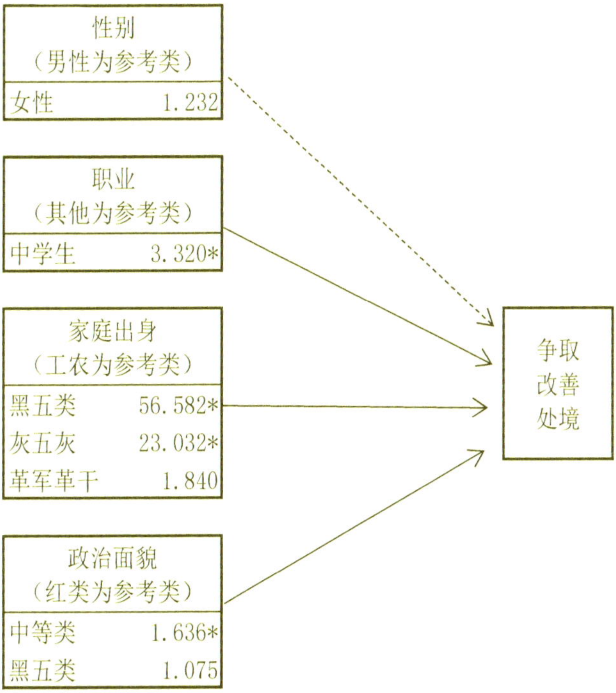

```
性别
（男性为参考类）
女性         1.232

职业
（其他为参考类）
中学生       3.320*

家庭出身
（工农为参考类）
黑五类      56.582*
灰五灰      23.032*
革军革干     1.840

政治面貌
（红类为参考类）
中等类       1.636*
黑五类       1.075
```
→ 争取改善处境

在争取改变自身处境的原因方面，性别差别并不显著，置信度小于 90%，图 3.3 中以虚线表示。学生较之其他人员有更高的热情，比值比为 3.320，置信度大于 90%。灰五类、黑五类子弟显示出与革军革干、工农子弟的明显不同。革军革干与工农子弟间无显著差别，比值比为 1.840，置信度小于 90%。但是黑五类和灰五类子弟与工农子弟的比值比分别为 56.582 和 23.032，他们与革军革干子弟的比值比分别为 30.755 和 15.579（图中未列出）。换言之，黑五类争取改变自身处境的热情最高，灰五类次之，工农子弟和革军革干属一类，热情最低。这一结果显示出红五类阵营与非红五类阵营的区别，突显了出身不好的人群在文革群众运动中要求改善自身处境的强烈愿望。图 3.4 是因对当权派不满而参加组织的对数回归分析结果。

图 3.4. 因对当权派不满参加群众组织的对数回归模型(N=1,174)

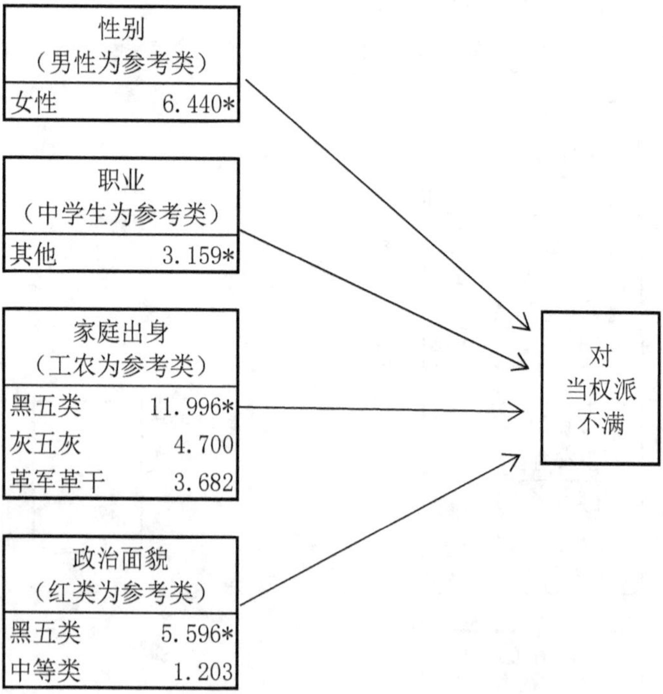

```
性别
（男性为参考类）
女性        6.440*

职业
（中学生为参考类）
其他        3.159*

家庭出身
（工农为参考类）
黑五类      11.996*
灰五灰       4.700
革军革干     3.682

政治面貌
（红类为参考类）
黑五类       5.596*
中等类       1.203
```

→ 对当权派不满

图 3.4 显示，在对当权派不满方面，男性比女性更高，比值比为 6.440，置信度大于 90%。非中学生比中学生因不满当权派参加群众组织更多些，比值比为 3.159，置信度大于 90%。中学生并未接触社会，受当权派欺压的机会少于其他人员，所以与非中学生相比，对当权派的不满和怨恨相对少些。黑五类子弟对当权派最为不满，灰五类子弟稍次之，红五类子弟最低。革军革干与工农子弟间的差别并不显著（比值比为 3.682，但置信度小于 90%）。黑红五类与灰五类子弟

间差别也不显著(图中未列出)。相对于本人政治面貌红类的受访者,黑五类对当权派的不满高得多,比值比为 5.596(置信度大于90%)。相对于中等类,黑五类的不满也明显高,比值比为 4.653(置信度大于90%,图中未列出)。中等类的受访者与红类差别并不显著。以上结果显示,黑五类子弟和政治面貌是黑五类的受访者因对当权者的不满而参加文革的比例最高。图 3.5 是因同情受打压者参加组织的对数回归分析结果。

图 3.5. 因同情受打压者参加群众组织的对数回归模型(N=1,174)

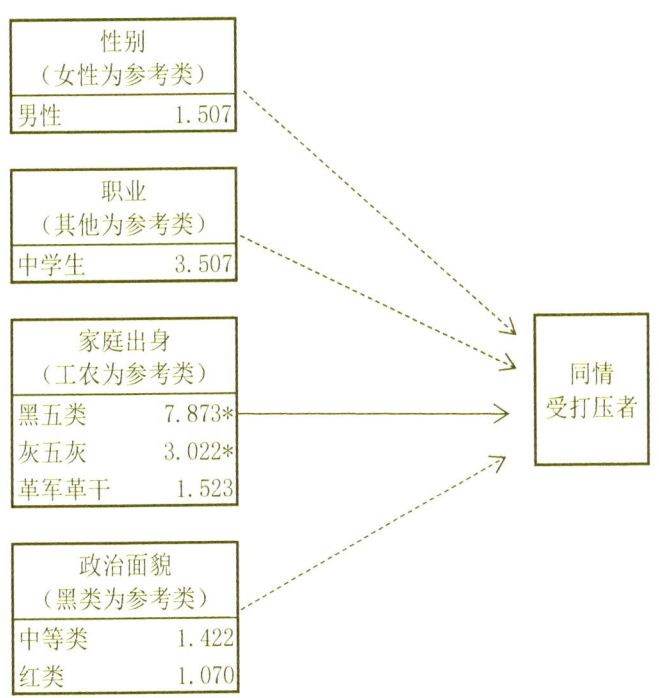

图 3.5 显示,在同情受打压者方面,性别、职业和政治面貌未显示出显著的影响,图中用虚线表示,仅家庭出身起到显著作用。相对于红五类子弟,黑五类和灰五类对受打压者的同情较高。可以将受访者分为三类,(1)黑五类子弟;(2)灰五类子弟;(3)革军革干和工农子弟。他们因同情受打压而参加组织的概率依次递减,黑五类和灰五类子弟由于同病相怜,愤而参加群众组织造反的比例,要比红

五类高得多。

　　总之，因对当权派不满、争取改善自身处境参加群众组织，相对于革军革干和工农出身的受访者来说，灰五类子弟和黑五类子弟的概率高得多。这说明，民众参加群众运动，除了我们通常讲的响应毛的号召外，还另有原因。这些原因与个人的家庭出身、政治面貌有密切关系。忽略这一情况，我们就不能正确地理解文革的群众运动。

　　从以上对民众参加群众组织原因的分析，我们可以对当时的中国社会窥见一斑。在响应毛的号召方面，革军革干子弟尤其多，工农子弟、灰五类子弟和黑五类子弟依次递减。在争取改变处境、不满当权派方面，却是朝相反方向递增。这看似不同，实质上却是一回事，都与自身的处境有关。红五类子弟，特别是革军革干子弟，是共产主义事业的当然接班人。他们只要听从党和毛的号召，前途是有保障的。通过历来的运动，人们明白这是铁定的规律。所以响应毛的号召只是表面的原因，实际上与红五类的前途密切相关。当然，是否响应毛和党的号召，也与灰五类、黑五类的前途命运相关。如果他们胆敢与党和毛唱反调，下场是可想而知的。所以这些人也需要打着响应毛的号召的旗号，或主动或被动地顺应当时的潮流。民众的心里是清楚的，他们不能在文革中被历史的列车甩出车外。

　　对于争取改变处境这一目的动机，红五类子弟可能不屑一顾。也许他们会认为，出于这样的动机参加群众组织未免太自私了。但是对于非红五类子弟来说，这是非常实际的目的。文革前的17年里，中共执行的阶级路线把灰五类和黑五类划为二等公民，他们在升学、就业、提干、事业发展和生活等各方面受尽歧视。文革的发动，使他们看到从未有过的机会。他们带着这一目的积极投入文革，希望能在文革中打个翻身仗。红卫兵第二号领袖蒯大富的"三十六条权经"，最后一条道出了造反群众当时的心态："得到政权后就得运用，而且不容得稍稍犹豫，正是'一朝权在手，便把令来行'（蒯大富，2014）。"

　　响应毛的号召是红五类子弟的一种积极防守性的心态和举动，目标是保住他们已有的特权和益处。争取改变处境是，灰五类和黑五类子弟的一种积极进攻型的心态与举动，旨在争取获得自己以前没有的权力和益处。两种心态与举动只是从不同侧面展现相同的动机，殊途同归。文革中,民众既不是疯子,也不是傻子,更不是毫无政治目标的无知群氓。

从受访者对这两个问题的回答,可以看到当时的中国分裂成为两大阵营:红色阵营和非红色阵营。在红色阵营里,有革军革干子弟、工农子弟、党团员积极分子以及中共的各级干部等。在非红阵营中,有黑五类子弟、灰五类子弟和本人是黑五类或灰五类的人们,以及被淘汰下来的原来属于红色阵营中的少数人们。忽略这一情况就不能正确理解文革,就不能理解文革中被赶出城镇的广大知青,也就不能理解知青的大返城。

第 4 章

知青生活

　　文革中大规模上山下乡时的口号是"接受贫下中农的再教育","在大风大浪中实现脱胎换骨的思想改造"。知青们从城市一下子被抛进苍苍林海、茫茫草原和荒野山乡之后,心理落差是难以想象的。文革前所受的教育要求他们,以怕苦、怠惰、软弱、享受、骄娇二气为耻,要求他们注意磨练勇敢向上、勤奋刻苦和吃苦耐劳的品质。然而严酷的事实使这些天真烂漫的青年终于从乌托邦理想回到柴米油盐的现实生活中(马昌海,2009)。

4.1. 下乡后的经济收入

　　对于知青来说,下乡是一条完全陌生的谋生之路,面临的首要问题,是要靠自己嫩弱的身体谋得温饱。建设兵团和农场里的知青,因为每月有固定工资或津贴,生活相对稳定些。而插队落户到农村的知青,则与广大农民一样,出工一天记一天的工分,一年的收入要等数月之后甚至年终时,由生产队决算后才能知道。他们的谋生道路要艰难得多。表 4.1 是受访者中建设兵团、农场和插队人员收入的分布。据当时的统计,自给标准为 120~180 元(刘小萌,1998),我们取中间数 150 元为自给标准,将收入分为以下四类:(1) 150 元以下;(2) 150~299 元;(3) 300~499 元;(4) 500 元及以上。

　　插队受访者中,有 72%的人年收入低于自给标准(以下称为"低收入"),低收入人数远高于建设兵团和农场的受访者。在经济收入方面,插队、建设兵团、农场知青之间的差异显著,置信度大于 99%。而且农场与建设兵团知青的收入差异也显著,置信度大于 99%。仅从低收入人群可以对三者间的差异略见一斑,建设兵团受访者低于自给标准约 15%,农场知青则有 29%,两者收入均大大高于插队受访者。

表 4.1. 受访者年收入与下乡安置形式的关系（N=2,435）

收入类别	建设兵团	农场	插队	合计
150 元以下	15%	29%	72%	56%
150~299 元	12%	35%	16%	17%
300~499 元	67%	30%	8%	22%
500 元及以上	6%	6%	4%	5%
合计	100%	100%	100%	100%

特别需要指出的是，在插队低收入的受访者中，有 90 人收入是负数，辛辛苦苦干了一年，结果还倒欠生产队的钱，还有 332 名受访者年终结算扣除口粮后，没有任何现金收入，这两类受访者占插队低收入受访者总数的 25%（表中未列出）。

一位受访者在调查问卷中忿忿地写道，"我们一个集体户在生产队干了十年，临走时，一算账还欠生产队 100 多元。每年冬天结账的时候，全是账面上的数字，没有钱。应该给你的，也没有钱，欠着。插队知青最苦、最惨。坐十年牢房，也不可能欠钱！"曾有一位女知青因收入问题而自杀未遂，她在遗书上写道："二十几岁的人了，连粮草都做不出来，还要伸手靠家庭，只好离开人间"（刘小萌，1998）。表 4.2 是低收入插队受访者在各省的分布。

表 4.2. 收入低于 150 元的受访者下乡地区分布（N=1,564）

占插队总数	省
80%~100%	青海、河北、贵州、山西、陕西、天津、河南、湖南
60%~80%	江苏、安徽、山东、四川、北京、辽宁、甘肃、吉林、江西、云南、广西、河北、浙江
40%~60%	福建、广东、内蒙、上海、新疆
<40%	黑龙江

下放到福建、广东、上海的插队受访者收入略高一些是预料之中

---

1 问卷调查的关于下乡时"年收入"的回答中，插队受访者回答有三种类型，(1)明确说明扣除口粮后的现金收入，如"扣过粮款后大约 50 多元"；(2)明确的年收入，如"0.26 元 X365"，(3)金额数，如"120 元左右"。对于第三种情况，笔者通过与多位下过乡的知青交谈，认为有可能个别受访者指的是第一种情况，即扣除口粮后的现金收入。但是在没有更多证据的情况下，本书默认是第二种情况，即年收入，包含口粮。对于第一种回答，口粮按每年 100 元计算，即自给标准 150 元的三分之二。

的事，内蒙、新疆、黑龙江地区插队的受访者低收入情况好于其他地区，可能的原因是这些地区的知青有不少在兵团或农场。插队到素有鱼米之乡之称的江苏的受访者，低收入状况可能出乎有些读者的预料。江苏的受访者低收入人数占插队总数的78%，比例高于安徽、山东、甘肃、江西等地。这是因为，虽然江苏的南部地区（常称为"苏南"）比较富裕，但是其北部地区（常称为"苏北"）却非常贫困，如泗洪县、洪泽县、泗阳县、泰兴县等。

上世纪70年代末，据27个省、市、自治区的统计，有13个省、市、自治区下乡青年生活不能自给的比例在50%以上，其中云南、贵州、四川、福建、甘肃等省高达70~80%（刘小萌，1998）。受访者的低收入情况与当时的统计有相似之处。受访者的收入不仅受地区影响，性别上也有差异。表4.3是性别与收入的关系。

表4.3. 受访者性别与收入的关系（N=2,396）

收入类别	女	男
<150元	59%	53%
150~299元	17%	17%
300~499元	21%	24%
>=500元	3%	6%
合计	100%	100%

如表4.3所示，女性受访者中低收入占59%，男性受访者占53%。男女之间收入之间呈显著差别，置信度大于99%。知青下乡除了招工、招兵以外，还有不少人通过在农村成为赤脚医生、教师、广播员等，脱离田间劳动。表4.4是受访者在农村劳动情况与收入之间的关系。

表4.4. 受访者在农村劳动情况与收入的关系（N=2,226）

收入类别	一直在田间劳动	成为脱产人员	长期待在城中
<150元	61%	41%	75%
150~299元	17%	19%	7%
300~499元	18%	33%	18%
>=500元	4%	7%	0%
合计	100%	100%	100%

显而易见，抽调成为脱产人员的收入比一直坚持在田间劳动的

受访者高。长期待在城中的受访者由于没有劳动，收入自然受到影响，成为低收入者较多。收入与在农村劳动情况之间存在显著相关关系，置信度大于99%。表4.5是各类受访者在农村坚守劳动的情况。

表4.5. 受访者返城前在农村劳动的情况（2,536）

劳动情况	建设兵团	农场	插队
一直在田里劳动	63%	74%	73%
成为脱产人员	36%	23%	24%
长时间待在城里	1%	4%	3%
合计	100%	100%	100%

从表4.5可以看出，在上调脱离田间劳动成为脱产人员的机会方面，建设兵团比农场和插队似乎更占优势。建设兵团与农场、插队的差异显著，置信度大于99%，但是农场与插队之间则无显著差别（表中未显示）。表4.6是家庭出身与在农村劳动情况的关系。

表4.6. 受访者家庭出身与返城前劳动情况的关系（N=2,369）

劳动情况	革军革干	工人农民	灰五类	黑五类
一直在田里劳动	77%	75%	66%	68%
成为脱产人员	21%	23%	31%	27%
长时间待在城里	2%	3%	3%	4%
合计	100%	100%	100%	100%

灰五类和黑五类子弟在成为脱产人员方面优于红五类，一直在田间劳动的红五类分别为77%和75%，灰五类和黑五类却分别为66%和68%。非红类子弟下乡后受到重用的人数超过红五类子弟，原因可能是：（1）灰五类和黑五类子弟在校成绩总体上超过红五类子弟，到农村后很快表现出他们的才能；（2）他们由于出身不好，在行为举止上大多小心谨慎，努力表现；（3）许多农村地区的政治气氛比城市淡薄，对非红五类子弟的压迫相对少些，环境相对宽松，有利于非红五类子弟（特别是黑五类子弟）的发展；（4）革军革干子弟在返城前一直在田里劳动的比例最高的原因可能是，他们中不少人通过各种途径直接返城了。家庭出身与在农村劳动情况的关系有显著关系，置信度大于99%。知青的收入受多种因素的影响，表4.7是线性回归分析法对受访者收入的综合性分析（线性回归的理论及计算

较复杂,感兴趣的读者可参见附录8):

表 4.7. 受访者年收入线性回归分析（N=1,848[2]）

变量		参数	置信度
截距		-3.35	
年龄		2.38	>95%
性别（女性为参考类）	男性	19.52	>99%
下乡安置（本省为参考类）	跨省安置	38.40	>99%
下乡安置形式 （插队为参考类）	建设兵团	159.37	>99%
	农场	113.84	>99%
家庭出身 （革军革干子弟为参考类）	工农子弟	26.78	>95%
	灰五类子弟	12.85	
	黑五类子弟	7.89	
本人政治面貌 （黑五类为参考类）	红类	39.10	>95%
	中等类	5.20	
坚持田间劳动情况 （相当时间在城里为参考类）	脱离田间劳动	59.82	>99%
	坚持在田里劳动	16.86	
R^2=23.7%			

表 4.7 显示各变量对收入的影响。理解上述参数的要点是,当参数为正数时,意味着如果该变量增加,收入也会增加。例如,年龄的估算参数是 2.38,这就是说,受访者每增加一岁,收入增加 2.38 元。如果其他条件相同,一个人年龄是 20,另一位年龄是 30,那么后者的估算年收入比前者多 23.80 元。对于置信度小于 90% 的参数,有的学者认为不可靠,可以忽略不计,但也有不同意见。

上述线性回归模型中的变量大多是类别型变量,其参数是相对参考变量而言。例如,相对于女生,男性受访者平均要高 19.52 元。相对于插队受访者,建设兵团受访者的年收入平均高 159.37 元,农场受访者比插队受访者要高 113.84 元。相对于革军革干子弟,工农子弟的年收入要高 26.78 元,黑五类子弟高 12.35 元,灰五类子弟则高 7.89 元。革军革干子弟的收入低于工农子弟,也略逊于灰五类和黑五类子弟,有点出乎预料。工农子弟的收入最高,可能的原因有二：（1）他们出身红五类,并没有因为家庭受到拖累,受重用的机

---

[2] 以下结果不包括年收入达到或超过2000元的受访者,其中最高者为4300元。被删人数为 20 人,他们的年收入可能确实达到 2000 元或以上,但是这些异常值会影响整体的预测。

会较高；（2）工农子弟在城市中处于社会底层，生存能力较强且务实，吃苦耐劳的精神不逊于其他出身的受访者。造成革军革干子弟收入最低的可能原因有三：（1）革军革干子弟更富有理想因素，主动下乡到艰苦的地方；（2）不少革军革干子弟在文革中一夜间成为黑崽子，处境比工农子弟差，与黑五类相似，影响了他们在农村的升迁机会，收入受到影响；（3）还有一部分革军革干子弟很早就返城了。

相对于本人政治面貌是黑五类的人来说，中等类的收入要高5.20元，红类则高39.10元。党团员和积极分子在收入方面比其他人占了先机。被抽调成为脱产人员的收入有保障，收入高一些是预料之中的事。如果被抽调脱离田间劳动，年收入平均会比待在城里的高59.82元。总之，男性、建设兵团和农场，工农子弟，红类政治面貌，有幸被调离田间的脱产知青，他们的收入会相对高一些。

以上结果部分地证实了有的学者（如刘小萌，1998）的研究。他发现跨省插队的老知青困难最大，如上海市在外省插队的22.4万知识青年，有13万名生活不能自给。但是，有一点值得注意，按以上计算结果，如果其他情况相同，虽然插队收入最低，但是跨省安置比本省安置年收入高38.40元，所以在解释上述模型结果时还需谨慎。

4.2. 下乡期间的精神状况

知青下乡期间的物质生活匮乏，但是就下乡知青而言，更为痛苦的是精神方面的困扰。对于青年人来说，一时的挨饿受累，身体尚可以抵抗、恢复。而青年一代成长所必需的精神支撑却是必不可少的。有知青（龙泉，2015）说道，"知青之苦，苦在希望渺茫，苦在精神孤独。"表4.8是受访者下乡期间心境方面的情况。

如表4.8所示，受访者中有六成以上的人对前途和未来抱悲观态度（Q6），近五成的受访者感到生活艰苦（Q1），有四成以上的受访者感到精神苦（Q2）。远离城市的贫困生活对受访者的负面影响是巨大的，但对受访者的精神摧残更大。思乡之愁（Q5）对于受访者来说虽然重要，近三成的受访者深感离乡背井的痛苦，但是相对于前途、未来、生活上的和精神上的痛苦，已经显得不那么重要了。

表 4.8. 受访者在下放地的心情（N=2,822）

变量编号	下乡期间的心情	
Q1	感觉生活苦	47%
Q2	感觉精神苦	43%
Q3	感到与农民有隔阂	14%
Q4	感到困惑	34%
Q5	思乡之愁	28%
Q6	看不到前途和未来	64%

知青下乡期间的生活是艰苦的，导致受访者感觉痛苦有多种因素，我们试图对各种痛苦的因素进行讨论。图 4.1 是感到生活苦的对数回归分析。

图 4.1. 感觉生活苦的对数回归分析（N=1,997）

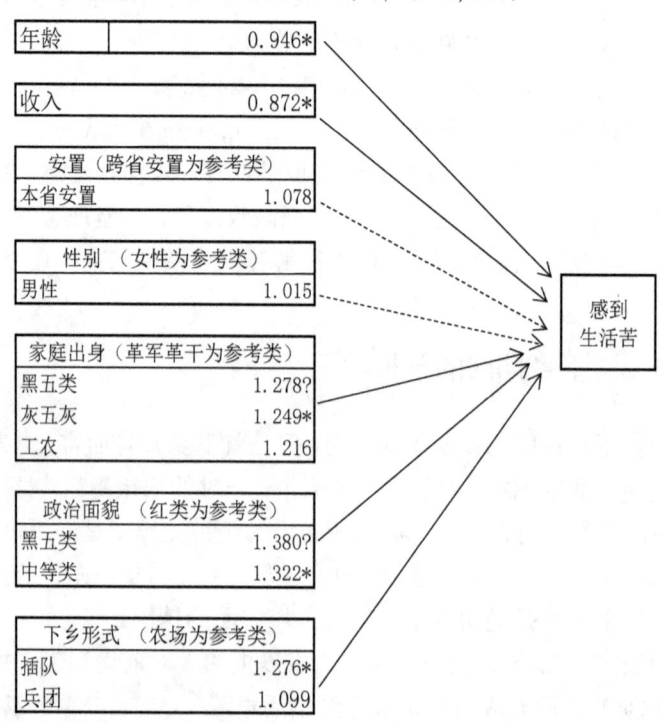

图中的年龄和收入的比值比小于 1.0，意味着如果变量增加，感到生活苦的概率会降低。也就是说，年龄大的知青和收入高的知青，感觉生活苦少些。性别和是否跨省安置没有区别（图中用虚线表示），无论男女，无论是本省安置还是跨省安置，感觉生活苦的程度都差不

多。黑五类、灰五类子弟比革军革干子弟、工农子弟感觉生活苦更多些（比值比分别为 1.276 和 1.249）[3]。家庭出身可以分为两类：（1）红五类，（2）非红五类，非红五类感觉生活苦多于红五类。红五类之间，即革军革干与工农子弟之间，并无明显差别。非红五类之间，即黑五类和灰五类之间，差别也不显著（图中未显示）。黑五类和中等类政治面貌的受访者比红类（即党团员、积极分子）感觉生活苦的人多些（比值比分别为 1.380 和 1.322）[4]。黑五类和中等类之间的差别并不显著，三者可以分为两大类：（1）红类，（2）中等类和黑五类。插队受访者比建设兵团和农场的受访者更感生活苦，但是建设兵团与农场受访者之间的区别并不显著。总之，收入低、年龄小、家庭出身不好、政治面貌非红、插队的知青更感生活苦。这一结果符合直觉和常理。图 4.2 是感觉精神苦的分析。

图 4.2. 感觉精神苦的对数回归分析（N=1,997）

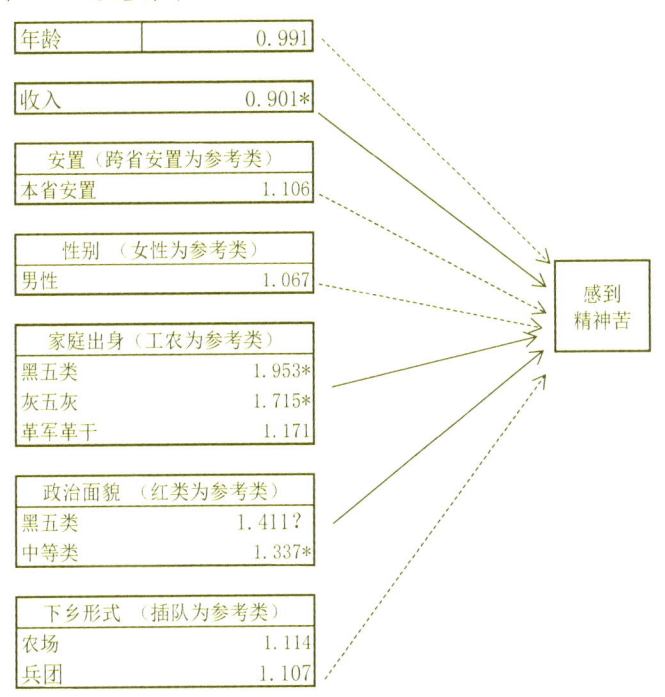

---

3 黑五类比值比的置信度略小于 90%，但是大于 80%，图中用 ? 表示其置信度。
4 黑五类比值比的置信度略小于 90%，但是大于 80%，图中用 ? 表示其置信度。

如图4.2所示，收入越高，感觉精神苦的概率越小。使受访者感到精神苦的因素除了收入外，主要来自家庭出身和本人政治面貌。相对于工农子弟，黑五类和灰五类更感精神苦，比值比分别在1.953和1.715。非红五类之间差别并不显著，红五类之间差别也不显著。家庭出身像一座大山压在非红五类子弟的身上。本人政治面貌是黑五类和中等类的受访者比红类受访者更易感到精神苦（比值比分别为1.411和1.337）[5]。年龄、是否跨省安置、性别和下乡安置形式（插队、兵团或农场）对精神苦的影响并不显著，换言之，无论男女老幼，无论是否远离家乡，无论在兵团、农场或插队，知青们感觉精神苦都差不多。图4.3是感到困惑的分析。

图4.3. 感觉困惑的对数回归分析（N=1,997）

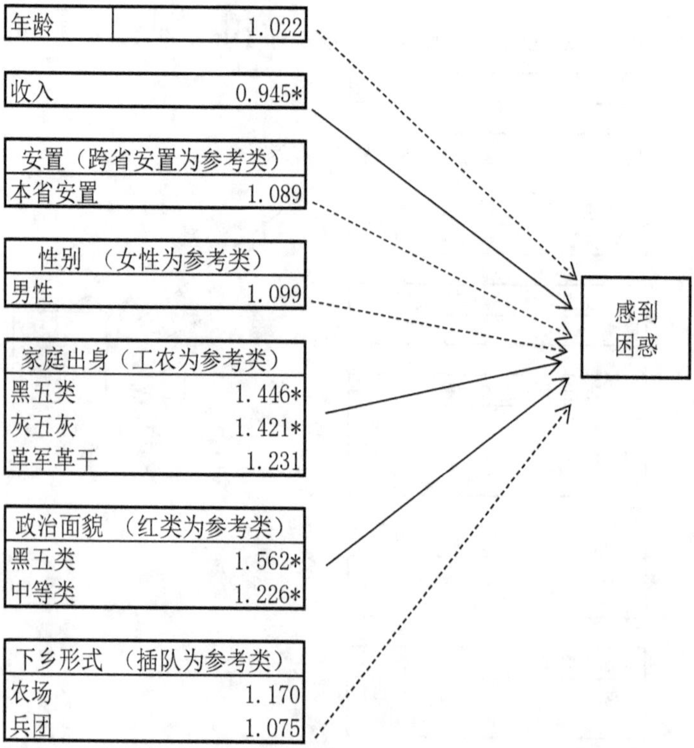

变量	比值比
年龄	1.022
收入	0.945*
安置（跨省安置为参考类）	
本省安置	1.089
性别（女性为参考类）	
男性	1.099
家庭出身（工农为参考类）	
黑五类	1.446*
灰五灰	1.421*
革军革干	1.231
政治面貌（红类为参考类）	
黑五类	1.562*
中等类	1.226*
下乡形式（插队为参考类）	
农场	1.170
兵团	1.075

→ 感到困惑

---

[5] 黑五类比值比的置信度略小于90%。

如图 4.3 所示，对当时的形势感到困惑方面，收入高的相对于收入低的受访者要少些（比值比是 0.945）。相对于工农子弟，灰五类和黑五类子弟更感困惑（比值比分别为 1.421 和 1.446）。感到困惑最低的是工农子弟，其次是革军革干子弟，最严重的是灰五类和黑五类子弟。三者间并不等距，工农子弟与革军革干子弟有差距，但是并不显著，革军革干子弟与非红五类子弟也有差距，但也不显著，显著差距仅存在于工农子弟和非红五类子弟间。这种微妙的差别揭示了一个事实，即革军革干子弟也感到困惑。相对于红类政治面貌，非红类政治面貌（中等类和黑五类）更感困惑（比值比分别为 1.226 和 1.562）。一言蔽之，家庭出身和政治面貌属于非红类的受访者更易感到困惑。图 4.4 是对前途失望感的分析。

图 4.4. 对前途无望的对数回归分析（N=1,997）

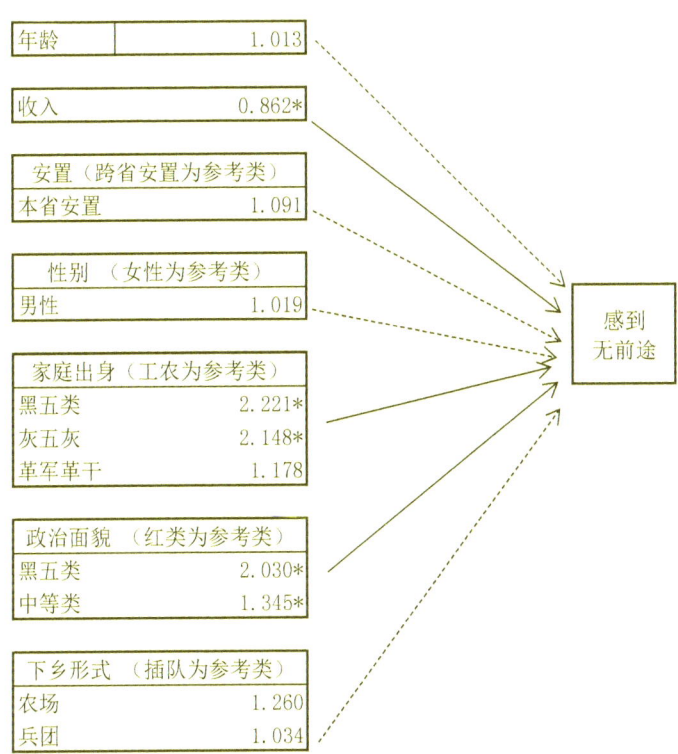

图 4.4 显示，性别、年龄、下乡安置形式对受访者的悲观失望情

绪没有显著影响。但是收入却有显著影响，收入越高，失望的情绪越少。非红五类子弟相对于红五类子弟的悲观失望情绪明显得高，相对于工农子弟，比值比分别2.221和2.148。但是红五类子弟内部之间并不显著，非红五类子弟内部之间的差别也是如此（图中未列出）。相对于红类，中等类和黑五类政治面貌失望情绪显著的高（比值比分别为1.345和2.030），但中等类与黑五类之间的差别却并不显著。收入、家庭出身和本人政治面貌对悲观失望情绪有显著的影响作用。换言之，在悲观失望方面，性别、年龄、是否跨省安置或本省安置、是否是兵团战士还是农场知青或是插队知青，他们的感受是差不多的。但是下乡时的收入高低、是否是红五类出身、是否是党团员和积极分子却有显著的差别。图4.5是受访者思乡愁的分析。

图 4.5. 思乡苦的对数回归分析（N=1,997）

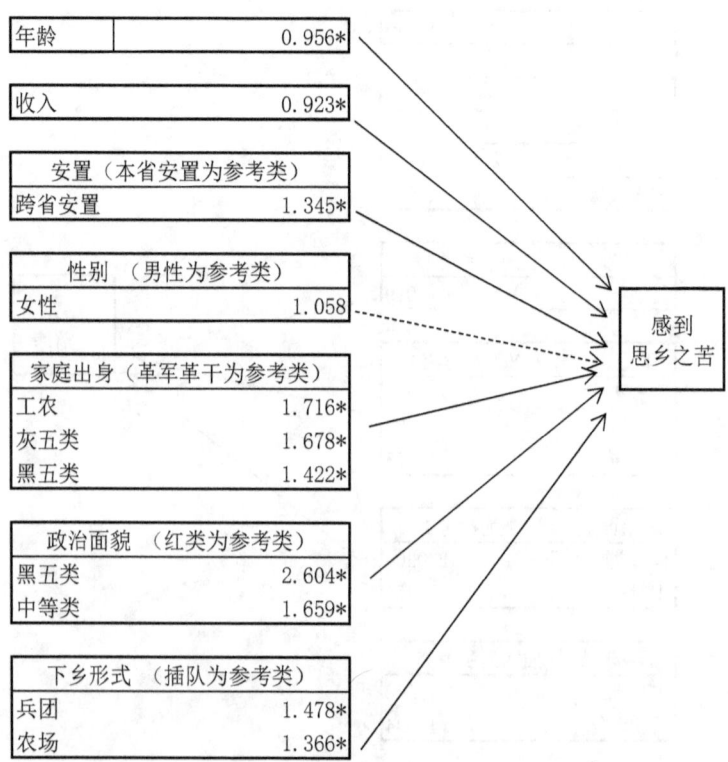

下放到农村的知青远离父母和兄弟姐妹、远离已经习惯的城市生活，思乡之愁是可想而知的，特别是跨省知青思乡之愁更甚。不过，思乡之愁不仅取决于离家乡的远近，还有多种因素的综合作用。图4.5显示，相对于女性，男性在思乡方面并无明显差别，但是年龄却有影响，年龄越大，思乡之苦越小些（比值比为0.956）。跨省安置的知青比在本省安置的知青更加有思乡之愁（比值比为1.345）。收入也有影响，收入高些，思乡之愁可得到缓解（比值比为0.923）。相对于革军革干子弟，工农子弟、灰五类子弟和黑五类子弟均更易陷入思乡之苦（比值比分别为1.716、1.678、1.422），而后三者之间的差距却并不明显。

　　革军革干子弟的思乡之苦较少的原因是，许多革军革干子弟（尤其是革军子弟）从小经历集体生活，小小年纪就开始独立生活。例如笔者的母校（南京外国语学校）同学中有不少来自革军家庭，他们从小学一年级就开始住校（南京卫岗小学），中学又继续住校，每星期仅回家一次。这些人到部队或下乡后，思乡情绪自然比平民子弟好得多。

　　相对于本人政治面貌是红类的受访者，中等类和黑类思乡情绪比较严重些（比值比分别为1.639和2.604），黑五类比中等类也更易思乡（比值比为1.588，图中未列出）。三者间依红类、中等类、黑五类递增。建设兵团和农场的知青较之插队知青思乡更为严重（比值比分别为1.478和1.366），前两者之间的差别却并不明显。建设兵团和农场知青思乡之苦高于插队知青可能的原因是，插队知青虽然收入少，生活艰难，但是相对自由些，而建设兵团和农场有严格的纪律和管制，更易使人思乡。

　　总而言之，有三点值得注意，（1）性别在下乡期间心态方面没区别，无论男女，在感受生活苦、精神苦、困惑、思乡、前途等问题上，都有相同的感受；（2）收入对以上五个问题均有缓解作用，收入高的受访者在生活苦、精神苦、困惑感、思乡苦和前途无望问题上，均好于收入低的受访者；（3）在下乡期间心态方面，黑五类子弟和灰五类子弟没有显著差异，他们受生活和精神折磨相似，有别于红五类子弟。

基于问卷中的六个有关心态问题（即生活苦、精神苦、与当地民众的隔阂、困惑感、思乡之愁、对未来的失望感）的回答，我们用隐类别分析[6]模型对受访者进行分类，进一步分析他们下乡期间的心态状况。以上问题是多选题，受访者中有 287 人未做任何选择，他们并没有这些苦恼，如有的人回答，"年少无知，没感觉""小孩一个，无忧无愁"，也有人回答，"还好""积极心态""生活不如城里，但是精神快乐""苦中有乐"等。我们将此类受访者定为"无忧虑类"，将余下的 2,535 人放入模型中进行分析。

模型中的受访者可以分为以下四类（关于隐类别分析的原理和计算，有兴趣的读者请参看附录 7）。

表 4.9. 受访者下乡期间心态的分类（N=2,535）

变量编号	下乡期间的心情	第 1 类 失望类	第 2 类 痛苦/失望类	第 3 类 绝望类	第 4 类 一般痛苦类
Q1	感觉生活苦	否		是	
Q2	感觉精神苦	否	是	是	
Q3	感到与农民有隔阂	否		否	
Q4	感到困惑	否		是	
Q5	思乡之愁	否		是	
Q6	看不到前途和未来	是	是	是[7]	
	人数	577	609	389	960

在表 4.9 中，空白格表示受访者回答不一，有"是"，也有"否"。第 1 类受访者除了 Q6 回答"是"以外，其他问题均做了否定回答。此类受访者似乎很看重前途和未来，我们称之为"失望类"。第 2 类在 Q2 和 Q6 问题上统一回答肯定，在其他问题上没有明显的倾向。此类受访者在感觉精神痛苦的同时对前途失望，我们称之为"痛苦/失望类"。第 3 类受访者除在 Q3 问题上有不同回答，在其他问题上统一回答"是"，他们不仅感到生活苦、精神苦，还感到困惑，思乡，又看不到今后的前途，比第 2 类受访者精神压力更大些，我们称之为"绝望类"。第 4 类比较复杂，对每个问题都有肯定和否定的回

---

6 Latent Class Analysis, LCA.
7 只有二人回答"否"。

答，其主要构成是以下几类受访者，（1）仅抱怨生活苦，（2）仅感到困惑，（3）仅感到思乡之愁等，我们称该类为"一般痛苦类"，加上未进入模型的"无忧虑类"，受访者可以分为五种类型。表4.10是五类受访者与性别的关系。

表4.10. 受访者心态分类与性别的关系（N=2,751）

心态类别	女	男
1. 失望类	22%	19%
2. 痛苦/失望类	20%	23%
3. 绝望类	13%	15%
4. 一般痛苦类	35%	33%
5. 无忧虑类	10%	10%
合计	100%	100%

表4.10显示，性别与心态类别之间的关系统计学上并不特别显著（置信度是86%），称为男女差别轻微显著。表4.11是家庭出身与受访者心态的关系。

表4.11. 受访者心态分类与家庭出身的关系（N=2,590）

心态类别	革军革干	工农	灰五类	黑五类
1. 失望类	20%	18%	21%	25%
2. 痛苦和失望类	20%	15%	26%	27%
3. 绝望类	9%	11%	17%	18%
4. 一般痛苦类	39%	43%	29%	24%
5. 无忧虑类	12%	13%	7%	6%
合计	100%	100%	100%	100%

前三类痛苦、失望、绝望的受访者中，灰五类子弟（64%）和黑五类子弟（71%）的比例相对于革军革干子弟（49%）和工农子弟（44%）要高20多个百分点，红五类子弟中无忧虑类（12%，13%）比非红五类子弟要高约一倍。家庭出身与下乡期间的心态有显著关系，置信度大于99%。非红五类子弟比红五类子弟对前途未来以及当时的政治压迫更加敏感，更感无助。本人政治面貌与下乡期间心态的关系见表4.12。

表 4.12. 受访者本人政治面貌与心态分类的关系（N=2,644）

心态类别	红类	中等类	黑五类
1. 失望类	20%	21%	26%
2. 痛苦和失望类	19%	23%	21%
3. 绝望类	9%	15%	29%
4. 一般痛苦类	39%	34%	19%
5. 无虑类	13%	7%	5%
合计	100%	100%	100%

表 4.12 显示，中等类（59%）和黑五类（76%）的前三类比例比红类（48%）要高得多，本人政治面貌红类的受访者相对来说要乐观些，对未来抱有一定的信心，悲观人数按红类、中等类、黑五类递减。这一差别在统计学上显著，置信度大于 99%。下乡安置方式与心态的关系见表 4.13。

表 4.13. 受访者下乡安置形式与心态关系（N=2,822）

心态类别	建设兵团	农场	插队
1. 失望类	19%	20%	22%
2. 痛苦和失望类	21%	21%	20%
3. 绝望类	13%	14%	14%
4. 一般痛苦类	37%	37%	33%
5. 无忧虑类	10%	8%	11%
合计	100%	100%	100%

表 4.13 显示，无论是建设兵团的知青，农场知青，还是插队知青，他们在心态方面没有明显区别，尽管在经济条件上，建设兵团优于其他两类知青，但是他们在精神感觉上与其他知青别无二致，同样受失望、痛苦、绝望的煎熬。三者间差别的置信度为 54%，在统计学上未呈显著相关性。

受访者经历过文革的群众运动。一个令人感兴趣的问题是，红卫兵经历对他们的心态是否起某些作用。表 4.14 是受访者参加群众组织与心态的关系。

表 4.14. 文革中参加群众组织与下乡期间心态的关系（N=2,586）

心态类别	参加过群众组织	未参加过群众组织
1. 失望类	22%	23%
2. 痛苦和失望类	19%	21%
3. 绝望类	13%	16%
4. 一般痛苦类	35%	32%
5. 无忧虑类	11%	8%
合计	100%	100%

参加过群众组织的受访者中，具有前三类心态的受访者占54%，未参加过组织的受访者具有相同心态的占60%。抱乐观态度的昔日红卫兵占总数的11%，未参加过组织的受访者抱同样心态的占8%。两者间的差别显著，置信度大于95%。造成这现象的原因可能有二：（1）参加过群众组织（红卫兵）的受访者较为理想化，对前途较为乐观；（2）文革中参加群众组织的受访者家庭出身和本人政治面貌优于未参加群众组织的人，因为非红类的人在参加组织上受到限制。出身好、本人政治面貌好的受访者对前途相对乐观。

概言之，受访者下乡期间的心态可分为五大类，失望类、痛苦/失望类、绝望类、一般痛苦类、无忧虑类。前三类精神压力大于后两类。这五大类人群与家庭出身、本人政治面貌、是否曾是红卫兵有显著关系，与性别、是否在建设兵团、农场或插队无明显关系。非红五类家庭、黑五类人员更倾向于属于前三类，精神压力大于红五类子弟和红类政治面貌的受访者。

4.3. 受访者下乡期间的婚恋

下乡人员在下乡期间的另一个重要问题是婚恋。中共针对支边青年曾提出过晚婚和计划生育的要求，1968年大批知青上山下乡时，一些地方和单位甚至提出"三年不准谈恋爱"的规定。知青下乡后的困境和摆脱困境的心念，熄灭了大部分知青婚恋的冲动。

1974年，中共开动舆论机器，树立起白启娴与农民结婚的典型，鼓励知青敢于同旧传统观念彻底决裂。但是这种政治意识上的虚悬指点与现实生活中落实扎根的要求,难以唤起知青的认同,他们躲避、悬置、延宕婚姻,以等待回城的机会(金大陆、金光耀,2019)。表4.15是受访者婚恋下乡安置类型的关系。

表4.15. 受访者下乡时的婚恋与下乡单位的关系(N=2,676)

婚恋状况		建设兵团	农场	插队	合计
未婚	未恋	58.9%	65.3%	77.6%	1,940(72.5%)
	谈过恋爱	24.6%	17.3%	13.4%	432(16.1%)
结过婚	对方也是下乡人员	15.5%	15.5%	6.8%	252(9.4%)
	对方是当地农民	0.9%	0.8%	1.5%	36(1.4%)
	对方是城市人	0.2%	1.1%	0.7%	16(0.6%)
合计		552	271	1,853	2,676

如表4.15所示,未婚未恋者比例按插队、农场和建设兵团依次递减,分别是77.6%、65.3%、58.9%,未婚者比例则依次为91.0%、82.6%、84.5%。总体上说,高达88.6%的受访者在下乡期间未结过婚,结过婚的受访者仅有一成多一点。婚恋情况与下乡安置类别有显著关系,其置信度大于99%。

知青的婚恋有多因素影响,蔡霞(2014)认为,知青群体中有一部分是以知青的身份在场队完成婚姻的,追究其缘由有年岁和情感等原因,但更多的是政治和经济的挤迫,以至感到回城无望,前途渺茫,只能以婚姻为人生的寄托。表4.16是受访者下乡期间心态类别与婚姻的关系。

表4.16. 受访者下乡期间心态和婚姻的关系(N=2,676)

心态类别	结婚	未婚
1. 失望类	16%	84%
2. 痛苦/失望类	10%	90%
3. 绝望类	8%	92%
4. 一般痛苦类	11%	89%
5. 无忧虑类	15%	85%

各类心态与下乡期间婚姻之间差别显著相关,置信度大于 99%。绝望类的受访者结婚率最低,无忧虑类与失望类结婚率较高,无忧虑者对前途抱有信心,安于现状,忙于成家立业,考虑结婚顺理成章。而失望类因失去希望,只好通过婚姻排解目前的困境,也在情理之中。图 4.6 是对下乡期间婚姻的对数回归分析。

图 4.6. 受访者下乡期间婚姻情况的对数回归模型(N=1,967)

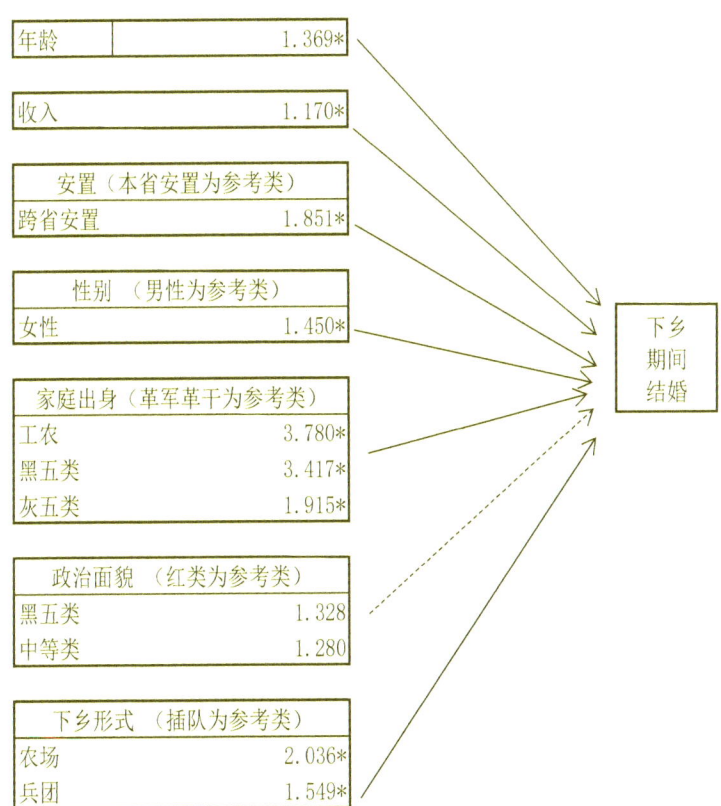

图 4.6 显示,女性比男性结婚概率要高(比值比为 1.450),年龄大的比年龄小的更易结婚(比值比为 1.369),跨省安置的受访者比省内安置的结婚率高(比值比为 1.851),收入高的比收入低的结

婚率也高[8]。家庭出身为工农子弟受访者的结婚率最高，黑五类虽然稍次之，但与工农子弟无显著差别，灰五类再次之，革军革干子弟最低。本人政治面貌对结婚似乎没有显著影响（图中以虚线表示）。建设兵团和农场受访者比插队受访者结婚率高，建设兵团与农场受访者之间的差别并不明显。概言之，女性、年龄大的、跨省安置的、收入高的、工农子弟和黑五类子弟、兵团和农场受访者更易在下乡期间结婚。

以上结果显示，插队知青结婚概率远低于农场和兵团知青。农村插队青年所处的环境宽松得多，而兵团和农场的知青受到领导的限制。按理说，插队知青结婚率应高于兵团和农场知青。有学者（如定宜庄，2014）认为，知青中第一批结婚者在受到知青群体冷落之余，通常能从当地淳朴敦厚的农民中寻找到慰藉。数年过后，下乡知青的生活态度变得越来越实际，对个人的终身大事虽或处理谨慎，对他人的婚姻已颇能宽容和理解。与此同时，官方政策由提倡晚婚转为积极支持青年结婚。甚至在建设兵团，各级领导的态度也明显转变，率先结婚的青年受到表彰，被树为"扎根"的典型。笔者认为，兵团和农场知青结婚率高于插队知青是否因为兵团和农场领导态度改变所致，有待进一步研究。

插队知青结婚率低于兵团和农场知青的另一种原因可能出于经济状况。插队知青大多收入低，许多人无法解决温饱，无暇顾及婚恋。

在下乡期间结婚的受访者中（304人），约有12%的受访者与当地农民结婚（即"农婚"），另有约5%的受访者与城镇人员结婚，余下的83%的受访者的配偶是同为下乡人员（即"知青婚"）。表4.17是知青婚和非知青婚的情况。

---

[8] 对于收入高的受访者结婚率高的另一种解释是，因为结了婚所以收入高。因果关系无法通过统计学模型理清。笔者倾向理解为收入高导致结婚率高。

表 4.17. 下乡期间结婚受访者中知青婚与非知青婚比较（N=295）

		知青婚	非知青婚	置信度
性别	女性	79%	21%	>95%
	男性	86%	14%	
家庭出身	革军革干	86%	14%	>99%
	工农	85%	15%	
	灰五类	81%	19%	
	黑五类	78%	22%	
政治面貌	红类	89%	11%	>99%
	中等类	81%	19%	
	黑五类	71%	29%	
安置形式	建设兵团	93%	7%	>99%
	农场	89%	11%	
	插队	75%	25%	
省际安置	跨省	87%	13%	>99%
	非跨省	73%	27%	
收入差别		281.0 元	255.3 元	44%（T-test）[9]
出生年		1949.2 年	1949.3 年	18%（T-test）

如表 4.17 所示，性别在是否是知青婚方面有明显影响，女性非知青婚为 21%，男性为 14%，低于女性，两者差别显著（置信度>95%）。安置形式对是否是知青婚影响也显著（置信度大于 99%），建设兵团知青婚最高（93%），农场次之（89%），插队最低（75%）。插队受访者的婚姻中有四分之一涉及非知青联姻。跨省安置受访者的知青婚比省内安置者要高出 14 个百分点。这是因为，跨省安置的大多数知青进入建设兵团或农场，而建设兵团和农场的知青婚远高于插队受访者。家庭出身为红五类的受访者知青婚达 85%~86%，灰五类次之（81%），黑五类最低（71%），出身非红五类的受访者不得不寻找非知青结婚。

四种出身之间有显著差异（置信度大于 99%）。本人政治面貌与家庭出身有相似的情况，红类受访者知青婚高达 89%，中等类次之（81%），黑五类只有 71%，三者间的差别显著（置信度大于 99%）。除此之外，收入和年龄在是否知青婚方面未有显著差异。也就是说，

---

9 关于 T-test 的解释，请参见附录 11。

与非知青结婚并非出于经济和年龄原因。

以上结果部分地证实了以前的发现（如定宜庄，2014）。女知青结婚的多，出身不好结婚的也多。迫使他们走上这条道路的一个原因是"血统论"的压力。最早一批与农民结婚的女青年，很多是对前途丧失信心的所谓"黑五类"和"走资派"的子女。不少知青因家庭出身问题受到百般歧视。"出身不由己，配偶可选择"，在广阔天地里，他们毅然选择贫农子女为配偶，以期改换门庭。

本问卷调查中未能有足够数量的永久留在农村的知青。在结婚的受访者中，有 5.4% 的受访者未回城（不包括退休后回城的受访者）。知青婚未回城的占 4%，非知青婚的受访者未回城的高达 13%，两者间差别统计学上显著（置信度大于 99%）。

4.4. 下乡期间与当地民众的关系

由于长期的封建统治和落后的经济，中国农村具有自我封闭的倾向。大量的知青被迫进入农村，使得许多本已人口过剩的村庄受到前所未有的压力。知青和农民无可奈何地被拉在一起，他们之间的关系是上山下乡运动研究的重要课题之一。

潘鸣啸（2010）认为"他们的关系不可能好，但也不会太坏，因为知青不想把跟农民，尤其跟干部的关系搞坏，这没什么好处。而干部们也清楚知青自己既不能决定来不来，也不能想走就走。想方设法逼他们离开是无济于事的，反而搞得很僵。所以总的来说，双方的关系是不冷不热，大家都很现实地理解这种状况，是外界强加的结果。"

人际间关系的衡量存在着研究者和被研究者的主观因素，导致研究结果莫衷一是很常见的。

本研究通过问卷调查试图了解从知青角度观察周围农民[10]对知青的态度，表 4.18 是对该问题的汇总。

---

10 周围农民包括兵团和农场的职工。

表 4.18. 周围农民对受访者态度

自然情况		对受访者好	对受访者一般或不好	置信度（人数）
性别	男	43%	57%	82%（2,501）
	女	46%	54%	
省间安置	本地安置	44%	56%	25%（2,517）
	跨省安置	45%	55%	
家庭出身	革军革干	54%	46%	>99%（2,362）
	工农	42%	58%	
	灰五类	44%	56%	
	黑五类	37%	63%	
政治面貌	红类	57%	43%	>99%（2,411）
	中等类	39%	61%	
	黑五类	42%	58%	
下乡安置形式	兵团	40%	60%	>99%（2,550）
	农场	33%	67%	
	插队	47%	53%	
合计		45%	55%（其中6%不好甚至欺负）	

表 4.18 显示，45%的受访者感到农民或农场、兵团职工对他们挺好，近一半的受访者认为农民或职工对他们一般，既不好也不坏，只有6%的受访者感到农民或职工对他们很不好，有的甚至欺负他们。有的受访者表示，"农民对知青的到来开始欢迎的，但是后来认为是负担。当地文革中的领导感到知青对他们是种危险。农民只看眼前利益。"也有受访者说，"一般农民对我们是善良的，一部分农村干部欺负我们。"还有受访者表示，"有的非常好，也有很坏的人。"

尽管农村远离城市，政治环境有所宽松，上表显示农村中对非红五类的歧视和压迫仍然存在，他们之间的差别显著（置信度大于99%）。黑五类子弟遭受的好意比例最低（37%），其次是工农和灰五类子弟，革军革干子弟受到欢迎的最多（54%），不同的家庭出身之间所遇到的态度有显著差别，置信度大于99%。

性别和是否跨省安置之间差别并不显著。但是政治面貌的区别明显，红类党团员和积极分子受到友好态度对待的最高（达57%）。值得注意的是，黑五类比中等类稍高一些，他们之间的差别，我们在下面的回归模型中进一步讨论。兵团、农场和插队受访者之间的差别较显著，周围农民对插队知青态度好的有47%，农场中只有33%的受访者认为农民对他们态度好。周围民众的态度与一系列的因素有关，图4.7是关于周围民众对受访者态度的对数回归分析。

图4.7. 周围民众对受访者态度的对数回归模型分析

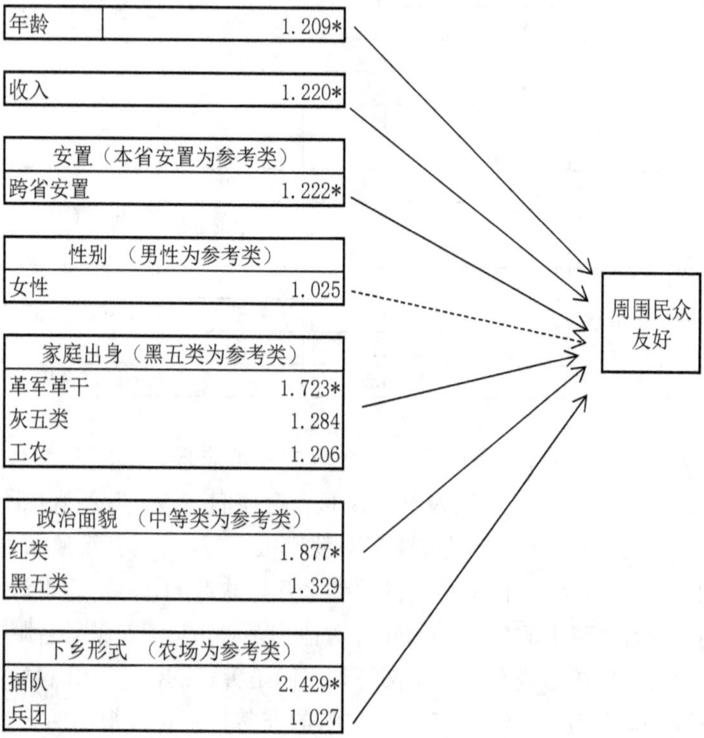

年龄	1.209*
收入	1.220*

安置（本省安置为参考类）	
跨省安置	1.222*

性别（男性为参考类）	
女性	1.025

家庭出身（黑五类为参考类）	
革军革干	1.723*
灰五类	1.284
工农	1.206

政治面貌（中等类为参考类）	
红类	1.877*
黑五类	1.329

下乡形式（农场为参考类）	
插队	2.429*
兵团	1.027

→ 周围民众友好

周围民众的态度在受访者的性别方面没有显著差别（图中用虚线表示），但是年龄、收入和跨省安置有影响。年龄大的受访者更容易感到周围民众的热情，这可能是因为年龄大的受访者相对成熟，与周围民众相处得体。收入越高者，周围民众的态度越好。收入高的地区周围民众感到知青对他们的压力小些，生活富裕的民众对人的态度也会相对好些。跨省安置的受访者感觉民众态度好可能的原因有二，（1）因为远离家乡，生活艰苦，容易满足；（2）民众对远离家乡的知青易感同情。

革军革干子弟相对于其他子弟更感周围民众态度好，其他子弟之间没有显著差别。相对于中等类政治面貌的受访者，红类政治面貌的受访者更感民众好，但中等类和黑五类之间并无明显差别（图中未列出，置信度75%）。相对于兵团和农场，插队受访者更倾向于感觉民众对他们好，农场和兵团的知青在此方面无显著区别。

当上山下乡成为历史，知青盛行返回当年下乡地去探望老乡，回顾当年的生活。有不少知青还与当地的农民保持着联系，这一切与当时民众对他们的态度有关。表4.19是当年民众对受访者的态度和目前是否保持联系的关系。

表4.19. 当年民众的态度与目前保持联系的关系（N=1,529人）

与农民联系	态度好	态度一般	态度不好甚至欺负	置信度
仍保持联系	68%	31%	26%	>99%
没有联系	32%	69%	74%	

从表4.19可以看出，当年与当地民众关系好的受访者现在仍保持联系的高达68%，当年关系不好的仅有26%的受访者与当地民众保持联系。三者间存在统计学意义上的显著差别，置信度大于99%。这一现象是情理之中的事。

知青老年生活中的一个重要内容是，重返故地回顾当年的生活。回访故地与当年民众对知青的态度存在一定的关系（见表4.20）。

表4.20. 当年民众态度与知青重返故地的关系（N=2,550）

访问故地	态度好	态度一般	态度不好甚至欺负	置信度
曾去过	47%	47%	36%	>99%
没有去过	53%	53%	64%	

表4.20显示，只要当年民众对受访者没有恶意对待，受访者对故地的感情相近，回访率高达47%，而受到恶意对待的受访者返回故地的人数就少得多，只有36%。值得一提的是，有受访者（红五类出身）特意指出，"地主富农的农民对我好。"

轰轰烈烈的上山下乡运动表面光鲜，却败絮其中。尽管当时的动员声势浩大,广大知青和下乡人员心里却是无奈、不情愿,不甘心、想不通,文革中有三分之二的人是被迫或被强制下乡的。下乡后,知青遇到的首要困难是生存关,插队知青超过半数年收入低于自给标准,不少知青辛辛苦苦干了一年,结果还倒欠生产队的钱。受访者将插队与坐牢相比,抱怨道:坐牢房也不可能欠钱。

一半以上的受访者在下乡期间感到绝望、失望、痛苦,对前途失去希望。尽管当局后来鼓励知青在农村解决婚姻问题,做好扎根农村一辈子的打算,却无法唤起知青的认同。知青们躲避、悬置、拖延婚姻,毫无扎根意图,只有一成的知青在乡下结婚。

文革中,响应毛泽东号召参加群众组织是红五类子弟的一种积极防守性的心态和举动,目标是保住他们已有的特权和益处。为争取改变处境参加文革,则是灰五类和黑五类子弟的一种积极进攻型的心态与举动,旨在争取获得自己以前没有的权力和益处。两种心态与举动只是从不同侧面展现相同的动机,殊途同归。文革中,民众不是毫无政治目标的无知群氓,经历过文革的知青,在文革中学会了如何为自己的利益而战。所有这些因素,都为上山下乡的失败种下祸根,上山下乡已经走进死胡同。当时的中国犹如一堆干柴,星火即可燎原,上山下乡运动将被燎原之火吞噬,想不失败都难。

第 5 章

知青大返城概述

在上山下乡运动中，很多知青是被迫无奈和被强制下乡的，他们心不甘情不愿，这就为知青大返城风潮埋下伏笔。知青上山下乡运动持续20多年，而知青的抗争从一开始就没有停止过。本章记述知青大返城的概况。

5.1. 湖南老知青文革中造反回城

老知青指的是文革开始以前就已经上山下乡的青年学生[1]。知青的返城要求在文革刚开始时以"革命"和"造反"的形式出现。文革中，湖南老知青有两个造反高潮。第一个高潮发生在1966年底至1967年初期间。1966年8月，随着工作组的撤离，老知青们开始投身文革的群众运动，各种知青造反组织如雨后春笋般地出现。开始时，知青造反组织以控诉对知青的迫害和歧视为目标，把斗争的矛头指向当地的干部和四清工作组。有的县（如江永县）的知青造反组织把县委作为他们的造反对象。

他们的另一个重要目标是返城。湖南省约有60,000多老知青借串连之机返回城市，大造"户口"的反，要求相关部门解决他们的城市户口、粮食、就业等问题。他们提出，文革是一场社会革命，应该解决迫在眉睫的社会问题，首先应该改变知青被安置的命运。知青不是失业者，有权参加革命和工作，应该到社会上去闹革命。有的知青硬逼着相关单位的人员办理户口迁移。他们还热衷于批斗农垦局的走资派、街道办事处的干部。这是因为，农垦局的领导负责知青的安

---

[1] 本节叙述基于以下参考资料：向前（2008）。

置,街道办事处的干部是强迫他们下乡的罪魁。在长沙,老知青和他们的父母举行集会示威,批判上山下乡办公室的官员。当有的老知青趁乱威逼相关单位工作人员办理户口迁移,拿到盖着公安局鲜红印章的一纸文书时,竟然喜极而泣,泪流满面。

湖南的老知青们不仅在本省造反,他们还参与全国性的大串连。1966年8、9月间,广西、湖南等地的赴京知青占领中央安置城市知识青年办公室,砸开档案柜,公布了某些强暴下乡女知青的案例。当年10月,知青们建立"全国上山下乡知识青年红色造反团"。湖南的知青在长沙建立"上山下乡知识青年红色造反团湖南总部",总部的领导机构设在省农业厅。省内的其他地区也相继成立类似知青造反组织,如邵阳地区的"小兵司令部"和"全国上山下乡知识青年造反司令部邵阳兵团",全省性的"湖南省上山下乡知识青年联合调查团"。该调查团向不少地区发展,扩充队伍,调查多地知青的生存状态(如临湘、平江、湖北的洪湖与赤壁)。他们的调查串连极具亲和力,相同的生活经历和家庭背景使同病相怜的知青紧紧地联系在一起。有些遭受干部侮辱强暴的女知青克服心理障碍,向调查团哭诉她们的悲惨遭遇。

当湖南省出现"湘江风雷"造反组织时,知青造反组织一边倒地站在"湘江风雷"一边,成为其成员。有的知青还建立隶属"湘江风雷"的"山鹰战团"。这些知青造反组织名义上是响应毛泽东的号召,实际上是在争取自己的切身利益。他们的自主意识与毛泽东发动文革的想法格格不入,遭到当局的镇压。中央下令取缔一系列全国性的类似组织,如"全国红色劳动者造反总团","全国国营农场红色造反总团","全国上山下乡红色革命造反团","全国上山下乡知识青年红色第一线战斗队"。到1967年春,湖南的知青返城造反风潮基本平息。

1967年2月,湖南军方镇压造反组织"湘江风雷"。湖南民众在同年5月为"湘江风雷"平反时,知青再次掀起回城高潮。长沙、衡阳等20多个地区有大量的知青长期逗留城市,向安置部门施压,要吃、要住、要看病、要户口、要安排工作。长沙的知青成立了不少群众组织,如"红一线""反迫害""山鹰战团""红农会""斗批改""长沙市中学毕业生红旗联络站"。它们以"反迫害"和"反歧视"等面目出现,争取自身的权力。各组织都注重宣传舆论工作,出版铅印的报纸。

值得一提的是知青们在选择领导人时体现的智慧。"反迫害总勤务站"的负责人许九皋的家庭出身是城市贫民。在充斥黑五类的老知青队伍里,许的出身算得上是红出身了,这是他为什么能够成为老知青造反领袖的重要原因之一。使"反迫害"声名鹊起的是该组织发表一篇文章,批驳"造户口反无理"的说法,为知青的行动辩护。该文从知青受迫害的角度出发,提出迫害知青的恶人都在城里,因此知青们有权来造反。该文章铅印了 8,000 份,张贴到长沙的大街小巷。由于该文文笔犀利,逻辑严密,说出了千千万万知青和家长们的心里话,影响极大。

1967 年 10 月,该文作者又写了一篇文章,彻底否定上山下乡运动,题为《刘氏上山下乡运动是对毛主席青年运动方向的彻底背叛》。该文后来在《反迫害》报上发表,印刷几千份,群众踊跃购买。《反迫害》是知青造反组织"反迫害总勤务站"的机关报,该报不仅在长沙发行,部分串连知青还将该报带到广州街头叫卖,少量报纸流入香港。

文革要打倒刘少奇,于是怀有不同目标的人们便把自己讨厌的人和事都算作"刘少奇的资反路线"和"资产阶级司令部"。这是一种策略,一种保护色,与对刘少奇、对文革、对所谓的两个司令的真实看法和感情无关。"省无联"的杨小凯曾写有《长沙知识青年运动考察报告》一文,公开为知青打抱不平。后来随着湖南省革委会的成立,知青们的活动空间受到挤压,他们的返城运动又一次告败。

5.2. 湖南长沙六千知青大逃亡

如果说湖南老知青文革初期造反回城是主动出击的话[2],那么在同一时期长沙 6,000 多名知青逃亡回城却是被迫的。1964 年,湖南

---

2 本节叙述基于以下参考资料:陈秉安(2015),罗丹(2017)。

组织数万名未被高校录取的城市毕业生和闲散青年下乡。仅零陵地区的江永县就接受了 6,000 多名长沙的知青。这些知青大多出身黑五类或灰五类家庭，很多人学业优秀，可是因为家庭出身不好，被大学拒之门外。有的公社黑五类出身的知青达到 95%，这样的组成为后来的大屠杀埋下了伏笔。

1967 年 8 月，道县对所谓的地富反坏右及其子女实施大屠杀。"贫下中农最高法院"成立，其宣言是"斩尽杀绝黑五类，永葆江山万代红。"屠杀蔓延到周围的县，江永县是其中之一。江永县的河水中漂起黑五类的尸体，不少长沙的知青上了黑名单，处境十分危急。

8 月 17 日，长沙知青王百明和另一位知青在饭店吃早饭，四个农民冲进来，当场用土枪射杀年仅 20 岁的王百明。他的惨死事出有因。1966 年秋，零陵地委书记率调查团赴江永县，对知青的安置工作进行考查。王百明就知青问题发表意见。他以事实为依据深入阐述，令持相反观点的人瞠目结舌，因而得罪了这些人。1967 年春节，保守派以逮捕造反派为由，将王百明等十多名知青抓进大牢。王百明是出身黑五类的知青中最早觉悟的人，因此成为第一个被枪杀的目标。

王百明惨遭杀害的消息迅速传遍各大农场和公社知青点。长沙知青极为震惊，开始聚集起来商讨对策。他们认为不能坐以待毙，在已经武装起来的民兵到来之前，唯一的生路是逃跑。当晚，6,000 名知青被迫踏上大逃亡的险途。然而，联结交通要道的江永大桥被炸毁，长途汽车停开，对外联络中断，知青们不得不翻山越岭另辟蹊径逃向广西。有的知青向北翻越双牌山到全州，路程 300 多里；有的知青向西过都庞五岭去灌阳，路程不少于 200 里，还有的知青向南达麦岭，这是一条最近的路。

王百明死后的三四天里，京广线沿途湖南境内的郴州、衡阳、株洲及广西的全州等地的火车全被逃亡的知青占据。过路火车司机不敢停车。知青们压抑多年的情绪终于爆发，他们愤怒地吼道，黑五类子弟何罪之有？知识青年何罪之有？他们冲向列车，用石头、扁担砸车窗，不顾死活地往车里爬。到达广西全州的知青不得不采取卧轨的极端方式才得以挤上火车。

1967年8月底，历经千难万险的6,000知青终于从各路回到长沙。由大逃亡引发的长沙知青大游行、大演出、大宣传波澜壮阔、规模空前，不仅在湖南，而且在全国产生很大影响。1967年10月，由湖南、湖北、广东、四川、河南、重庆等地自发组织的全国知青座谈会在长沙召开，标志着由长沙知青主导的知青运动走向全国。

知青运动的发展引起有关部门的紧张。中央下达毛泽东批示的文件（当时称为"一O.八通令"），要求回城知青立刻返回农村。充满热情知青们一下子掉进冰窖，不知所措。此时发生了一件令人预想不到的事。一夜之间，有人在几乎所有张贴在大街小巷的毛泽东的批示后面写上，"已阅，不同意！"落款为"知青"。此事被当局视为反革命事件。当局一方面封锁消息、追查"罪犯"，一方面公开抓捕留在城里的知青。当局软硬兼施，向知青家长施压、停发知青的口粮，另一方面答允回乡知青每人发五元钱、一担谷。

1967年底，逃亡的长沙知青全部返回零陵地区，大逃亡黯然收场。

5.3. 1974年云南知青地震大逃亡

1978年底和1979年初[3]，云南知青大返城请愿掀起全国性的大返城风潮，在知青史上写下了可歌可泣的一页。但是在此之前，云南还曾发生过一次知青大返城却因被镇压而鲜为人知，只是到了近年才逐渐被披露。

《中共瑞丽市党史大事记（1950.3~2000.12）》在1974年的大事记中有如下的记载："8月28日境外敌特传谣：'瑞丽将发生毁灭性地震。'部分知青一哄而起，从11团4营10连开始串连，一天内就有13个连队228名知青离开生产岗位，要求返回原籍，至31日，11团共出走知青358人。途中，与劝阻人员发生冲突，双方受伤60多人。省委、州委获悉后下令沿途党、政、军、民进行劝阻，至9月12日，除22人回原籍外，其余全部送回原单位。事后，对

---

3 本节基于以下参考资料：老歌（2011）；柳黎民、邓贤（2014）。

造成的经济损失进行赔偿,对 22 人进行集中学习,对王兵等八人进行刑事责任追究。"

令人不可思议的是(从另一个角度来说,也是预料之中),理应严肃记载历史的瑞丽党史竟有多处不实。事实上,当时瑞丽县革委会和 11 团党委联合下达过关于将发生大地震的红头文件。在 11 团所属的 70 多个连队及其他基层单位中,约有 10%的连队和基层传达过地震的文件或口头通知。当传闻在传播中逐渐放大,并得到相关文件传达证实后,对地震的恐惧超过了知青可以忍受的极限。知青们原有的梦想早已在云南被无情的现实彻底击碎,精神支柱轰然倒塌,绝望是当时知青的一种普遍心理。他们能做的唯一选择就是放弃,他们只有一个最简单、最本原的要求:回家!

11 团 4 营 10 连是个有特色的连队,该连知青讲义气、有血性、不畏强权。建设兵团里动辄对知青捆绑体罚,但是无论是谁都不敢对这个连队的知青为所欲为。只要遇到不平,这个连队的知青一定会团结一致奋起反抗。

曾发生在 10 连的一次集体抗命说明了这一点。4 营及连队领导要求 10 连知青集体去参加修水电站。但是 10 连的知青们感到在分配工作时有所不公,集体拒绝参加。正在 4 营视察工作的 3 师老红军出身的张副参谋长听闻此事后勃然大怒,说:"谁胆敢不服从领导,不去修水电站,我就修理谁。"赶到 10 连后,张在连部立即把几个带头捣蛋的知青叫到连部办公室训话。训斥中见那几个知青对他的话根本无动于衷,办公室门口及窗外还有一大群知青围着起哄,张忍不住拍案而起。让他没想到的是,一位知青也对着他拍响了桌子。张气得大叫:"拿绳子来都给老子捆起来!"让他更想不到的是,在他发出此命令时,在场的数位营、连干部都站着没动,没有一个干部敢去拿绳子,气得张拂袖而去。

10 连的知青聚集在一起议论几天来的所见所闻,感到绝望,大家默默无语。突然,一位以大炮著称的知青嚷道,"三十六计,走为上策。走!我们干脆回家算了。"他的话说出大家的心里话,立即引起共鸣。

1974 年 8 月 28 日一早,10 连 25 名男女知青背着简单的行囊,毅然离开连队，往山下走去。沿途，他们经过4营的3连、8连、营部、11连、12连、1连等，不断有知青加入，陆续形成一支102人的知青队伍。这支队伍里甚至还有一名仅10个月大的婴儿。虽然这不是第一支因躲避地震而踏上前途未卜的返城归途的知青队伍，却是人数较多的一个知青群。已经不可考证的是，当时到底有几个知青群行进在滇缅公路上。

他们顺利地通过瑞丽江大桥。8月30日，当该桥放走几批知青后，守卫瑞丽江大桥边防检查站的部队接到上级命令，必须不惜一切代价守住大桥，决不让一个逃亡的知青过桥。当局还组织"劝阻队"开赴大桥，阻止知青过江。

一个知青方队出现了。一圈强悍的男知青，双手高举着亮闪闪的景颇长刀，形成方阵的外围，中间是神色坚定而又凄然的女知青。几十张年轻的脸都布满着悲壮冷峻的铁青。只有十多米了，知青方队猛然发出一声暴喊："让开——"长刀开始挥舞，在空中划出一道道白亮亮的弧线。在瑞丽江桥桥头那一小段窄窄的路面上，上百人撕扯在一起，土路扬起一股股黄尘，人群中不时发出女知青绝望、惊恐的哭声和凄厉的尖叫。亮闪闪的景颇长刀在人群上空挥舞，发着"飕飕飕"的颤音。不时有男知青冲出去又返回来，他们没有忘记自己的同伴，他们要一起冲过去。仿佛冲过桥就是生，冲不过去就是死！有的女知青干脆坐倒在地上掩面大哭，嘶叫着："我要回成都，我要回家呀……"一个男知青被数名军人围住，怎么也冲不出去，他大吼着"一起死吧！"用景颇长刀在自己面前挥舞成一个大圆圈。

仅仅持续了几分钟，劝阻者们终于顶不住，几近疯狂的知青呼啸着冲了过去。没有冲过去的十几个知青却被死死地拖着抱着，再也挣脱不了。一个留着浓密的小胡子的瘦高个子的知青，他被三名军人死死地抱住。猛地，他放声大哭，不再挣扎的身子一阵阵地抽动，霎时，江边的人都被这哭声惊住了，一切都仿佛静止了，只有那哭声在流淌的江水上飘荡。

江对岸，已跑过去的一群知青也被哭声惊住，猛地又爆出一阵呐喊："你们等着，我们过来救你们！"长刀又开始挥舞，他们向江这边冲来。放声大哭的男知青见状猛地放声大吼："你们不要过来！不要过来,不要管我们,快走吧快走,回去告诉我妈就说我死了。"他边吼边挣扎着身子向江水扑去……。劝阻者们,无论是军人还是宣传队员,都被那哭吼深深地震撼了,人人默然相对。

对于冲破瑞丽江大桥的情况,还有另一种记载。第一批黑压压的知青队伍出现。队伍越来越近,100米,80米,50米……桥头的警报拉响,然而知青的队伍仍然继续前进。"砰!砰!砰!"士兵对天鸣枪,高音喇叭里反复宣讲政策。知青们不为所动,悲壮地挽起手臂,唱起《国际歌》,继续前进。但是他们面对着的是训练有素的军队和民兵的防线,犹如岩石始终纹丝不动,军人和民兵成功地阻挡住知青们的轮番冲击。

后来,人数更多、来势更加凶猛的知青队伍出现,三道民兵防线相继被冲垮。最后一批士兵和民兵撤退到大桥入口处,手挽手组成人墙,高喊"誓与江桥共存亡"的口号。全副武装的解放军和民兵奉命坚守江桥,在不得开枪的情况下,只好将自己身体当作障碍物,堵住知青逃亡者的必经之路。归心似箭的知识青年则冒着危险,用身体去撞击和摇撼这道防线。

僵局持续到中午。聪明的知青从附近农场赶来一群水牛,许多不怕死的男知青骑在牛背上乱踢乱砍。水牛负痛受惊,向瑞江桥狂奔。桥上的防线抵挡不住牛群的强大冲击,知青们在一片震耳欲聋的欢呼声中,浩浩荡荡通过瑞江桥,踏上通往中国内地、通往家乡的道路。

总之,瑞丽境内最后一道防线被知青突破。当天,又出现知青第二个方队、第三个……相继冲过去,踏上前途未卜的遥遥千里的滇缅公路。

跑地震中第二批最大的一个知青群中,女知青多于男知青,他们到达畹町镇时,发现3师师部的路参谋长率领四名警卫员在守候,一见他们到来,就开始说服动员他们返回瑞丽,但被情绪高亢的知青们拒绝了。他们几经周折,于9月1日到达下关市,被前来劝阻的政府工作人员安排进了政府的一个大礼堂里。谁知,当局派许多持枪民兵把大礼堂团团围住。知青们强行往外冲,发生肢体冲突。混乱中知青抢了两支枪,知青们对天开了几枪过过枪瘾。枪声对劝阻人员造成严重的威慑，知青趁机冲出政府大礼堂。

没走出多远，知青们突然发现，路的两边是高高的围墙，在围墙上方出现了一长排手中持枪的民兵，枪口都对准了他们。知青们本能地排列成方形队伍，男知青把女知青围在队伍中间。手中有枪的两名知青也将手里的枪指向围墙上方的民兵，谁都不敢贸然行动。一直紧随其后的劝阻者走近知青，双方很快由拉扯而发展到打斗。混乱中，"闷沙"猛然狂吼着冲上去，朝着劝阻人群中的那位领头军官猛扑过去。变得异常凶猛的"闷沙"又扑又咬，直到把那位军人扑倒在路边的水稻田里。"闷沙"是条黄色的半大土狗，是知青陈树林养的，从瑞丽出发就一直带在身边。后来"闷沙"死了，被一群人围住，乱棒打死的。陈树林为此伤心很久，多年后伤感地说道："也怪了，'闷沙'好像认得谁是谁，只要哪个上来拉扯知青，它就会猛扑上去。"或许"闷沙"也有着知青的属性，它什么都懂，连它也知道要保护知青。"闷沙"为1974年八.二八事件付出了宝贵的生命。

知识青年的举动惊动省会昆明和北京，云南省革委会和昆明军区派出大批部队沿途围追堵截。省革会和军区同时发动公路沿线数十万农民，许以双倍工分补贴，在千里公路上布下围捕知青的天罗地网，知青们陷入人民战争的汪洋大海。农民们手持铜炮枪、猎枪、锄头、扁担，男女老少齐上阵，昼夜监视公路上一切可疑的行人。一旦公路或者山坡上出现逃亡知青的身影，农民们就高举大刀长矛，挥舞锄头扁担，亢奋地呐喊着，奋不顾身冲向知青。因为上级规定，捉拿一名知青可奖励工分若干，农民们焕发出极大的积极性，许多农民为争夺俘虏互相动手，打得头破血流。抓捕遣返知青的工作足足进行了半个多月。

云南省委召开会议，将此次知青逃亡事件定为"八.二八严重政治事件"。10连中的22人被关起来集中学习。后来营部召开大会，宣布对八.二八事件中出现的"七人轮奸案"要犯进行刑事拘留，七人中，王兵等五人被抓进监狱。知青们通过向赴云南采访的四川记者何光斑反映实情，何记者冒着危险收集到冤案的证据，通过内参终于使上层得知事实真相。涉案知青在经历严刑拷打，被非法关押十个月后，才获得"教育释放"。

这几位知青（包括所谓的受害者）被逼迫承认，由于他们七人对一女知青实施轮奸，就想出以跑地震为名进行逃脱的行动。而且，大多数知青是被他们威胁、蒙蔽、煽动、裹挟参与跑地震。为了将知青大逃亡的责任转嫁出去，建设兵团当局不顾事实，制造并强行把引发这一重大政治事件的原因转嫁到几个知青身上。良心未泯的时任县公安局林局长曾忍不住破口大骂，"这个案子漏洞百出，没有说服力，更没有有力的证据，咋么可能啊！小狗日的 11 团是要叫我犯错误啊！瑞丽县公安局成立 17 年，老子就没有办过一件错案。"

云南知青返城的第一次努力被强行镇压并以莫须有的罪名定罪。值得一提的是，当年参与审讯制造冤案的 10 连副连长王泽贵，在多年后向曾受折磨的知青们认错。他在知青面前放声大哭，几近疯狂地捶打着面前的饭桌也捶打着自己的头和脸。他哭喊着："我那时真的不是人，不是人啊！我对不起你们，对不起你们啊！那时我就是条狗啊……他们叫我做什么我就做什么……这么多年了，我就是想来看看你们，看看你们啊……"他那张黝黑苍老的脸上，一双泪眼在那一刻纠结着所有的迷茫困顿，悔恨负疚。可怜的连长，勇敢的连长，人近晚年，鼓足勇气走到他曾经伤害过的孩子们中间，希望找回良心。本性纯善的知青们终于原谅了他，给他一个忏悔的机会。

5.4. 江苏下放户大返城

前面几节叙述的知青大返城均以失败告终[4]，但是江苏的下放人员的大返城却得以侥幸成功。1968 年初，由于江苏的两大派群众组织（好派和 P 派）无法妥协联合，中央决定让南京军区司令许世友执掌江苏政局。许上台后立即对两派的群众组织进行打压，并在全省安插大量军人掌控江苏的大权。在许的指挥下，军人干了一系列不得人心的恶事。其中一件坏事是，将城市中的部分居民强制性地赶出城市，落户到偏远的农村，这就是后来的"下放户"问题。下放带有明

---

[4] 本节基于以下参考资料：董国强、Walder（2012）；中共南京市委党史工作办公室、中共南京市委组织部（2001）。

显的文革色彩，下放人员中很多是所谓的"坏分子"。1969年冬至1970年春，仅南京市的下放人员就高达136,598人，其中干部7,036人，职工3,197人，居民9,576人。

处在社会底层的百姓，在城市的生活原本很艰难，到农村后，生活更加朝不保夕。在这些人当中，有的在城市中尚有一点房产，随着下放，房产被强制性地廉价充公。大批下放人员遭受精神、肉体的磨难，还带来严重的社会问题。

不过，军人的好景不长。1973年12月，八大军区司令大调动，许世友被调到远离千里的广州任职。那些被许世友安插在各级政府中的军人失去了许的保护，江苏的强权统治戛然而止。虽然许的两名副手接手江苏省的最高权力，吴大胜任省委第一书记和省革委会主任，蒋科任省委书记和省革委会副主任，但是军人的麻烦开始了。

江苏的军人曾不仅以铁腕手段血腥镇压两大派群众组织，而且进行一系列针对许多地方党政干部和其他社会势力的无情迫害。军人在"清队""一打三反""清查五.一六"和城乡居民下放运动中伤害了众多的民众，对各级地方干部也不放过。例如，1967年3月实行军管后，他们把20多位省级领导人关进位于南京以东的句容县的一个监狱，直到许调走后才放他们出狱。

大量的地方干部被军人们赶到五.七干校。即使有少数干部通过了所谓的审查被解放，也最多在新政权机构中担任掌权军人的副手。旧省委领导彭冲和许家屯虽然幸运地躲过一系列的清洗并进入省革委会，但是也落得被边缘化和解职的结果。群众组织的领袖们则更加悲惨。他们虽然曾进入过革委会，但是早在清洗中成为阶下囚。许多曾经获得革命干部头衔的老干部，在清洗中成为军人整治的对象，军队中反许派人员也遭受清洗。许世友及其追随者的所作所为，必然招致民众和地方干部的强烈不满。

许世友已经调离南京，吴大胜负责领导江苏的"批林批孔运动"。吴等人对中央的意图并不清楚，不知所措。被整肃的群众组织领导们，却把此次运动视为争取为自己平反的机会。1974年3月，南京大学出现大字报，指责军方在"清查五.一六运动"中的错误做法。4月初，省总工会主席、原群众组织领导人华林森在省总工会的一次群众会议上,指责作为苏州党政第一把手的军队干部与林彪事件的牵连。华的这一指控还涉及许世友,与会的前群众组织领导人纷纷响应,提出更多的指控。

其中的一个重要指控是,吴大胜为了保护许世友夫妇和蒋科,在1973年初审阅省委向北京报送有关林彪集团在江苏活动情况的调查报告时,删去关于许夫妇和蒋的情况。这些指控得到省委中老干部的响应,彭冲和许家屯提出,对林彪在江苏死党的活动展开调查,斗争矛头直指吴大胜等人。彭冲提出,要"清查五.一六"冤假错案和军方人员与选妃活动的牵连(叶群曾派人到全国各地为其儿子选择恋爱对象)。

原群众组织领导人与地方干部在对付军人专权上联手出击。4月中旬,吴大胜不得不在一次省委会议上承认存在错误,做自我批评,并同意释放一批还被关押的原群众组织领导人。此后,彭冲等人对省委办公室进行改组,使其摆脱吴和蒋的控制。他们还加紧追查林彪在江苏死党的活动,旨在攻击许世友、吴大胜和蒋科等人。

斗争并未仅停留在省级领导层,处于底层的民众也纷纷起来。对军管人员的批评和指责,使下放户受到鼓舞。4月28日,数千名下放户涌入南京火车站,试图登车到北京告状。登车不成后,他们集体卧轨拦车,使运输大动脉的京沪铁路中断两天。

在中央的强令下,吴大胜不得不直接出面与抗议请愿者谈判。军人没有执政经验,除了采用铁腕镇压手段,别无他法。此时他们内外交困,得不到任何人的支持,自身地位岌岌可危,不敢贸然行动。地方干部则袖手旁观,乐见其犯错误,以便取而代之。四面楚歌的军方急于摆脱困境,于5月2日与抗议请愿的下放户达成协议,允许他们返回城市,并发放经济补贴和粮油煤炭计划配给。该协议引发连锁反应,更多的下放户涌入南京城要求同等待遇。当局无法满足他们的要求,这些抗议者聚集在南京市内示威。还有部分人向北京进发,与劝阻人员发生冲突,中央严厉批评吴大胜对第一批请愿者的处理。

彭冲和许家屯等地方老干部趁机攻击吴大胜,指出他的错误不是偶然的,说他长期捂住林彪问题的阶级斗争盖子。5月中旬到6月底,省委召开省级机关"批林批孔"大会,数十位群众代表(原群众组织领导成员和"清查五.一六运动"的受害者）以不容置疑的口吻对军方人员进行批判。与会者写大字报、散发传单，公开点名谴责吴大胜等人。

彭冲和许家屯等人常常与这些群众代表密谋，指导他们如何在大会上斗争。部分掌权的军人开始倒戈，批评吴大胜。对吴大胜最有杀伤力的指控是，吴直接卷入提名林彪为毛接班人的活动并参与林彪集团的活动（如选妃活动）。

8月下旬，吴大胜和蒋科不得不承认和交代自己的问题，并作检讨。但是他们的交代没有得到谅解，反而引起更大的愤怒。由于他们交代的问题涉及许世友，代表们将斗争的矛头指向了许。8月31日，彭冲代表省委总结，作为原省委第一把手许世友的错误应该受到批判。虽然彭冲和许家屯的举措受到军人的零星抵抗，但是10月6日到14日召开的中央工作会议明确地支持彭冲和许家屯。中央会议结束后，彭冲和许家屯进一步加大批判吴大胜和许世友的力度。在江苏省委召集的部委办局、地市委和南京军区政治部负责人联席会议上，对南京军方主要领导人提出指控。指责他们与林彪集团有牵连，搞以人划线的分裂主义，否定文革，搞独立王国，破坏批林批孔，有错不认错，政策不落实，影响安定团结。

11月13日，地方老干部群体的胜利得到确认。南京军区和江苏省委主要负责人奉召进京，受到中央政治局常委王洪文、叶剑英、张春桥和纪登奎的接见。中央宣布彭冲为省委第一书记和省革会主任，兼任南京军区第二政委。吴大胜和蒋科被停职，继续接受批判和审查。彭冲和许家屯返回南京后传达中央指示。吴和蒋不得不表示支持中央决定，拥护彭冲的领导。12月30日，江苏省委和省军区联合发出通知，命令所有军方人员全部返回军队。至此，军人专权的局面终于落下帷幕，地方干部终于翻身。

新的省委领导立即致力于巩固他们的胜利，对曾经帮助他们攻击军方人员的前群众组织领导人要求恢复原先领导职务的要求，无情地拒绝，因为他们已经没有利用价值。在这场上层的权力斗争中，真正得到实惠的是广大的下放户。他们在上层的混战中，得以返回原来居住的城市。

然而，虽然故土依旧，却风景不再。他们当年的容身之地，早已归属他人，在偌大的城市竟无立足之地。可怜的下放户们，只好沿街搭起简易的窝棚。这些棚子用油毛毡、塑料布、毛竹和木棍搭成，里面阴暗、潮湿、狭小、肮脏。窝棚普遍漏雨漏风，常常是外面下大雨里面下小雨，外面刮大风里面刮小风。南京市为了处理十万以上的下放户，整整花费十年时间，才逐渐帮助饱经折磨，生活在水深火热之中的平民脱离困境。

5.5. 云南知青大返城

1978年底和1979年初[5]，云南生产建设兵团知青发起返城的抗议活动。他们的人数在全国1,700万知青中，仅占千分之六，但是因为此次大规模的返城风潮，使他们的影响超出任何地方的知青。正是由于他们的努力，为时20多年的知青上山下乡运动被迫结束，从而使全国成千上万的知青得以像潮水般涌回城市。

云南生产建设兵团始建于1970年3月1日，下辖四个师、23个团，共接纳过约11万名知青，其中上海47,600人，重庆24,000人，成都17,000人，昆明10,000人，北京8,000人。文化迥异的各地青年汇集到边疆，逐步形成其个性特征，思想活跃、敢说敢做。地处西双版纳的兵团1师，是知青最集中的地方。该师的知青分布在从勐海到勐腊广阔的国境线上，总数约五万余人，其中景洪1团的知青高达8,538人。

1978年10月16日，景洪农场10分场（原云南建设生产兵团1师1团10营）学校的教师上海知青丁惠民，正式公布《给邓小平副总理的公开联名信》，得到知青的广泛支持。11月18日，第二封联名信公布，信中对上山下乡政策提出质疑。联名信活动迅速在西双版纳知青中传开，最后签名达到一万人。在五万知青中，逐渐形成一个以回城为目标的群体。这个群体的核心人物是丁惠民、重庆知青刘先

---

5 本节叙述基于以下参考资料：张卫（2008）；丁惠民（年份不祥）；刘小萌（2004）；许人俊（1980）；王心文（2010）；赵华娟（2021）。

国和上海知青胡建国。

11月下旬，知青们召开各农场知青代表第一次联席会议。到会的有20多个农场的40多名代表。会议把处于分散的签名活动协调起来，为请愿的高潮奠定了思想和组织基础。12月8日，各农场知青代表召开第二次联席会议。有70多个农场的120多名代表参加。会议通过一系列决定和决议，并选举最高指挥机构：云南省西双版纳地区知青赴京请愿筹备总组，丁惠民被选为总指挥。大会通过丁执笔的代表版纳五万知青的《请愿书》（也是第三封联名信）。

大会派出人员分赴州政府和农垦分局汇报情况，并要求为请愿团赴京出具通行证明。无奈州和分局的领导们避而不见。在耐心等待30多个小时后，知青们决定上街游行，仍无果。知青被迫决定实行无限期罢工，并决定15日首批请愿团正式北上。

短短的两三天时间内，版纳垦区所有的指挥系统全部瘫痪，知青们接管了各农场和连队的实际指挥权。知青们捐钱捐粮票，筹集请愿经费。14日，省委工作组到达景洪。工作组这才发现，知青自成体系，罢工是有组织、有领导、有计划、有纲领地进行，声势规模前所未有。知青们提出要回家，这一要求是省委工作组和省委无法解决的。

知青代表与省委工作组会面，强调两点：（1）罢工的责任在地方当局；（2）知青唯一的希望是回家，如果省委答复不了，请让知青直接向中央反映。省委竟然认可了罢工，允许知青维持罢工现状，其余问题继续商议。省委采取拖延策略，实际上是在等待中央的决定。

15日，中央广播电台发布重要新闻，第二次全国知青工作会议在京闭幕。会议决定将继续执行上山下乡的方针政策，今后国营、军垦农场的知青不再纳入国家政策照顾范围，作为一般的农场职工对待。该决定激怒了这些知青，他们没有想到，在这里受苦多年，最后落得连知青身份都没有的地步。有的知青甚至放出狠话，准备拼命，反正活不下去了。更有甚者，提出拿起武器到缅甸去打游击。

此时，请愿团代表出现重大分歧，以丁以首的一派认为代表目前的状况和情绪立即北上请愿不利于解决问题，而且时机不成熟，倾向暂缓北上。另一些知青代表则主张立即北上请愿。为避免分裂内讧，丁被迫同意部分人的意见，43名代表先行北上。

第一批北上请愿代表们辗转到达昆明，不幸的是他们带去的经费竟然莫名其妙地不翼而飞。据说，这是公安部门奉命派出精干便衣干的，目的是阻止知青赴京请愿。公安部门对知青说，"只要你们不去北京，这笔钱以后一定会找回来还给你们。"失去资金的代表们冲进车站强行登车，受到阻拦后，他们使出最激烈的一招——卧轨！贵阳到昆明的铁路线因此中断三天。

当时中共正准备对越动武，军车来往频繁，部队云集，铁路线受阻的严重后果是可想而知的。中央不得不下达"三点紧急通知"，要求知青返回农场，并派出全副武装的部队和警察准备强行驱散。卧轨的知青代表在最后一刻撤离现场，避免流血事件。但是，他们的激进行为达到了扩大影响的目的。被滞留的数万名旅客无形中成为他们的义务宣传员，中央已经知道，此次闹事的知青来者不善，不是轻易可以对付的。

在此期间，有些农场宣布，此次知青闹事上层已经定性为反革命事件，丁惠民等头头已被抓捕，知青必须立即复工，否则一律按反革命分子处理。地方当局与省委的口径和做法大相径庭。知青代表团正在与省委工作组谈判，借机中止谈判，立即赴京请愿。知青们决定一面派代表北上请愿，一面坚持罢工，向中央和地方同时施加压力。

18日上午8时，另一批由56人组成的北上请愿团出发了。出发前举行宣誓仪式，上万名知青热烈相送。22日，请愿团到达杨武，决定改变原来的北上方案，将全团分为三个小组。一、二小组分赴上海和重庆两地，任务是向家乡的父老乡亲解释知青返城运动的目的和要求，争取社会舆论的支持。由28人组成的第三小组由丁惠民带领，偃旗息鼓隐蔽行动，绕过昆明前往成都，再赴北京。这一策略非常有效，第二批北上请愿团终于在27日到达北京。

知青请愿团在天安门前摆开阵势，拉出横幅，开展演讲，散发传单，明确表明，知青不想与政府和社会对抗，只要求回家。消息灵通的境外电台发出头条新闻，报道云南知青的请愿。地处云南的知青从外台的广播得知北上请愿团成功到达北京的消息，他们连夜奔走相告，更加坚定了罢工的决心。

代表们受到北京的热情接待。中央确认请愿团的合法性质，作为交换，代表团同意下达复工通知。中央同意请愿团向中央领导人当面递交请愿书，政治局委员王震副总理等人接待了代表团。整个过程持续一个多小时，全是王震在说，代表们只有听的份。王已经定下调子，西双版纳是个好地方，希望知青把它建设好。

晚上，王震请代表们看电影，传达邓小平的意见，"一定要把西双版纳建设好，国家要投入资金，没有钱，外汇也要用。"言下之意是，不就是穷嘛，生活没搞好，所以知青不安心闹着要回家。现在给你钱，而且还有美元，这回总该不闹了吧。代表团中一位代表不满，试图冲上前去与王震理论被拦住。王勃然大怒，跺跺拐杖，厉声说道，"你要闹别扭，你给我小心点！"

与中央领导的会面不欢而散，请愿团代表开始担心人身安全，不得不沮丧地离开北京。丁惠民在返滇途中向王震致电，就知青的过激行为向国家道歉，新华社和人民日报报道了这一消息。北上请愿无果而终。

然而，东方不亮西方亮，云南知青大返城运动在勐定农场获得突破性进展。该农场的知青不仅罢工，还举行绝食抗议，他们的口号是："不回城，毋宁死！"

为解决云南的问题，中央早先已经派遣农林部副部长国家农垦总局局长赵凡（在有些作品中，赵凡被改名为鲁田）率调查组赴滇。在橄榄坝农场，知青们给赵凡做了一锅"鲜鱼汤"。所谓的"鲜鱼汤"，只有汤没有鱼，味苦涩，腥臭扑鼻。原来知青将河里长满绿苔的鹅卵石取来下锅熬汤，还给取了个好听的名字。那里的知青一年至少有一半时间要吃这样的汤。

在勐腊农场，赵凡看到一群男知青脱下上衣，裸露出累累伤痕，那是在兵团工作时被打的永久纪念。他得知一个统计数据，知青中伤病率高得惊人，贫血接近百分之百，营养不良达百分之百，患胃病、肠炎、风湿性关节炎等急慢性疾病的达百分之百，另外女知青患痛经与月经不调等妇科疾病者近百分之百。更可悲的是，知青中非正常死亡率逐年上升，自杀率高居各项死亡率之首。

赵凡看到那些低矮潮湿的草房，屋顶发黑，漏了许多窟窿，屋里的墙角和床底下竟然长着一簇簇的野蘑菇。就在这样简陋不堪的屋里，每间同时住着两对甚至更多的男女知青，他们大多属于未婚同居，孩子都有两三岁了。

勐定知青的绝食惊动了中央，立即命赵凡前往处理。赵带领调查组火速抵达现场。应全体知青的强烈要求，调查组与知青见面大会立即在山坡的露天会场举行。中央调查组的首长被请上主席台，罢工指挥部成员坐在台下知青队伍的最前排。放眼望去，会场与山坡上黑压压的知青少说也有数万人，主席台就像一座孤零零的小岛，被知青的汪洋大海包围着。

当赵凡走上讲台，说出第一句话，把知青称为"青年职工"时，台下便咆哮起来："我们不是青年职工，还我知青！"知青罢工副总指挥、北京知青吴向东走上台，拿起话筒，尽情诉说知青的种种苦难与不幸，讲出一代知青的心里话，说出大家要求返城的迫切愿望。最后，吴向东说道："在我的发言即将结束时，为了捍卫一个真正的知识青年，一个有血有肉的人的尊严，也为了拒绝刚才强加给我的'农场青年职工'的不实身份，我决定以最后的方式来表达我的抗议！"说完，他转过身，面对全体调查组成员，从裤袋里掏出一把锋利的匕首，一下子切开手腕，刹那间指头粗的血柱有如喷泉般喷涌而出，不等人们清醒过来，这位勇敢的知青便面带微笑跌倒在地上。

一个身患严重心脏病的四川女知青，慢慢走上台，突然一下子跪倒在赵凡面前，大哭起来："伯伯，伯伯，救救我们吧，救救我们这些可怜的人吧……"赵凡慢慢扶起女知青，面向话筒说道："知识青年同志们，孩子们，你们起来吧，我决定，现在就通过电话向党中央请示，反映你们的回城愿望与要求。"这位老人决心冒着政治生涯中的最大风险，挺身而出，为苦难深重的知青们请命。

返城的大门打开了！国务院批准了知青办的请示报告，于1979年1月下旬下达各省市自治区。1979年2月上旬，云南召集北京、上海、成都、重庆、昆明等市有关领导商讨如何落实国务院的精神。此消息很快在云南垦区各农场传播开，知青们闻风而动。西双版纳各农场的知青无不争先恐后回城，整个农场走空了，连队静得可怕。大家丢下武器，抛弃农具，有人还把农具架起来烧毁。很多人搭乘运送对越作战运输的返程军车向昆明逃命。知青们在慌乱中告别边疆，直至回到昆明才松口气。在短短的两三个月中，云南农场知青返城率高达90%以上。至次年，仅余3,200人，不足原总数的3%。

知青返城风暴从云南迅速蔓延到全国。云南知青不屈不挠的抗争，终于使全国的上山下乡运动画上句号。一千多万被赶到农村和边疆的知青，大多回到他们生长的城市

5.6. 青海知青一"卧"成功

1964年起[6]，甘肃、青海、宁夏和陕西建立建设兵团农业建设师，番号由新疆的十个农建师之后续编，青海为农建第12师。1965年9月，山东淄博的应届毕业生成为青海农建12师的第一批成员。到1966年4月，共有8,000名来自山东的知青来到柴达木盆地的格尔木和马海等地。农建12师还有1,000名来自西宁的知青，加上各级管理干部共计约11,000人，所辖区域相当于山东省的面积。1975年，该师改为格尔木农场总场，原下辖的四个团分别改为河东农场、河西农场、大格勒农场和马海农场，军垦战士随之变成农场职工。

云南知青大返城的浪潮给青海知青带来希望。青海知青决定赴西宁上访。1979年元旦过后，知青上访团到达西宁。他们在西宁市中心演讲，表达知青渴望回家的迫切心情和愿望。对于知青的上访和请愿，当局没有任何反应。当局采取不理会、不回复的二不策略。万般无奈之下，知青们决定到省委静坐，期盼能够引起当局的关注。省委仍不理会，拒见知青代表，知青们做出决定：绝食！

开始两天，知青们还能挺住，但是从第三天开始，很多知青挺不住了，领导小组让几个骨干偷偷地塞给大家糖果或巧克力。知青们明白，不能用生命作为代价来换取应有的权益，他们要活着回家！绝食引起市民们的同情和共鸣，省委不得已同意会见知青代表，但是省委与知青的会谈没有实质性进展。

---

6 本节叙述基于以下参考资料：余杰（2021），李硕（2014）。

知青们决定在 1979 年 9 月 15 日举行大游行，这一天恰好是青藏铁路一期工程竣工典礼日。当局派员前去阻挠游行，以免影响竣工典礼，声称："不许聚众闹事，否则要追究责任。"此话激怒了知青们，他们冲向典礼庆祝会场。

竣工典礼庆祝大会有 50,000 人参加，天气很好，彩旗招展，一片喜气洋洋。高高的主席台上端坐着陕西、甘肃、宁夏、青海、新疆五省的党政领导人和铁道兵部队的首长。参会者们将迎接第一台驶进格尔木的列车。

就在鼓乐齐鸣，火车驶进站台的那一刻，一个意想不到的场面出现了：数百名山东知青高高地抬着一口纸糊的黑色棺材，冲破军警的阻拦，齐刷刷地卧到铁轨上！他们手里的标语赫然写着："我们要回山东！"

火车司机紧急刹车，披红挂绿的火车头在离卧轨知青几十米处停住，现场的数万群众被刚刚发生的这一幕惊呆了。铁轨上军警和知青扭作一团，民众纷纷跳下站台加入抗争，庆典现场乱成一团。虽然知青卧轨行为过激，但是他们毕竟有正当的诉求，如果处置不当，将会引起更大的骚乱。主席台上各省的领导们怏怏离去。

卧轨知青中有人被军警抓进监狱。为了搭救他们，大批知青在监狱门前安营扎寨，绝食抗议。监狱门前"绝食"抗议的人轮流换班，吃饭休息两不误。万般无奈，几天后关押的知青全部释放。

此事太不给青海省委面子，特别是当着西北其他四个省领导的面出了丑。青海省公安厅派以刑侦处长洛赛（藏族）以首的干警前往格尔木。处长是位有良知、有正义感的警察。他一再向知青声明，他不是来审讯，不是来抓人，是来了解情况。在调查过程中，他竟然能与知青们的领导人物苏德宽成为朋友。最后，青海知青未因九.一五事件受到任何处罚，在第一线处理该事件的省公安厅刑侦处长洛赛起到关键的作用。知青领袖苏德宽动情地称赞洛赛："正直、正派、讲义气、重感情、不摆架子、平易近人。洛赛是个好人！"

遗憾的是，在中共的官场中，像洛赛和赵凡这样的好人并不多。

山东知青要求返城发生的"九.一五卧轨事件"惊动了中央。国务院责令青海省政府派出工作组深入建设兵团各个连队进行安抚，并针对知青们的诉求采取安置措施。在荒原上苦熬了十余年的 8,000 山东知青,这一次表现出不达目的决不罢休的决绝态度,纷纷罢工、上访,一时间整个农场的生产几乎完全停滞。同时,在西宁、北京、济南和青岛,各级政府门前都出现青海兵团山东知青的身影。

根据国务院的指示精神,青海省政府安置山东知青的方案迅速出台,确认全体山东知青国家正式职工的待遇,将他们其中的一部分尽快分配到青海省内的厂矿企业。随即,省会西宁、东部八县的许多企事业单位和冷湖油田,纷纷来到格尔木兵团驻地招兵买马。

1980 年底开始,山东同意知青回城。到 1983 年,仍留在格尔木的知青,除少数人外,终于陆续返回山东。

5.7. 新疆阿克苏知青屡败屡战

云南西双版纳知青的大返城风波未平[7],万里之遥的新疆阿克苏知青也掀起波澜。上世纪 60 年代初,上海有十万知青被送到新疆生产建设兵团。他们告别父母,离开城市,走上开发建设边疆之路。在阿克苏附近方圆 3,000 多平方公里的地区内,有将近五万名上海知青在那里开荒造田。

近 20 年过去,到上世纪 70 年代末,他们的绝大多数仍然从事着最苦最累的大田劳动。这是因为"上海知青"的标签使他们很难得到重用。对于这种不公平和歧视的痛恨是绝大多数赴疆上海知青的一致呼声。可以否定文革,可以否定三面红旗,可以重新评价反右,为什么不可以否定上山下乡?为什么不能解除不合理、不公平的待遇?于是,"回家"成为赴疆上海知青的共鸣。

事实上,大返城风潮早在文革初期的 1966 年就已经开始。在全国形势的影响下,新疆的上海知青也起来造反,很多人返回上海闹革命。后来,上海动员倒流的知青回新疆,打的旗号是"回家闹革命"。在文革中,大部分上海知青参加属于造反派的新疆红二司。后来红二司被压制,参加造反的上海知青备受打击。如新疆上海知青大返城的

---

7 本节叙述基于以下参考资料:刘小萌(2004),丁言鸣(2012)。

领袖人物欧阳琏被打成重伤，小便失禁，头肿得像个小脸盘。14团有位外号叫"石头"的女知青两条腿被打残。许多知青不敢回新疆，只好在外漂泊。文革中的造反经历对大返城风潮的兴起不无影响。

1979年2月初，身处新疆阿克苏的上海知青得知云南知青大返城风潮的消息。他们也开始串连、演讲、集会。最先发起运动的是阿克苏地区农1师14团的上海知青。而在14团里，18连又是第一个起来抗争的。该连的知青多数是领导不喜欢的人，该连又是全团条件最艰苦的连队。18连的知青写了一张海报，决定2月4日（星期天）上海知青全体在团部集会，集会的目的却并未写明。十多年来，这是第一次这么多人自发地集会。集会是自发的，没有具体议题，谁都可以上台发言，主要是诉十多年的苦，要求团长和政委接见。闹腾了一天，没有建立什么组织，也没有形成任何决议。至于下一步如何走，谁也不知道。

过了两天，农垦总局派来两个处长解决问题。他们一来就发脾气，激化了矛盾。各连队的知青开始串连。在选举领导人时，有人提出屁股上有"毛"的（即以前被处罚过的）不能当头，担心被抓小辫子。欧阳琏被推举为头，团里形成以他为核心的大返城领导圈子。大家决定学习云南的榜样，也走赴京上访的道路。他们还到附近的13、11、12、9、10等几个团点火。12团也组织上访团，因此两个上访团合起来成立"农1师塔南上海知青赴京上访团"。

3月5日，上访团正式出发，到达阿克苏时遇到阻力，农垦局不准他们上访。上访团代表只好化整为零，八仙过海各显灵通。经过一个多星期的艰苦跋涉，代表们总算到达乌鲁木齐。随着其他团的加入，上访代表团终于成为农1师上访团。上访团内部出现意见分歧，有少部分人主张到上海去，但是大部分人坚持去北京。会议上争论得很厉害，最后决定兵分两路，小部队（六人）去上海，大部队（40多人）去北京。4月28日，赴北京的上访团受到国家农委、农垦总局负责人的接见。代表团在北京停留52天，一直等到中央答应派工作组到新疆了解情况，才离开北京。

6月初，农垦总局派副局长刘济民和办公室主任贾大秦带领一个工作组来到阿克苏做实地调查。工作组临走前，刘济民流着热泪说，

"我一定如实地向中央反映你们的问题,不会有水分,不会作假。"工作组走后,上海知青们偃旗息鼓,继续等待。

可是一直没有消息,知青们开始酝酿第二次上访。但是各团的头头意见有分歧。有的认为应该再等等,或者向中央写信,问何时派人来。但是有些团的知青比较激进,不愿意再等下去。知青们没有统一的组织,是以团为单位行动。有些团选代表再次上访北京。7月下旬,他们先后抵达乌鲁木齐,打出"第二次赴京上访团"的大旗。当局强行阻止上访,八个团的73名代表陆续被抓。后来经欧阳琏等知青们的营救,才被各团领回。此后,上海知青们多次组织上访。如欧阳琏曾去过北京一次,乌鲁木齐三次。每次当局都答应解决问题,但是却不见动静。这样等来等去,一直等到1979年底。

1980年1月初,各团知青召开联谊会,讨论当时的形势、当局的态度、以及下一步的行动。会上决定,组织人到上海去,给当局施加压力,对要求返城的知青放宽限制。会后组织42人的小分队,由欧阳琏带队,经阿克苏向乌鲁木齐进发。恰逢上海市委书记带工作组抵乌鲁木齐,上访团分兵三路,第一路12人回阿克苏,第二路12人留在乌市,其余的18人为第三路向上海进发。

1980年1月,新疆自治区政府发布通告,把知青请愿和上访称为"非法活动"和"非法组织",要依法处置。通告指责知青们成立"上青联"组织。事实上,各团的知青各行其是,之间的联系很松散,没有章程,没有纲领。由于没有形成一个统一的群体,各自为政。

上海市委书记来到阿克苏后,召集知青座谈会,发布座谈会纪要,内容是解决上海知青的问题,如部分知青可以回上海市郊的农场。但是由于知青群龙无首,没有利用时机,开始新的等待。在此期间,三名知青代表被抓捕。

11月5日,阿克苏的各团代表开会研究对策。欧阳琏等人提出,8日起组织上海知青进入阿克苏,向地委要求返城回上海。知青找地委对话,遭到拒绝。当时气温很低,知青们决定进驻地委大院,晚上睡在院子里。此时,如果知青仍没有一个明确的领导,工作难以开展。欧阳琏毛遂自荐,争当此次请愿的领导人。他的理由是,这样闹事,肯定会秋后算账,他的妻子已去世,父母也已亡故,没有孩子,单身一人，没有什么牵挂，此次豁出去了。这种大无畏、争风险的精神令人敬佩。

13日晚，参加请愿的阿克苏知青终于成立领导班子，由七名成员，欧阳琏为总代表，王良德、冯晶宝、陈双喜为副总代表。代表团还有一个秘密的内部智囊团，他们都是党员或专职干部，在暗地里为请愿团出谋划策。此次成立正式的领导机构，是因为知青们总结过去失败的教训：船老大太多要翻船。（上海俗语叫作："老大多，航翻船。"）只是到了此时，知青们才意识到统一领导的重要性。

阿克苏地委采取避而不见的政策，知青们找不到任何一个当局的领导人。时间在一点一点过去，五六千知青聚集阿克苏必须采取行动。但是在采取什么行动问题，出现不同的意见。有的人提出堵交通，中断南北疆的联系，但是这些意见都被领导小组否定，最后决定绝食。在各种选择中，绝食是最难被抓住把柄的，这是一种自残行为，是弱者表达强烈愿望的极端做法。

22日，约5,000名知青举行绝食动员大会，各团表示，不达目的，决不罢休。第二天，欧阳琏带领650多名知青在大十字街开始公开绝食。参加绝食的知青带着行李，还带了三口棺材，上面写着："调职回沪，至死不渝！"显示阿克苏上海知青视死如归的坚定决心。

绝食进行到72小时，地委仍无人出面。国外电台开始报道阿克苏的绝食事件。绝食是在露天进行，气温达到零下23°C。在国际舆论的压力下，绝食现场出现救护车和医护人员。绝食进行80多小时，知青广播站公开欧阳琏的遗言。参加绝食人数增加到1,350多人，女知青约占30%。

27日晚，绝食队伍人心已乱。绝食坚持这么长时间，仍无人过问，绝食的人群开始动摇。知青们已上了楼顶，该如何体面地走下台阶，成为一个重大的问题。如果知青不攻自垮，看笑话的人会说，"原来你们就是这点本事，根本成不了气候。"知青们今后休想再提任何要求。欧阳琏在开始绝食前已做准备，他抱着必死的决心，打算以自焚结束这场无望的绝食。他提出后事安排，第二天两点钟自焚，然后宣布绝食和上访结束，把欧阳临死前的情况（照片或骨灰）带到北京，继续向当局反映知青的要求，要得到一个说法。

正当欧阳琏准备第二天赴死时，中央来密电，命欧阳琏下令宣布复食，中央和国务院即刻派工作组抵阿克苏解决问题。在绝食进行到100小时后（即11月27日），知青们在现场召开庆祝绝食胜利大会。会场上人山人海，有一万多人。周围工厂鸣笛五分钟，喇叭播放国际歌，1,350名绝食人员撤离现场。结果仍不见中央派人来。

等到12月初，新疆各地的上海知青普遍开始闹起来，如北疆的石河子、奎屯、玛纳斯。12月11日，阿克苏的上海知青派出20多辆汽车组成的车队，向乌鲁木齐出发，一路宣传和串连，试图迫使与当局对话。不幸发生车祸，有三人死亡多人受伤。当日下午5时左右，地委发下文件，为上海知青办理迁户口。20日，知青撤离地委，返回各团。

上访结束后，当局与欧阳琏等八名代表召开知青座谈会，于12月26日凌晨2时，将他们以"反革命颠覆罪"逮捕，并宣布办理的户口迁移手续一律作废，阿克苏全市戒严，历时近两年的阿克苏的知青大返城风潮以知青的失败落下帷幕。1982年9月，欧阳琏等六人以扰乱社会秩序等罪被判处有期徒刑，另外两人免于刑事处分。

中央在采取铁腕手段对付知青的同时，派出两名新华社记者赴疆采访，了解地处西域的阿克苏的真实情况。记者不辱使命，写出了发聋振聩的内参《塔里木为什么留不住他们》。中央发文要求阿克苏对上海知青的工作进行反思。经过这一事件，当局对上海知青的困境有了更深的了解，政策逐步放宽。90年代后，上海知青陆续退休、退职离开新疆，至今真正留在那里的上海知青已经为数很少了。

5.8. 山西知青大返城：最后的胜利

到1984年秋[8]，随着上山下乡运动落下帷幕，大规模的知青返城运动已基本平息。彻底否定文革的群众性思想教育在全国兴起。文革中的所谓新生事物一一遭到否定，但文革中强迫式的知青上山下乡接受再教育的问题却没有人想起否定，也没有人敢触动这个问题。

---

8 本节叙述基于以下参考资料：刘小萌(2004)，四书斋主(2021)，陈兵(2010)。

仍然留在山西原平县的200多名北京知青敏锐地意识到，这是他们争取回京的好机会。他们认为，否定文革，必须否定文革中的"再教育"，而否定再教育，就可以否定文革中的上山下乡，否定了文革中的上山下乡，回京就有希望。他们的年龄已经不小，孩子快大了，再不奋斗，就不会有出路。原平县的北京知青在当地的一所中学召开讨论会，统一思想，提出"否定文革、否定再教育、坚决要求返回北京"的口号，并做出两项决定：一是起草致领导的公开信，提出要求；二是派代表赴北京上访。

原平县知青的公开信迅速在山西各地的北京知青中流传开来，忻州县的知青加入上访代表团赴京。代表们走访了北京市、国务院、国家劳动部信访部门。第一次上访无果而终。

很快，原平、忻州、代县、繁峙、定襄等地知青代表第二次进京上访。临汾地区知青还向北京发出第二封公开信，并发动知青给北京市有关部门写信，几天内近千封信发往北京，但是依然毫无结果。

半年之后的1985年春，山西北京知青在坚决返京的旗帜下，形成一个特殊的群体。凡是有北京知青的地方，都建立起联系网络。多次上访无果，问题得不到解决，知青们到了山穷水尽的地步。数百名不甘失败的知青到北京市委办公大楼前静坐示威，持续达一周多。世界知名新闻媒体，如美联社、共同社、法新社、读卖新闻、泰晤士报、香港电台，报道了此事件。最后北京市当局与知青见面，市长和市委书记给静坐定调，属违法行为，命令知青立即返回山西，并发出警告。知青们被迫灰溜溜地返回山西。

山西和北京的有关部门对参加请愿静坐的知青领导人物开始全面调查，一直密切监视这些人物。5月21日，在一次中央工作会议上，国务院副总理万理提出有利于知青的建议，胡耀邦插话表示支持，预示知青问题的解决将出现转机。6月，山西省委和省政府出台六条决定，给予北京知青一些优惠，但是问题并没有根本性解决。

7月开始，北京知青又行动起来。8月，多地的知青代表几次赴京与有关部门会谈，提出解决问题的设想，但是并无效果。知青意识到返京的奋斗将是长期持久的，不能气馁。为统一协调，知青们建立了信息交流例会制度，每月各地区派代表到会交流情况，统一部署。

他们还聘请法律顾问，知青返城运动进入成熟阶段。

1986年1月12日，临汾的700多京津知青游行示威，举出"京津知青坚决要求返回家园""我们是文革的直接受害者"等大幅标语。沿途观者甚多，影响很快波及全省，传到北京，预示着知青运动升级了。

2月7日，中国传统节日春节前夕，知青们上演一出绝妙的拜年活动，让当局倾听他们的真实想法。600多名知青从京城的四面八方涌向北京市委门前，市委秘书长和信访局长出面接待。一位知青领导人宣布，"我们给北京市各位领导拜年。"随着掌声，出现一条大标语："68年北京下放中学生向北京市各位领导拜年"。另一位知青宣读了拜年信，再次要求各级领导正视历史，尽快解决知青回城问题。知青把礼物送上前来，是17个土豆、5斤小米、2斤红枣、两瓶老陈醋。这次拜年行动，给当局又一个震动。

4月13日，忻州地区500名知青集会，宣读了《致中共中央及各级政府的公开信》，号召同意此观点的知青在上面签名，发起全省万人签名活动。山西境内原有约10万名北京知青，但是到1986年，只剩下约10,000人左右。这些人大多无背景、无钱财。他们返京无门、上访无果，只好采取联名写信的形式再次表达返城的心声。"万人折"有80多页，装订成册上，印了50份，由36名知青分为六个组进京递交给国家最高机关和新闻媒体。此次活动已不再局限于北京，而是上书到中央。

1986年10月，山西省各地京津知青举行纪念粉碎四人帮十周年活动。他们打出标语、控诉极"左"路线、否定再教育。知青以一位领头人物因上访受到打击报复为契机，于10月26日组织来自全省各地的近千名知青在省城举行游行示威，再次提出返回家园等要求。12月北京发生大学生游行事件。知青们在是否到北京进行游行的问题上发生分歧，九名核心人物投票表决，以五比四的微弱多数否决了游行建议。

1988年10中旬，终于出现转机。北京市劳动局、公安局、粮食局、教育局联合发出通知，解决知青子女回京的问题。此后，有关部门默许知青返城。知青的梦想终于实现，四年的不懈努力终成正果。

第 6 章

另类返城

前一章叙述了知青大返城风潮的概况。持续 20 多年之久的大返城波澜壮阔、惊心动魄，因地区和时间的不同，经历和结局有较大的差异。但是，有一点是共同的，前述的各地知青的抗争是群体行为，不是个体的单打独斗。

在知青大返城风潮中，也存在个人的抗争，虽然不属于群体行为范畴，但是这些个体的抗争是整个知青大返城抗争中的不可忽视的组成部分。个体抗争的涓涓细水与群体抗争的惊涛洪流汇集在一起，迫使当局不得不终止上山下乡运动。本章叙述零星的个体抗争案例。

6.1. 造反夺权迁户口

1967 年 3 月[1]，文革进入夺权高潮。贵州省安顺县（现为安顺市）的造反派夺了县委和县政府的权。该县蔡官区白坟公社的知青造反兵团趁机夺取县"城镇下乡知青安置办公室"（简称"知青办"）的大权。

夺权后该怎么办，知青造反兵团召开各知青点代表联席会议。这些知青都是因为成份不好、家庭问题未进入大学和高中的。他们原以为响应号召下农村，图个表现才有前途。谁知道他们在农村还是被揪住家庭出身不放，毫无希望。知青们在会上决定，把户口办回城去。

但是如何办理颇费一番脑筋。他们让一位其他公社的知青假扮成知青办的"干事"，到公社去办迁移户口手续。这位扮成"干事"的知青操一口标准普通话，穿上一套四个兜的干部服，脚蹬一双皮

---

[1] 本节叙述基于以下参考资料：黄鹤生（2018）。

鞋，还挺像。经过反复操练，他们开始了大胆的冒险行动。

他们一行六人来到公社书记办公室，"干事"大大方方地放下公文包，伸出手与书记握手，递上知青们自己开的县知青办证明，拟将49名知青迁移回城重新安置。"干事"说完，悠然地抽起烟来，等待书记应答。书记信以为真，不假思索地说，"知青办要重新安置知青，我们支持，公社照办！"竟然痛痛快快地签了名。知青们马不停蹄，立即找公社秘书盖公章办迁移证。

办完手续后，几位知青准备搭车回安顺县城，突然得到通报，事情败露，公社领导正在布置抓他们。知青们立即分发证明，兵分两路逃往县城。公社派出民兵追赶，很快把知青捉拿归案。尽管当时造反派掌权，但是乡下的民兵只听命于公社领导，无奈之下知青们只好乖乖地交出户口迁移证。知青造反夺权迁户口的冒险以失败告终。

6.2. 冒险偷户口

重庆知青秦小华于1965年下乡到四川达县渡市公社的社办林场。[2] 一年后文革开始，他趁机回到重庆，与下乡的知青联络，成立了"巴山革命青年红色造反兵团"。他们造反的原因是，因为回城挤在狭窄的家里，分吃家人的口粮很是窘迫。参加造反组织能够解决吃住，还有希望通过造反解决回城问题。

1967年2月，他们被迫返回农村就地闹革命。在查抄县知青办公室档案时，秦小华找到了他为什么没能上高中的原因：考卷上既没有阅卷也没有打分，只有录取意见栏中四个字"不予录取"。因为家庭出身，他的求学路就这样被无情地阻断。后来，他和其他知青造反达不到目的，只好心灰意冷地回到重庆。

虽然他们人在重庆，但是粮油关系却在林场，每隔一段时间回去领粮票。为了摆脱困境，他们做出一个大胆冒险的举动。参加行动的有十名知青。他们回到公社，拿出盖有县知青办公章的介绍信，找到公社负责人，迁移户口。县知青办的公章是他们私刻的。负责人竟然

---

2 本节叙述基于以下参考资料：秦小华（2019）。

信以为真，为他们办理了相关手续。

但是正规的迁移手续在区公所，用同样的办法行不通。知青们做出决定：偷！他们白天踩点，反复侦察，确定空白户口迁移证的存放位置，晚上撬开门锁和抽屉，偷出十张，又到区粮站，偷粮油关系证。由于知青没有偷盗经验，作案现场根本没有掩饰，很快被发现。

正当知青们准备回城时，公社打电话找到他们，命他们把手续送回去，并警告知青，有关部门已经知道此事，偷来的空白手续没有任何用处。十位知青们自知闯下大祸，赶紧逃回重庆避难。他们谁也不敢用偷来的手续为自己办理户口迁移，偷户口的冒险行动无果而终。

6.3. 第一个正式回城的知青

扎根与返城[3]，两种思潮的冲击始终伴随着上山下乡运动的全过程，黑龙江省也不例外。最初，扎根舆论压倒一切，涌现出一批又一批立志扎根的知青典型，当时，返城的舆论只是一股暗流。但是，随着时间的推移，暗流涌出了地面，涓涓细流汇集成河，终于形成压倒一切的气势。在知青大返城的洪流中，扎根舆论不堪一击，扎根派几乎全军覆没。各级知青干部，包括大名鼎鼎的"扎根典型"，都不失时宜地调整努力方向。

上山下乡运动鼎盛时期，报纸广播曾大张旗鼓地宣传过金训华为建设边疆贡献宝贵生命的事迹，与他同时下乡的妹妹金士英，名字赫然地出现在报纸上。到1978年，金士英已经官拜共青团黑龙江省委副书记。1979年，知青大返城风潮中，她毅然放弃副厅级待遇，回到上海当了一名工人。高崇辉是黑龙江国营农场系统唯一的国家级标兵，也是全国闻名的知青扎根典型。80年代，他离开了农场。而那些名不见经传的"扎根典型"和知青骨干，早在他们之前就顺应大流。当波澜壮阔的返城风平息下来后，农场数十万知青所剩无几。

1970年刚组建一年多的黑龙江生产建设兵团，为继续落实中央又下达的接收安置知青计划忙得不可开交的时候，1师7团1营（现

---

[3] 本节基于襄河农（2012），姜海龄（2015）。

赵光农场原一分场）却发生了一名仅下乡一年多的知青返城的事情。

这名知青返城既不是他本人主动申请要求，也不是因为他的家庭发生突然变故而不得不返城，更不是因他本人因病失去劳动能力被迫返城。该营从哈尔滨市接收了一批知青，其中一部分是哈尔滨六中的学生。该校是哈尔滨市的重点中学，其中不乏有高干和知识分子子女。事件的主角是哈尔滨伟建机械厂夏总工程师的大儿子夏确立。

1970年5月下旬的一天，突然来了三个不速之客，指名要见营长，行动十分诡秘。为首的是哈尔滨六中工宣队的刘队长，声称是追查哈尔滨六中黑五类破坏文革的反革命事件。刘说，夏总是从美国回来的，是在国家挂了号的反动学术权威，有重大的历史嫌疑，可能是美帝国主义派过来的特务。工宣队进驻六中后，不仅发现夏确立参加黑五类恶毒攻击革命组织的活动，还发现夏的新罪行。刘试图把夏带回哈尔滨进行审查。

建设兵团的营长是位正直的人，说需要第二天营里其他领导研究一下再说。第二天，营长以介绍信不够规格为由婉拒来人的要求。工宣队的刘队长只好悻悻返回哈尔滨，开了一张香坊区革命委员会的介绍信。刘第二天赶来，随从增至四人。营长再次找茬，说知青上山下乡是响应伟大领袖的号召，兵团接收安置知青是遵照中央的部署，是落实省市统一分配的指标。知青来兵团把户口、粮食关系等全迁到兵团，他们已经不是哈尔滨的市民，怎么能凭区级革委会的一纸介绍信就把人领走呢？

营长很快与上级取得联系，得到团部的支持。他们是受中央军委领导的生产建设兵团，是解放军序列，一切行动都是按军队的标准执行。哈尔滨六中工宣队是一个地方组织，和兵团是两个系统，他们不经过团营机关，擅自到基层连队，进行搜查或审查都是错误的，更谈不上把人带走。团部统一认识和口径，不能让六中工宣队随随便便地带走人。如果他们坚持要带走人，就叫他们到上级机关去，办完办好各种手续，把夏确立调走，以后与生产建设兵团没有任何关系。团部还向师部通报并征求意见，保持与上级机关的一致。有关人员不仅向兵团首长做了汇报，还告诉营长，如果六中工宣队再来，叫他们必须到兵团去解决问题。

刘队长再次返回兵团，带来哈尔滨市革命委员会的介绍信，并带了八个随从。营长不卑不亢地说，今天还是不能让你们把人带走。你们需要到团部、师部乃至兵团，把调动手续办齐全了，我们才能放人。营长坚定地说，夏确立在营里一天就是一天的兵团战士，我们各级领导都得保护他、爱护他。不管谁来，拿什么样的介绍信，我们都不能随随便便让人把他带走。你们把他调回六中，他就是你们的职工，你们怎么审查他，我们就管不着了。

来人又去团、师和兵团，直至办完各种手续，与营长做了交接。夏回到六中不久，上级指示伟建机械厂把夏总工程师解放出来，恢复他的工作和待遇，六中工宣队也不得不停止对夏确立的审查。六中革委会、工宣队和区革委会反复做夏确立的工作，动员他再次上山下乡。已经饱尝上山下乡艰辛的他，牢记离开连队时大伙对他的嘱咐，紧闭其口，拒不表态。夏每天按时到六中上班看报纸，复习功课，还按月按时找校革委会和工宣队要工资和粮票。刘队长的后台，区革委会主任下台了，以前说的话也不算数了，夏的关系都落不上，没有办法自认倒霉，当事者不得不共同为夏掏腰包。

把夏确立带回六中时，他们是红得发紫的胜利者，没有几天就变成自食恶果的被动者。他们只好四处奔波，天天写申请，层层打报告，托门路找领导，经过一年多的活动，才把夏确立的户口和粮食关系落上，没有接收单位，只好由六中按编外职工对待。夏确立的返城仅仅是我们社会生活中一闪即逝的火花，是千百万上山下乡知识青年中微小的一幕。但这一幕却充满了正义与邪恶的碰撞，是正确与错误两种对立思想斗争的结果。夏个人在当时虽然是极左思潮的受害者，但也因此使他成为全国知青上山下乡大潮中，黑龙江建设兵团第一位返城知青。

6.4. 翻越高黎贡山的悲剧

施子杰、丘林和吴先明是昆明三中1968届的初中毕业生[4]。1969

---

4 本节基于以下参考资料：施子杰、赵德深（2019）。

年2月,他们来到云南省陇川县插队落户。他们在昆明过惯城市生活,来到人生地不熟且语言不通的边疆少数民族地区,悲观、无助的心态使他们三人无法安心农业劳动,引起社员的不满和鄙视。吴先明萌发想办法回家的念头,徒步翻越高黎贡山回昆明的提议得到施子杰和丘林的响应。他们开始为翻山越岭做准备。在陇川县与昆明之间,横亘在他们面前最大的难关是德宏州外五县的几座江桥上的边防检查站。没有官方的通行证,边防检查站是他们无法跨越的难关。

他们首先在户弄乡向一位腾冲老人打听到一条中共建政前的走私通道,并按老乡的指点绘制了一个简易地图。但是这条路建政后很少有人走。行前,有不少同学想了解这条路线,要求三人画地图留给其他知青。如果此路走通,许多知青将按此路线翻越高黎贡山回家。为了应对复杂路况,他们三人做了依托芭蕉树干和背包带泅渡江河的实验,甚至还请一位算命先生卜卦问凶吉。虽然他们得到此行不吉利的凶卦,却未能阻止回家心切的三位知青的壮士断腕决心。他们仍然义无反顾地做行前准备。

1969年9月12日,三个人带六个军用背包和简单生活品,一斤半饼干,离开陇川踏上命运多舛的不归路。第四天一早,他们与专程前来送行的同学们告别,似有预感的同学一再劝他们放弃,但是去意已决的三位知青与同学告别,继续向大山进发。第五天,他们进入高黎贡山的地界,第六天下午四点左右抵达山顶,遇到几位采药人,向他们咨询路线,得到确定的答复。

尽管他们还未进入高黎贡山的密林深处,但是已经能看到山脚下的怒江。天渐渐黑下来,本来就很不明显的山间小路被茂密的山草遮蔽,他们迷路了。三人不得不在一个石块处歇下来。施子杰曾提议折返回去,找采药人住一夜再说。但是吴先明提出没有必要。第七天天刚亮,他们三人开始找路。前一天他们看到,只要越过眼前的山沟就可以找到对面山上的那条小路。但是当他们到达山下后却绕不出来,直到天黑都没有转出谷底。这时,下起小雨。他们又冷又饿中熬过一夜。

第八天,他们的食物吃完,已经到达忍受饥饿、寒冷、疲惫的生理极限。被困在原始森林里的他们感到不祥和恐惧。他们被迫决定返回,向采药人求援。直到深夜,他们才摸索着回到采药人的窝棚。因为下雨,采药人回去了。第九天早上,吴先明已经奄奄一息进入昏迷状态,丘林有气无力地说,无力回天了。此时,天已放晴,可以听到山脚下的水流声。几天没有喝到水的三人连尿都撒不出来。丘林叫口渴,但是谁也迈不开脚去找水。施子杰昏睡过去。当施子杰在下午四点多钟醒来时,不见丘林的身影。施呼叫丘林,听到丘回答说,"我去喝点水就回来。"但是到天黑也未见他回来。原来,丘林在离窝棚只有20米左右的地方永远地倒下了。

到了第十天（9月21日）,进入昏迷状况的施子杰不断地产生幻觉。下午时分,他隐约听到山上有人说话,就拼命地呼喊,终于得救。

出事以后,相关部门做出决定,一、立即救治伤者,送县医院治疗;二、就地安葬两位死者,通知家属,但不准来边疆探视,不准外传。在伤者施子杰住院期间,县军代表多次到医院,命令施不能将事件外泄。生产队也按上边的要求,不能向外讲。尽管此事当时知道的人不少,但是事件的影响却被控制在很小的范围,多年后已经被人淡忘。丘林和吴先明的墓地已无法找到。

6.5. 神奇的户口保留证

1961年,阿钟从广州第29中初中毕业[5]。他的父亲在中共建政前曾当过上海市一个警察分局的局长,1955年三反五反运动中被捕,坐了几年牢后被押解到青海劳改农场待了八年。由于家庭出身问题,阿钟考高中的试卷压根就没有评分,考卷上盖着一个鲜红的大印:"永不录取"。

阿钟隐约知道不能录取的原因,为了表示与家庭划清界线,为自己争取前途,自愿到广东的珠江农场务农。翌年,当局为了吸引城里的青年到农场去,特地给1961年的第一批知青补发户口保留证,讲明到农场锻炼四年。期满抽调回城。

---

5 本节基于以下参考资料：黄东汉（2020）。

珠江农场占地面积很大，3,000多人有耕地50,000多亩，平均每人要耕种十多亩地。农场有300多名知青，几乎全是家庭出身不好的。农场生活极其艰苦，农闲时每月放三天假，每天工作十多小时；农忙时没有假，每天工作达16至17小时。尽管艰苦，阿钟还是坚持下来了。他在劳动中表现积极，成为学生的标兵，并被吸收为预备团员。但是，由于出身问题，阿钟只能永远是预备团员，无法转正，最后团籍不了了之，阿钟意识到他的家庭出身又一次影响了他。既然这辈子入党入团无望，倒不如全心全意搞回城算了，反正四年也快到了。

1964年，农场开始四清运动。首先进行阶级成分排队，阿钟与其他家庭出身不好的人成了重点打击对象。每天晚上开会学习，他都要自我检查，常被作为批判对象，阿钟初来时抱有的满腔热情在四清运动消失殆尽。1965年底，他们这批1961年来的知青四年期已满。四年来艰苦的劳动和生活，以及紧张的政治气氛令他们产生了离心。这批知青怀中揣着户口保留证。阿钟约了80多名知青向农场申请，要求按政策让他们回城并安排工作。

当时四清运动正如火如荼地进行中，工作组立即对要求回城的知青进行打击。阿钟是领头人之一，成为重点打击的对象。在高压下，有人甚至绝食，有人被五花大绑，有人被拳打脚踢。斗争进行了几个月，80多位知青被分化得只剩下十多人。然而，这十多位知青不屈服，不断地到省农垦局、劳动局申诉，他们手中的户口保留证让当局理屈词穷。省里终于发文，同意他们返城。1961年下乡的知青是幸运的。后来几批虽然也有户口保留证，但是遇到文革，这些证件成了废纸。

6.6. 八仙过海的病退风潮

所谓病退指的是，因病退回原籍城市[6]。政策明确规定某些重大疾病为病退理由，例如肺结核、癌症、高血压、心脏病、严重胃病、

---

6 本节基于以下参考资料：李志圣（2019）。

肾病等。俗话说，上有政策下有对策。当时知青中流传的民谣唱道，医院大门是通往回城的胜利路，医生是知青的大救星。

刚兴起办病退时，最流行的办法是"肺穿孔"。操作极为方便，弄点香烟锡箔贴在背心上，X-光机一照就是一个洞。不过这一套用多就不灵了。医生只要把知青多照几个方向，马上露馅。再后来就是制造高血压，操作也不复杂。量血压时臀部微微离座，双腿呈马步半蹲暗自发力，脸上却装着若无其事。不过，医院很快采取措施，只要知青查血压，就让知青躺着量。又有一阵时兴肾炎。一滴血、两滴蛋清、半瓶尿，摇晃均匀，医生很难发现造假。制造胃溃疡，只要前一天吃点猪血即可。

内蒙有一位知青小伙子到医院找大夫，说自己得的是肺结核，量体温时，他用香烟将体温表烤一下。做胸透时，他在胸部贴放一个毛的像章，自然出现阴影。医生摸摸他的头说，你这是假的、骗人的。这位知青当场给医生跪下。医生看他可怜，答应放他一马，不将此事声张。

随着时间的推移，有的知青采取非常手段达到回城目的。内蒙的饮马农场有位知青到师部的中心医院，腰间插了把刀子。大夫问他哪里有毛病，他用手指指。大夫伸手一摸，立即明白是怎么回事，二话没说给他开病退证明，走人！

病退兴起的原因是腐败。那些口头上喊着"革命到底"的人，那些有家庭背景的人，一个个寻找各种借口或机会开溜了。他们或者招工，或者招兵，或者上大学，或者进机关。无依无靠的知青看不到前途、看不到希望，他们只有一条路，这就是回家。而回家最正当的理由是病退。

当时搞病退的办法多种多样，但是大多是采取自残的方式。当时如有肝炎可回上海，为了能得到肝功能不正常的检验报告，很多人挖空心思。有两位分别叫作"老白"和"眼镜"的上海人，他们听说化验前一天多吃肥肉多喝白酒，整夜不睡觉可以使GBT超标。他们买了一斤半劣质白酒，四斤肥肉，打牌打到天亮，结果第二天化验结果正常。

有位绰号叫"老枪"的上海知青，听说吃麻黄素可以测得高血压，在去医院检查前一天连吃了十粒。吃完没多久药性发作,他感觉天旋地转,头晕眼黑,坚持着做完检查,艰难地借着路边的电线杆,一步步地回到家。"老枪"为此在家躺了三天。不幸的是,他真的患上了心脏病,最后被批准病退回到上海。

1969年,昆明知青李志圣下放到云南的陇川县插队。近七年后,大多数知青都被招工离开农村。他尽管曾是先进集体的代表,招工上调却与他无缘,原因是他的家庭出身。他属于黑崽子一类,其父当时正在受审查。李曾希望通过自我教育、自我改造,洗刷掉黑崽子的烙印,希望能在"重在政治表现"的政策中得到解脱。然而事实证明,这只是一个无望的奢想。

李志圣决心不再任人摆布,用自己的办法返城回到昆明。他患有肾结石,曾于1974年在昆明的大医院经B超诊断。此病平时不发作,没有任何临床表现,尿中也不会出现肾炎症状。在同学的帮助下,他把昆明的几家大医院的病情证明经过处理进行改写,以适合病退的要求。这是无奈之举,这些医院的证明可以作为参考,这是他唯一的回城的办法。1975年3月,李赶赴县医院体检,作小便化验,争取能获得病退证明。

李的同学告诉他,用针在手指上刺破出血,然后在小便里浸涮一下,红细胞会留在小便里。但是李不敢尝试这一方法,他担心如果掌握不住分量,过多的红细胞反而会弄巧成拙。在去医院的路上,李志圣自作聪明地采用一个笨方法。当时气温高达40℃,李坚持不喝一口水,想通过在公路上干渴的奔波,使体内肾壁与结石进行摩擦,在小便内产生红血球。(当然,这是医盲的幼稚想法。)

经过六个多小时的煎熬,他口干舌燥、嘴唇破裂、腹中空空,终于来到县医院。由于缺水,他根本排不出小便化验,费了九牛二虎之力才滴下小半管小便。为此,他差一点虚脱。化验出来了,他的小便里果然有红细胞。化验医生对他不错,一个+号多一点,给他写上了两个+号。李把在昆明大医院开的经过改写的化验单和证明,连同此次在县医院开的化验单交给了县再教育办公室(简称"再教办",有的地方叫"知青办")。

三天后,李接到公社转来的县再教育办的通知:到县再教办去办理回昆明手续。成功了！李成了肾炎病人，作为病残人员退回昆明。李回到昆明，到区里的再教办更换落户证明。接待他的工作人员是位和善的老者，很快为他办好证明。当李打开证明看时，惊呆了，一时语塞。因为这位老者开的介绍信写的是"家庭困难照顾"，而不是"病退"！

看到李吃惊的样子，老者慢声细语地说道，"知青的情况我了解，你那么大年龄，又是病残，找工作不容易啊。写成家庭困难照顾，对你求职会方便些。"顿了一下，老者淡淡地说道，"这事到此为止，不要再说了。"

看到周围的知青都在办病退，上海知青阿本着急了。可是他身体健壮如牛，如何使人相信呢？他想到了手骨骨折。阿本一咬牙一跺脚，决定自己弄断手臂骨。他把小臂裹上棉袖，打电线杆、敲桌边、用大门夹，弄得皮开肉绽，可是手臂骨仍然完好无缺。阿本只好请朋友阿基帮忙，让朋友用腿对着架空在两个方凳上的手臂用力蹬下去，站在五斗橱上从上面跳下来，都未能将他的手臂踩断。无奈之下，原本视力很好的阿本硬是带上高度近视眼镜，把自己变成一个近视眼患者才得以回城。

有一位家住武昌的男知青，因为家庭出身原因，女友在招工后抛弃了他。他一度伤心不已，变得忧郁寡言。痛定思痛后，他想通了，发誓一定要回城。他与哥哥和姐姐密谋，决定以女友背叛为由，装疯卖傻，求得一条逃生的道路。这一切还得瞒住他的母亲。他持久以恒的表演招致无数屈辱，母亲终日以泪洗面。他的背水一战的决心，置之死地而后生的心理素质使他经受住常人无法接受的挑战。他成功地回城了。但是，疯病还得装下去，他只好到家住河南的姐姐家，不知何时他能以正常人回到他的故乡武汉。

有位知青用尼龙线拴着铅片，用力吞进胃里，而把线头系在牙缝里。医生通过 X-光机看到胃里的铅影，大惊失色。医生悄悄地问这位知青，"你究竟吃了什么？告诉我，我保证给你保密，并开诊断。"这位知青惨然一笑，解开牙缝里的线头，拽出一块带血的铅片。医生难过地低下头，流下了眼泪，动情地说，"假如线断，你就没命了！"

除了用自残的方式，还有知青用聪明的方法办病退。小龙的方法有点特殊。病退回上海的条件之一是：不适合农村劳动与生活的疾病。小龙想到以梦游症办回城的方法。因为得这种病在农村很可能半夜梦游，掉进河里、沟里、甚至粪坑里出危险。这种病无法查出来，只有靠病人自述，需要大量的证人。小龙开始从学校到里弄，从上海到江西，从个人到集体，从小队到公社，从知青到老俵，收集证词。就这样，收集到的厚厚的材料最终将小龙送回了上海。此法真是兵不血刃。

还有更绝的方法办病退：自造胃出血。当时居委会的证明在胃出血病退中起重要作用。一位绰号叫"小东西"的知青通过胃出血病办病退。他在当地卫生院和县医院弄了化验单，编造了病历。在上海的医院搞了胃出血三个+号。"小东西"将材料送到街道知青办，但是久久不见批复。一了解，是居委会的调查材料没有报上来。"小东西"的母亲多次催促不见效果，想出奇招应对。她将吃鸡血后的大便装进痰盂端到居委会主任家汇报，而且专拣主任全家吃饭的时候去汇报。此招果然见效，没多久病退的通知就办下来了。

有一位绰号叫顺子的男知青，运气就没那么好。他家庭出身不好，下乡四年一直招工无望，决定办病退。他略会点篆刻，私刻武汉医院和县医院的公章，盖在病退证明上，结果被人识破，交给公检法处理。由于顺子出身"反动旧军官"，本人私刻公章，破坏毛的战略部署，抗拒上山下乡，被判三年有期徒刑，监外执行，在生产队监督劳动。公社召开现场批斗会，全公社知青代表参加了大会。知青们低着头心里不好受，私刻公章不就是为了回武汉。会场气氛好不凄凉。

不幸中的幸事，队里有位姑娘一直暗恋着顺子却羞于启齿。顺子成为改造犯，姑娘认为机会来了，便对顺子表达爱意。顺子接受了，但是姑娘的同族长辈坚决反对。原来他们同姓，按名字他们的辈分是姑侄关系，尽管顺子和姑娘没有任何血缘关系。最后区知青办出面，把他们发配到一个人烟稀少、自然环境差、劳动强度大、工分低的地方。顺子义无反顾地携着爱人去了。他料定此生难有出头之日，只能死心塌地扎根农村。

有资料表明，据不完全统计，在 1972~1978 年间，搞病退的知青幸运地、执着地突破各级医院层层拦截，各级革委会的处处设防，有 130 多万知青病退回家。真真假假、假假真真、浩浩荡荡、理直气壮返回了原本是他们的城市。这场以个体为单位的催人泪下的大返城直到 1978 年底云南知青掀起群体性大返城才告结束。

6.7. 广东知青大逃港

广东民众大规模逃港发生过三次[7]，第一次发生在 1957 年，第二次发生在 1962 年，第三次则是由知青唱主角，发生在 1972 至 1974 年间。前两次逃港，当地民众习惯上称为"督卒"，第三次则称为"起锚"。当局对广东知青大量偷渡逃港的历史讳莫如深，当年的知青逃港者谈论此事的也并不多见，只是到了近年，才有学者挖掘这一史实，使真相浮出水面。有学者指出，中国的知青史，如果缺了广东知青的"大起锚"就不完整。

前两次逃港相对容易些，走过罗湖桥、文锦渡、沙头角等地即可进入香港。尤其是 1962 年的大逃港，主角是广东各地饥饿的农民。他们扶老携幼，成群结队。由于人数众多，又都是饥民，沿途军警对他们睁一眼，闭一眼。但是，第三次的知青逃港却艰难得多，因为知青首先需要逃出无产阶级专政的天罗地网。具体线路有三：（1）西路是水路，需要泅渡深圳湾；（2）中路是陆路，翻越铁丝网或跨过深圳河；（3）东路也是水路，需要泅渡大鹏湾。三条线路均充满危险，西路的深圳湾有漩涡，人进入漩涡会被卷入水底，无生存可能。如果遇上退潮，起锚者易被潮水带入伶仃湾，这是有去无回的不归路。陆路边防最严密，沿途是配有现代化感应设备的铁丝网，流动哨、潜伏哨林立，民兵和警犬无处不在。此路被当局称为蚊虫都飞不过的边防。东路最危险，海湾中常有鲨鱼出现，退潮时起锚者易被水流带入大洋，一旦进入大洋，必死无疑。由于此路最危险，边防也稍松一些。

当年为了堵截起锚者，从东莞县与宝安县的交界处起，当局建起多道封锁线，路路设卡，村村设防，军人、警察、民兵、当地百姓和

---

[7] 本节叙述基于以下参考资料：李建中（2013），黄东汉（2013），阿陀（2013）。

警犬组成全民全方位的专政铁墙。这些措施迫使起锚者自进入宝安县后，只能在夜间翻山越岭。他们地形不熟，依靠简单的地图和指南针，白天躲在丛林、草丛中，受蚊虫、蚁群叮咬之苦，夜间依靠微弱的星光在草丛、荆棘中行走。除了当心蛇蝎攻击，他们更要提防巡查人员，一个晚上走不了几里路。几十里的路程，开车只需几十分钟，起锚者却要走上七八天，甚至更长。

逃港在当年是叛国投敌罪，一旦被抓，起锚者首先会被关进"大仓"（专门关押逃港者的拘留所）。"大仓"的标准伙食是一天四两米饭。半个月下来，人会瘦一圈，还要开批斗会，写检查和悔过书，然后送回原单位。送往农场的起锚者会吃很多苦头，十有八九会挨打、受批斗。对于逃港失败被抓的起锚者来说，从被抓开始，他们自动成为新的阶级敌人，新的专政对象，今后入团、入党、提干、回城、升学、招工等好事将永远没有他们的份。在今后的日子里，在新的运动中，他们将被不断地挨斗。为了前途，他们必须不断地起锚下去，直到成功为止。

逃港是生死考验，是人性善恶的考验。有一对周姓姐弟，姐姐身材纤瘦，弟弟略胖。1973年夏季的一个黄昏，两人千辛万苦来到后海湾的海边。当晚正好有台风登陆，海面上波涛汹涌，姐弟俩不敢此时渡海，只能躲在海边红树林水中。为了不被大浪冲散，他们用一条长绳连在一起。夜里风浪越来越大，山一般的大浪把姐姐无数次地抛起，弟弟一手抓住红树林，一手死死地拉住拴着姐姐的绳子不放。即使大浪把他吞噬，他也决不放手，一次又一次地把姐姐拉回身边。和大浪搏斗了一夜的姐弟终于捱到天明，台风渐渐远去，海面平静一些。但是他们白天不能行动，只能在水里继续浸泡。晚上，在水里浸泡了一天一夜，又冷又饿的姐弟开始泅渡。泳术较好、身材瘦小的姐姐游得快，泳技较差的弟弟游得慢。弟弟体力不支，几次沉下去，但是姐姐决不放手。虽然她知道，如果不解开绳子，他们俩可能会同归于尽。在危难中，姐姐没有放弃弟弟，她一次又一次地把弟弟拉回身边。最后他们胜利了。天明时，精疲力竭的姐姐把奄奄一息的弟弟拖出大海，爬上香港的沙滩。他们生死一绳牵的事迹在起锚者中广为流传，成为大家的美谈。

起锚也制造很多机会让情侣更加认清对方是否可靠。起锚缔造了不少美满姻缘。郑君长得秀美，因为家庭出身不好，下放到农村，所在地离香港较远。她为了起锚方便，通过友人认识了离封锁线较近的沈君。两人谈好条件，实行假结婚，登记后郑女名正言顺地搬到沈君那里准备起锚。假结婚几个月后，他们出发了。当他们历经艰辛到达海边时，正好遇到搜山，他们在慌乱中手拉着手跑了很久。郑君实在跑不动了，眼看就要一齐被抓到。在这紧要关头，沈君对她说，"我知道你不爱我，但不要紧。我出去引开他们，以后的路你只好自己走了。"说完，沈君从躲藏的地方跑出来，把追兵引开，很快被捕。他的壮举感动了郑君。后来她遇到另一组起锚的知青，顺利到达香港。郑君在香港对友人说，"他（沈）来不了，我等他。他来了，我跟他过一辈子。"几个月后，沈君也来了，郑君没有失言。现在他们在美国，儿女成群，事业有成。

有一位游泳高手，带着体质孱弱的女友经过一个星期的艰苦跋涉来到海边。女友不会游泳，只能抱着一个球胆。他用一根绳子捆着女友的腰部，然后用脖子拖着女友在波浪中向前游。如果没有女友的拖累，这位高手完全可以在三个小时内横渡大鹏湾。然而，拖着一个不会游泳的女友，阻力大很多。由于被海流冲离原来的目标，这位高手硬是花了十个小时才在天明时靠近海滩。快上岸时，这位高手终因体力透支，口吐白沫虚脱昏迷过去。上岸时，反倒是女友扶着他爬上岸。高手的脖子因为与绳子摩擦过度，颈骨都露出了来。经过生死与共的考验，他们终成眷属共度余生。

昔日的逃港者在当时的高压政策下，能保持独立的思想，独立的人格和个人理想。他们在强大的宣传机器下，心中并不盲从附和。他们必须具备视死如归，百折不挠的勇气。逃港成功，除了运气和勇气外，还需要清醒的头脑和缜密的心思，要善于从别人和自己的失败中吸取经验教训。他们十分清楚，成功是留给有准备的用脑之人。

阿威的爷爷是建政前广州有名的资本家。这样的家庭背景注定他日后成为狗崽子的身份。1968年11月，阿威被下放到海南岛的农场。1973年，阿威眼见着招工、上学、提干、回城无望，以探家为由回广州准备起锚。与其他起锚者一样，他的出逃其实并没有政治目的，只是为了个人的前途。只是到后来渐渐明白，他们冒死逃港与当年东欧人逃向西方，东德人翻越柏林墙一样，是投奔自由。

回到广州后，与所有准备起锚的知青一样，阿威首先做身体训练。经过一年多的训练，原本就会游泳的阿威成为顶尖高手。至于走哪条路线起锚，阿威有一个大胆新奇而又别出心裁的计划。当时已是1974年，如果走别人的老路，必然拦截多，失败的可能也大。阿威决定走一条前人没有走过的路。如果成功，他的新路线也好为后人开辟一条新通道。他认为，自己水性好，只要计算好水流，他可以在广州附近下水，随江水游出珠江口，中途只需在岸边躲一天，运气好的话，第二或第三晚即可游到香港。

1974年5月3日，阿威单枪匹马地出发了。他先到妹妹下乡插队的番禺县石楼区的一条村，在众目睽睽之下向珠江边走去，开始了他的第一次起锚。那个地方离香港实在太远，没有人想到他的目的地竟然是香港。尽管他在内河游过多次，但是那都是在日间，此时他慢慢体会到夜游的恐怖。如果有人做伴，可以相互壮胆。漂流了一夜，阿威来到珠江口的下横档岛。按原订计划，阿威爬上岛躲起来。这一晚阿威奇迹般地单独漂游了30多公里。但阿威很快被作为美蒋特务抓了起来。他躲藏的地方在珠江口，正对着虎门炮台，是军事禁区。

被关在收容所的阿威利用机会，向志同道合的起锚者取经，认真听别人的经历。当他被转到佛山收容所后，看守人员故意把关押的起锚者放掉，阿威侥幸成功逃脱。这说明，当时的广东地区并非铁板一块，并非所有的人都把起锚者看成是叛国投敌，很多人对他们还是有同情心的。

回到广州后，阿威开始准备第二次起锚。他已经没有退路了，这辈子只有一直起锚下去。如果放弃，他回海南的日子肯定不好过。他找到潘君，准备一同起锚。通过分析，他们认为原路线是可行的，上次失败只是运气不好。

一个月后，他们出发了，阿威开始了他的第二次征程。天明之前他们抵达下横档岛。吸取上次的教训，他们一上岛立即爬到高处，躲在茂密的草丛中。火热的太阳直晒下来，草丛中各种昆虫和蚂蚁在他们身上乱爬，弄得他们奇痒无比，但是他们不敢动弹。他们等到天黑退潮后下水，继续向香港游去。不幸的是，由于时机不利，他们在天亮前只好在珠江口外的一个海滩上停留。两人站在齐膝深的泥淖里，周围是锋利的蚝块，稍不留神就会被割伤。岸上有人看到他们，懒得下来抓他们。这儿离香港很远，岸上的人认为他们跑不了。晚上，他们下水游向伶仃洋。他们在珠江口外的洋面上挣扎了几个小时，到天亮还在海面上，第二次起锚又失败了。

　　阿威总结两次失败的教训，打消了长距离游到香港的念头，改为划船。阿威找到四位同伴，其中两人已经是广州的工人，而且并非黑五类出身。他们一听说要去香港，冒着如果失败回来肯定挨斗的风险，毫不犹豫地加入他们的团队，可见当时中国南方的民众逃亡之风多么昌盛。1974年10月，他们一行五人偷了一条小船出发了。半夜刚过，他们就到了珠江口。谁知，他们遇到台风，不得不躲到一个灯塔下的礁石上。两天两夜的狂风暴雨没有淋熄这群人心中的向往自由之火。台风过去后，他们又趁黑出发。但是由于台风的余威，他们费了九牛二虎之力，却离香港越来越远。五个人不得不登上一座小岛，很快被解放军抓获。不幸中的万幸，如果他们不登岛，会被冲进大洋，葬身鱼腹。

　　等到阿威历经千辛万苦回到家中时，已经到了1974年12月。香港政府改变政策，逃亡者要进入市区才算成功，难度加大了。阿威决定改走陆路，与另一个同伴坐船到达惠州。为避免怀疑，他们声东击西，上岸后向东面的汕头方向走，而不是向南径直去香港。直到晚上9点左右，看到四处无人，他们才乘着夜色爬上附近的山头，改变方向往香港方向潜行。他们一共走了25天，直线行程约100公里。他们经过的每一个村庄、每一条公路对他们来说都是一道防线，他们处在人民战争的汪洋大海之中。他们所经历的围追堵截堪比当年中共红军的两万五千里长征。红军当时还有武器可以自卫，而起锚者们手无寸铁，只能四处躲避。精疲力竭的他们在第25天下海向香港游去。在水中，他们俩由于体力不支多次出现幻觉，几近昏迷。所幸的是，死神与他们擦肩而过，经过五个小时的殊死搏斗，他们终于艰难地爬上香港的海滩。在友人的帮助下他们成功地进入市区，偷渡终于成功。阿威后来获得MBA学位，成为一位成功人士。

迄今为止，对广东知青参加逃港人数、成功人数及死亡人数还没有准确的统计，也许具体数字将永远是个谜。阿陀（2013）对广州的培英中学进行过调查。该校当时有 29 个班级，约 1,400 名学生，其中约有 1,000 名学生上山下乡。对十个班级进行的随机调查发现，有 71 人参加过偷渡，成功者有 54 人，确切的死亡人数是六人，几乎每班都有数名下乡同学失联失踪，是否因为偷渡，生死如何，均不得而知。假设全校各班人数基本相同，按十个班级约有 345 人下乡的情况推算，那么我们有 95% 的把握得出以下结论（具体计算请参见附录 9）：全校约有 206 人参加偷渡（172~243 人之间），成功到达香港人数约 157 人（127~191 人之间），死亡人数约为 17 人（9~33 人之间）。换言之，约有 20.6%（1,000 名下乡知青中有 206 人）的下乡知青参加过偷渡。以上参加偷渡和死亡人数是最保守估计，因为偷渡是在暗中进行，有些人失败后悄悄返回，无人知晓。几乎所有的失踪者都是生不见人，死不见尸，只有部分能通过家人判断为死亡。因此实际的偷渡和死亡人数应该更多。

逃港是人民对一种社会制度义无反顾的否定和扬弃，是对西方民主制度出自本能的认同和追求。开放是执政党对自身制度的检讨和部分否定，是对西方社会制度的部分认同和学习吸收。上世纪 70 年代前期广东知青偷渡潮是持续 30 多年的百万广东人民大偷渡历史中的一个片段。人民前赴后继用生命抗争，最终迫使当局做出让步，顺应时代潮流，打开国门。逃港知青称不上英雄，他们是社会底层的卑贱者，是平民百姓。但是他们为了追求个人幸福，不惜以命相搏的坚强意志，正是我们这个渐行委顿的民族所缺乏的精神资源。他们是历史的先行者。

6.8. 知青血洒异国他乡

中国的文革风暴曾席卷东南亚，导致该地区各国掀起反华浪潮[8]。1968 年初，沉寂十多年的缅甸共产党借势而起，在中缅边境扩

---

8 本节基于以下参考资料：博天德（2019），钱理群（2016）。

大地盘，占山为王。中国的知青上山下乡运动与缅共的发展在时间上恰好重合。1968年底至1969年，云南省除本省的知青外，还接纳了大批来自北京、上海、四川等地的知青。

知青到边疆后，面朝黄土背对天，日复一日地进行着原始而又枯燥的劳动，过着缺粮少菜的艰苦生活，心理落差可想而知。当他们目睹国境线对面的缅共人民军如火如荼的发展，怎能不动心？尤其是那些家庭出身是黑五类的知青，自视这辈子在国内不可能再有任何出路，面对跨界便能达到世界革命前线的机会，他们不由得产生寻找改变自己命运机会的想法。于是，无数怀抱革命激情或为了寻找出路的知青，卷入输出革命的浪潮之中。

孟古河是划分中缅边界的一条小溪，宽不过十米，脱了鞋卷起裤腿就能涉水过河，投身缅共的中国知青大多在此河过境。当时在缅共新兵队里，没有一个缅甸人，都是中国知青，缅共人民军中曾有一个由知青组成的"知青旅"。到底有多少人跨过孟古河奔赴缅甸战场，无人统计过。

据一位曾进入缅共高层的知青回忆录记载，从1969到1970年间出境，参加缅共人民军的昆明知青就多达3,000多人。此外还有来自北京、上海、重庆和四川的知青，总数达万人以上。有一位征兵站的干部回忆说，最多的一天曾经创造过日接待中国知青600人的纪录。另据一份非官方材料透露，仅下乡高潮的1969年5月至8月间，越过国境线参加缅共的中国知青就达数千人。

随着中国知青的大量涌入，缅共进入革命的高潮时期，中国知青在缅共的斗争史中谱写了无数可歌可泣的篇章。北京四中学生张育海具有一定的代表性，他是红卫兵知青在困惑中从他们想象中的世界革命里寻求出路的悲壮代表。1968至1969年，尽管大多数红卫兵已经成为知青，但是他们中的许多人依然心存红卫兵情结，念念不忘红卫兵运动向何处去。一批激进的红卫兵将视线转向世界革命，他们把输出革命作为红卫兵的出路。1969年5月，一支知青队伍从盈江小平原出发，像滚雪球一样队伍越聚越大。他们讨论着红卫兵运动的方向，最后的决定是：越境参加缅共游击队。

这些红卫兵知青冲动、浮躁、渴望奉献、自我升华，带着政治幻想，期望从运动困境中解脱。他们带着红卫兵运动终结时的政治梦想，对文革现实环境的焦虑和拒绝，却又充满浪漫主义的美妙憧憬。张育海在缅甸作战牺牲时年仅21岁，他的死是被误导、被利用，还是令人惋惜的为理想献身，也许两者皆有之。

昆明21中知青王曦代表另一部分中国知青。1970年5月19日，这一天正是他20岁的生日。他来到缅甸，穿上与解放军相似的绿军装，扛起半自动步枪，告别倍受压抑的过去，成为一名国际主义战士。

王曦的父亲、奶奶和弟弟被遣送到滇南的农村。父亲顶着"国民党特务、中美合作所刽子手"的帽子。他的一家七口人，有四口被遣送下农村。王曦申请迁到父亲那里，为的是把1969年终分得的几百斤口粮用来救济父亲，否则他们就会饿死。王曦在农村没待多久就逃回昆明，因为农村里他们隔三岔五地被批斗，他只能不辞而别，寻找活路。黑五类子弟求学无路，报国无门，生存无计，到哪里都低人一等，似乎只有战死沙场，才能一雪前耻。缅共知青中像王曦这种情况极为普遍。王曦在他的日记中写道："我们能走上这条路也是不幸中的万幸。在当时无路可走的情况下，这是一条光明大道，参加缅共最大的好处是不讲出身，基本没有阶级歧视。"这是王曦和众多中国知青义无反顾地加入缅共的重要原因之一。

1971年底开始，国内的政策有所松动，招工、当兵、上大学、回城风渐起，云南知青开始寻找新的人生之路。老知青们隔着边界向王曦一行人喊道，"替别人当炮灰的同胞们，赶快回头吧，我们有救了。"那段时间，许多还活着的知青战友争先恐后地逃回云南。如果不是因为家庭出身的问题，王曦多半也会回国。但是促使他和百余名坚定分子留下的一个重要原因是，他们在这片土地上实现了人生价值。王曦凭着勇敢荣立二等功，一年后加入缅共并提了干，从战士一路升迁，历任连指导员、042部队政委、68师教导队主任、68师保卫处长，成为营级军官。这在国内是不可想象的。

另一名昆明知青康国华于1970年5月参加缅共人民军，他希冀靠浴血奋战改变自己黑五类子女的命运。他因为家庭出身不好，不能进入云南建设兵团，只能去云南的腾冲农村插队，挣工分。当听说缅共招兵不问出身时,他毫不犹豫地参了军。在一次战斗中,他失去了双眼。由于作战勇敢,他荣立一等功,成为缅共东北军区的战斗英雄。缅共副主席亲自到医院看望,称他为中国的保尔·柯察金。康国华最终成为旅级军官。

当1989年最后一位中国知青怀着壮志未酬的心情,拖着饱受战火创伤的肢体回国时,这场历经20年的中国知青与缅共结合的战争结束了。由于缅共的失败,中国知青改变自身命运的梦想彻底破灭,落得竹篮打水一场空的下场。王曦和康国华相继回国,由于政策变化,他们在缅共的光荣历史并未给他们带来任何益处。他们成为低保人员,晚年生活凄凉。但是,相比无数战死在缅甸战场的中国知青,他们俩算是幸运的。

历史不会忘记当年在缅甸为全人类"解放"抛头颅、洒热血、埋葬于丛林中的上千名中国知青。他们慷慨地献出宝贵生命,客死异国他乡,究竟为了什么,值得后人深思。

第7章

劫后余生：返城和返城后

从1979年2月云南知青大返城开始到1980年底，全国约有80万农场知青返回各自的城市。在此数月前，《第二次全国知青工作会议》还提出要继续坚持知青上山下乡运动，而此时已经成为不可能。各省的"知青办"再也不能以反修防修、接受贫下中农再教育的说辞，宣传动员知青上山下乡了。打着革命旗号的谎言已经没有任何说服力，知青大返城的潮流犹如汹涌的洪水势不可挡。

7.1. 返城时间表

前面章节已经谈到，知青大返城的抗争早就开始，只是不断地受到打压未成规模。受访者中最早的返城发生在1958年，一位1936年出生的女知青，于1958年1月被迫下乡到四川省的荣县，同年11月因病返回城里。受访者中还有一位上海某纺织厂的厂级干部，因1962年工厂关闭，暂时回到上海浦东老家，1964年赴广西南宁，成为当地一家工厂的领导干部。表7.1是受访者的返城时间表：

表7.1. 受访者返城时间表

返城时间	人数
1958-1969	16
1970	106
1971	270
1972	252
1973	163
1974	191
1975	266
1976	227

返城时间	人数
1977	201
1978	397
1979	268
1980	76
1981 及以后	197
合计	2,622

注：166 人未填写返城时间，26 人未回城。

图 7.1 是 1970 至 1980 间受访者返城人数。

图 7.1. 受访者返城人数（1970-1980 年）

如表 7.1 和图 7.1 所示，受访者返城一直持续不断，有三个高峰，第一个高峰是 1971 年，第二个高峰是 1975 年，最大的高峰是 1978 年。1980 年后，返城潮明显回落，除少数留守者，大多数受访者已回到自己的城市。各类受访者返城的时间有所不同，表 7.2 是各类受访者返城方式的时间表。

表 7.2 显示，顶职从 1969 年开始一直持续上升，1978 年达到高峰。招工、招兵从 1969 年开始，在 1971 至 1976 年间达到峰值，以后逐年下降。推荐上学始于 1970 终于 1976，在 1973 和 1974 两年间最多。通过高考离开农村主要发生在 1977 和 1978 两年间。病退、困退虽从 1958 年开始就已出现，但是真正的高潮是在 1978 和 1979

两年间。受访者中通过最后大返城浪潮回城的人数并不多，仅 170 人，不足受访者人数的十分之一。大多数受访者在大返城风潮来临之前已经通过各种途径离开农村。

表 7.2. 各类返城方式的时间表

返城类别	时间	人数
顶职	1969-1977	45
	1978	22
	1979	53
	1980-1997	19
	合计	139
招工、招兵	1969	6
	1970	88
	1971	221
	1972	125
	1973	37
	1974	47
	1975	132
	1976	102
	1977	53
	1978	52
	1979	33
	1980-1996	47
	合计	923
推荐上大中专院校	1970	3
	1971	8
	1972	53
	1973	80
	1974	77
	1975	49
	1976	24
	合计	294
考入大中专院校	1977	59
	1978	186
	1979	23
	1980	8
	1981-1993	12
	合计	288
病退、困退	1958-1970	9
	1971	12

返城类别	时间	人数
	1972	30
	1973	24
	1974	42
	1975	55
	1976	56
	1977	62
	1978	79
	1979	60
	1980	4
	1981-2013	14
	合计	443
最后大返城	1979	77
	1980	44
	1981	6
	1982	4
	1985-2002	39
	合计	170
其他 （如落实政策、调动）	1963-1970	14
	1971	26
	1972	32
	1973	16
	1974	22
	1975	21
	1976	30
	1977	21
	1978	58
	1979	22
	1980-2019	91
	合计	353

7.2. 返城方式

对各类返城进行比较，可以使我们更深刻地了解当时的社会[1]。首先，我们来讨论招工、招兵的各因素分析。

---

[1] 对数回归模型可以同时把对各类返城放入一个模型进行分析。但是这样做在解释结果时非常复杂，笔者决定还是分多个模型逐个分析。

图 7.2. 招工招兵返城的对数回归分析（N=2,245）

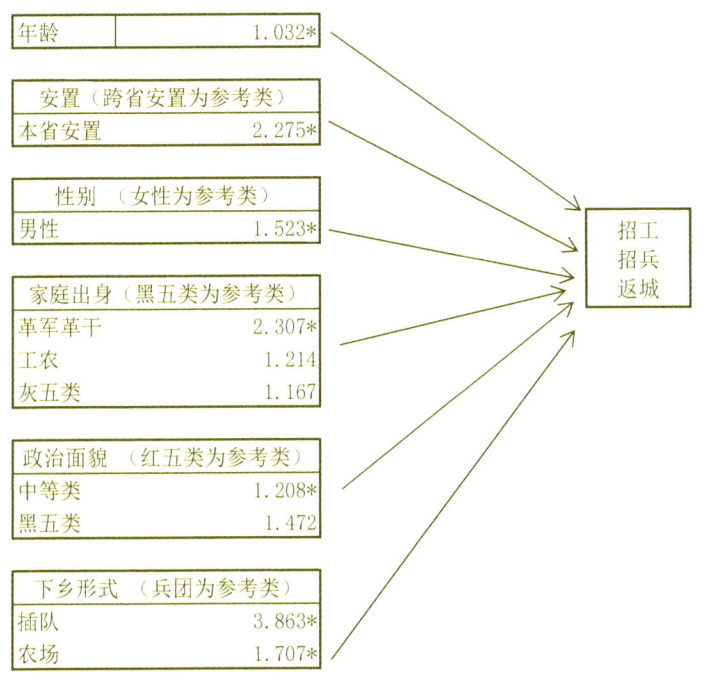

图 7.2 显示，在招工、招兵方面，男性占有优势，年龄越大越占优势，本省安置的受访者比跨省安置的更易得到青睐。政治面貌方面，中等类（即一般群众）较之于红类有些优势（比值比为 1.208），黑五类与红类间区别为弱显著（置信度为 88%），中等类与黑五类之间的区别并不显著（图中未列出参数）。换言之，三者的差距较小且渐进，中等类略优于黑五类，黑五类又略优于红类，只是在中等类与红类之间才显示出明显的差别。

家庭出身起着重要作用，革军革干子弟比黑五类出身的受访者占了优势（比值比为 2.307），与其他出身的子弟也占优势（比值比分别为 1.978, 1.900，图中未列出），该现象从某种角度证实了文革中走后门盛行的说法。工农子弟次于革军革干子弟，灰五类又次之，最受歧视的是黑五类，不过工农子弟、灰五类子弟和黑五类子弟之间无明显差别（参数的置信度均小于 90%，图中未列出）。换言之，在招工、招兵方面，家庭出身可分为两大群体，（1）革军革干子弟，

（2）其他子弟，前者享受着后者没有的优势。下乡的形式也起作用，插队受访者优于农场受访者（比值比 2.263，表中未列出），农场受访者又优于建设兵团受访者（比值比 1.707）。兵团因其严密的组织及本身相对优势条件，不易获得招工、招兵的机会。图 7.3 是推荐上大学的分析。

图 7.3. 推荐上大学的对数回归分析（N=2,245）

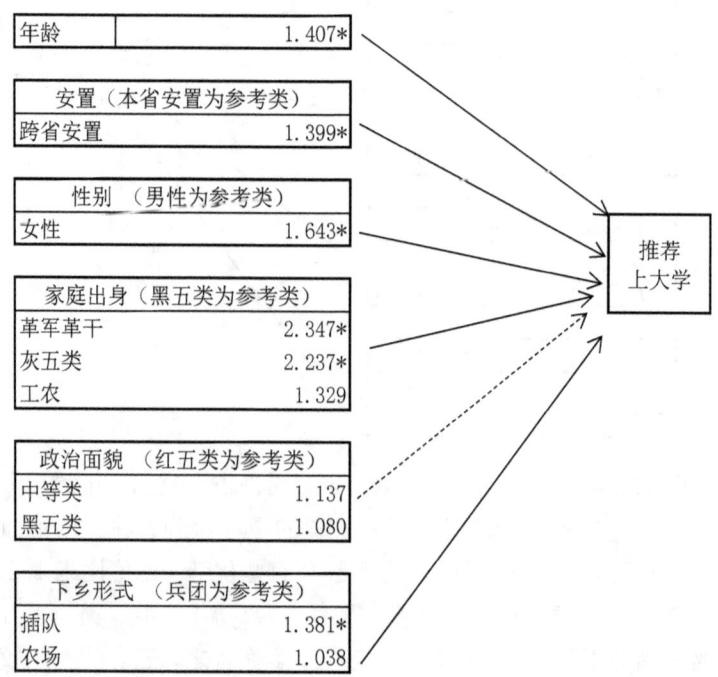

图 7.3 显示，在推荐上学方面，女性比男性占了优势，女性被推荐上学的概率更高些（比值比为 1.643），是否与走后门有关，有待进一步研究。年龄大和跨省安置的也易被推荐上学。革军革干和灰五类子弟比黑五类子弟占了优势，工农子弟和黑五类子弟相差不明显（置信度小于 90%，图中未列出），可以分为两大群体，（1）革军革干和灰五类子弟，他们之间不分伯仲；（1）工农与黑五类子弟，他们之间也不分彼此。两大群体之间的差异明显，家庭出身顺序如下：革军革干子弟最多，灰五类子弟稍次之，工农子弟明显次之，最后黑五类子弟再稍次之。这一现象与当时盛行的阶级路线和出身论

并不合拍，工农子弟理应好于灰五类子弟，原因有待进一步探讨。插队受访者比建设兵团受访者更易被推荐上学（比值比为1.381），但插队与农场受访者之间，农场与建设兵团受访者之间的差距却并不明显。图7.4是高考入学离开农村的情况分析。

图7.4. 高考上学的对数回归分析（N=2,245）

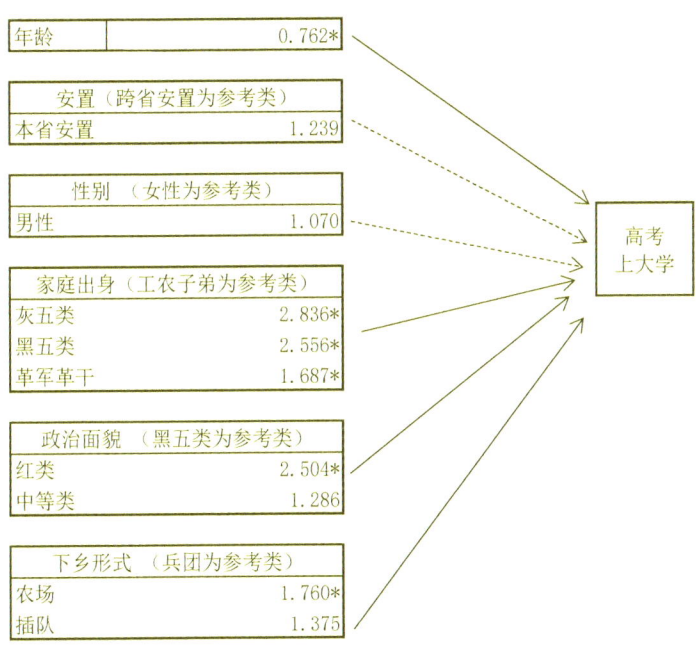

在通过高考离开农村方面，性别无显著差别，但是年龄小的受访者比年龄大的受访者在高考入学方面占优势，本省安置的受访者比跨省安置高考录取的人数更多些。家庭出身为非红五类（即灰五类和黑五类）在高考录取上优于红五类，其中工农子弟录取最低。按高考录取概率，可以分为三个群体，（1）灰五类、黑五类子弟，录取的人数最多，两者间无显著差别；（2）革军革干子弟次之；（3）工农子弟最低。三者间的差距近似等距，灰五类、黑五类相对于革军革干的比值比分别为1.681和1.515，后者相对于工农子弟的比值比为1.687（图中均未列出）。政治面貌红类比其他两类录取得更多。农场受访者明显优于建设兵团受访者，但是农场与插队，插队与建设兵团之间并无显著差别。

以上发现说明，1977年恢复的高考开始抛弃所谓的阶级路线，灰五类和黑五类子弟终于得以脱颖而出，以优异的成绩超越红五类子弟。红五类子弟中，革军革干子弟由于家庭条件优越，仍优于普通工农子弟。诚然，当时的政治禁忌并未完全打破，本人政治面貌属红类的仍占先机，优于一般群众和黑五类。

对比推荐入学和高考入学的情况，家庭出身的作用发生显著变化。按入学概率高低排列，推荐入学依次为（1）革军革干、灰五类；（2）工农、黑五类。但是，高考入学则为，（1）灰五类、黑五类；（2）革军革干；（3）工农。黑五类子弟一跃成为与灰五类并列的最高者，革军革干子弟从第一位跌入第三位，工农子弟则排在了末位。这一变化预示着血统论终于开始淡出中国的历史舞台，取而代之的是凭真才实学。图7.5是顶职离开农村的情况分析。

图7.5. 顶职回城的对数回归分析（N=2,245）

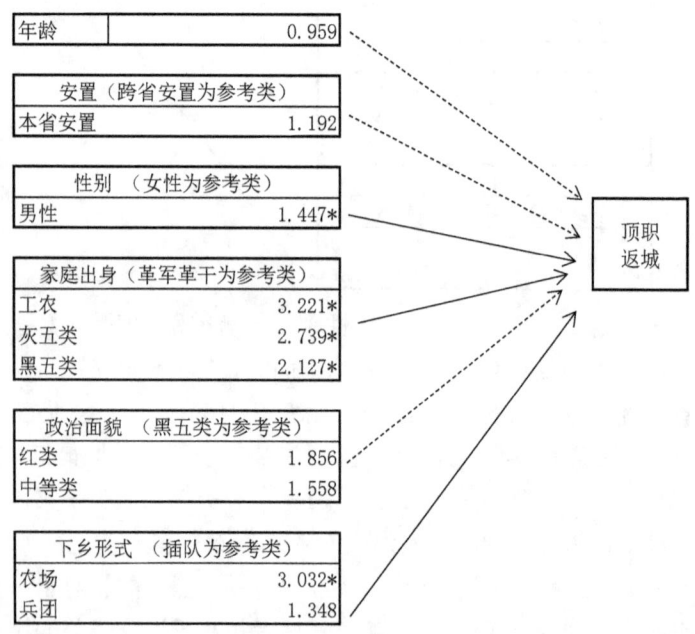

顶职回城的男性比女性多，可能与中国人的男尊女卑、传宗接代观念有关。一般家庭的父母离职，都会首先考虑让儿子顶职，女儿排在第二位考虑。年龄和跨省安置对顶职回城无显著影响。家庭出身对

顶职回城非常明显，按以下顺序递减：工农，灰五类，黑五类，革军革干。但是必须指出的是，前三者之间的差别却并不显著，可以分为两个群体，（1）工农、灰五类、黑五类子弟；（2）革军革干子弟；两大群体之间的差别显著。至于革军革干子弟顶职的概率明显小于其他出身的原因有三，（1）这些人的父辈的工作不宜顶替；（2）他们的父辈文革后大多官复原职，可以利用手中权力安排子女，不必像普通百姓那样通过顶职；（3）他们的父辈复职后，不会因子女轻易放弃令人垂涎的职位。政治面貌在顶职风潮中未起作用。农场受访者相对于插队顶职回城的更多。建设兵团与插队之间没有显著差别，但与农场有明显的差别（比值比为2.248，图中未显示），可以分为两大类，（1）农场；（2）建设兵团、插队；农场受访者比其他两类顶替的更多。病退、困退回城分析见图7.6。

图7.6. 病退、困退回城的对数回归分析（N=2,245）

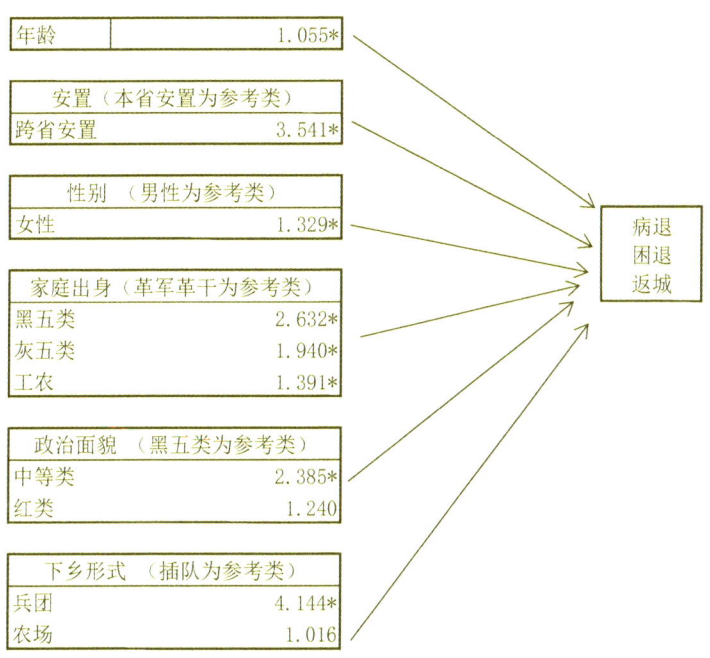

如图7.6所示，女性较之男性病退、困退的多，年龄越大病退、困退的也越多，跨省安置的较之本省安置的受访者病退、困退的也

多。家庭出身在病退、困退方面依序递减：黑五类、灰五类、工农子弟、革军革干子弟。四类之间的差别显著（置信度达到或超过 90%[2]）。黑五类和灰五类在没有其他门路可走的情况下，只好通过病退、困退的渠道达到回城的目的。政治面貌的作用也较明显，中等类采用病退、困退方法回城大大多于红类和黑五类。红类和黑五类之间没有明显区别（图中未显示）。如果说红类不屑采用病退、困退手段回城的话，黑五类则可能是不敢、不便、或不准采用此法回城。建设兵团受访者病退。困退回城的人数比农场和插队的多，后两者之间无显著差别。究其原因，可能的原因有二，（1）建设兵团管理较严，无法用其他方法回城；（2）建设兵团劳动强度高，对知青身体的伤害大。图 7.7 是随最后大返城潮流回城的情况。

图 7.7. 最后大返城的对数回归分析（N=2,245）

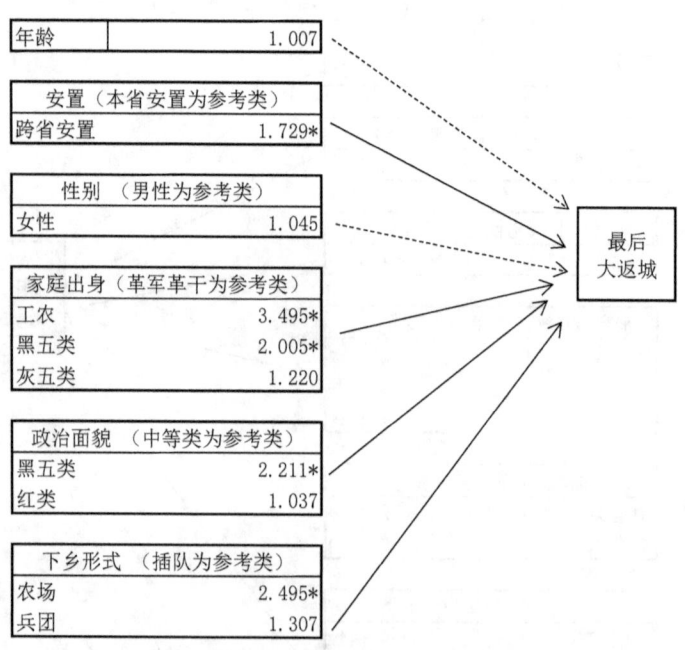

在最后大返城风潮中，性别和年龄无差别，但跨省安置的受访者多于本省安置的受访者。家庭出身依以下顺序递减，工农、黑五类、

---

2 黑五类与灰五类之间比值比为 1.357，置信度大于 89%。

灰五类、革军革干子弟。不过灰五类与革军革干的差别并不显著，可以分为三大群体，（1）工农子弟；（2）黑五类子弟；（3）灰五类和革军革干子弟。三大群体间的差别显著，工农与黑五类子弟之间的比值比为1.743，黑五类子弟与第三群体的比值比分别为1.643和2.005（图中未列出）。工农子弟的最后大返城概率最高可以理解，他们没有其他门路，只好在最后大返城中大显身手，黑五类子弟也是同样原因，他们一直被打入社会底层，没有任何门路和办法返城，搭上最后一班车是情理之中的事。灰五类子弟与革军革干子弟在大返城中同伍似乎有点出人预料，有待进一步研究，也许是因为他们通过上学和病退、困退途径离开农村更多。

农场受访者比建设兵团和插队受访者更多地依赖最后大返城风潮达到回城的目的。受访者可以分为两大群体：（1）农场受访者；（2）建设兵团和插队受访者。本人是黑五类的受访者通过最后大返城回城的比红类和一般群众多，这是预料之中的事。

7.3. 返城后就业

大返城风潮终于使上山下乡运动被迫画上句号。广大知青踏上在城中谋生的艰难道路。他们虽然回到故土，但物是人非，举步维艰。表7.3是受访者回城后的就业情况。

表7.3. 受访者回城后就业情况（N=2,481）

最后职业	人数	百分比（%）
工人	542	22%
下岗工人、无业	209	8%
科员、一般技术人员	769	31%
中小学教师	182	7%
大学教师、学者、研究人员	371	15%
领导干部	253	10%
下海经商	117	5%
出国发展	38	2%
合计	2,481	100%

注：另有341人未填写。

表 7.3 显示，约 30%的受访者最终职业属蓝领阶层（即工人），约有 43%属中层白领[3]，管理类白领（即领导干部）占 10%，学者类白领[4]约占 17%。研究影响四类职业归属的因素，有助于我们理解受访者的就业情况。回城方式对知青的就业有较大的影响，回归模型中增加了这一变量，具体分类如下：（1）招工、招兵为一类，称为"招工招兵返城类"，（2）推荐上学和高考入学为一类，称为"上学返城类"，（3）最后大返城为一类，称为"最后返城类"，（4）顶职、病退、困退、落实政策、婚姻、对调等为一类，称为"其他返城类"。图 7.8 是受访者就业蓝领工作的因素分析。

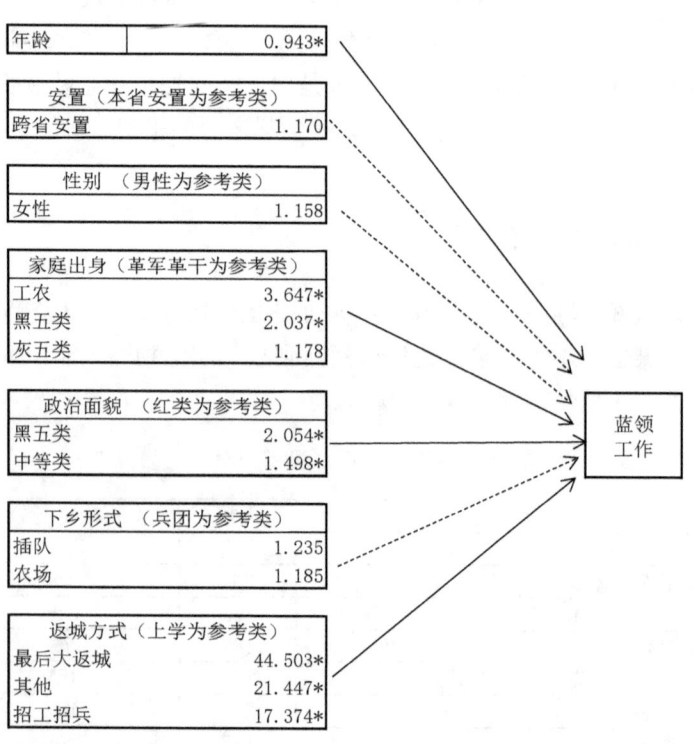

图 7.8. 回城后就业蓝领工作的对数回归分析（N=2,124）

---

[3] 根据对收集的数据进行分析，本书将以下人员归类为白领中层：科员、一般技术人员、中小学教师、经商者。

[4] 根据对收集的数据进行分析，本书将以下人员归类为学者类白领：大学教师、学者、研究人员、出国发展。出国发展的受访者均为工程师等高科技人员。

是否就业于蓝领工作，性别和跨省安置无显著差别，但是年龄有负增长影响，即年龄小的易于就业蓝领工作。家庭出身也有影响，革军革干子弟成为工人或下岗工人的可能性最小，工农子弟的可能性则最大，两者间的比值比是 3.647。家庭出身可以分为三个群体：(1) 工农子弟；(2) 黑五类子弟；(3) 灰五类和革军革干子弟。工农子弟最高，黑五类子弟次之，灰五类和革军革干最少，第三类的两者间差别并不显著（置信度小于 90%，图中未列出），三个群体间的差距是显著的。就业蓝领工作的情况，打破了中共建政以来一直推行的阶级路线，出身不好的灰五类、黑五类的待遇似乎开始得到改善，比红五类的工农子弟强。

下乡安置形式对就业蓝领工作没有影响，无论是建设兵团、农场或插队，受访者就业蓝领工作的可能性相差不大。政治面貌可以分为两大群体，(1) 红类；(2) 中等类的一般群众和黑五类。前者就业蓝领工作的可能小，后者与前者的比值比为 1.498 和 2.054，换言之，中等类的一般群众和黑五类比红类更有可能就业于蓝领工作。

各因素中影响最大的是返城方式，最后大返城的受访者成为蓝领工人阶层的概率最大，与上学返城受访者的比值比高达 44.503，其次是其他类返城的和招工招兵回城的受访者，他们之间的差别并不显著，但与另外两大群体的差距却很大。返城方式的影响可分为三大群体，(1) 最后返城类；(2) 招工招兵类和其他返城类；(3) 上学返城类。第一群体与第二群体间的比值比分别是 2.561 和 2.075，而第二群体与第三群体间的比值比分别为 17.374 和 21.447（图中未列出）。由此可见，上学返城的受访者就业蓝领工作的概率明显小于前两个群体。图 7.9 是就业中层白领的对数回归分析。

女性比男性更容易找到中层白领的职位，年龄大的比年龄小的也易于找到中层白领的工作，本省安置比跨省安置就业于中层白领的可能性稍大些。家庭出身的影响依然存在，工农子弟就业于中层白领的概率最低，黑五类子弟次之，革军革干子弟和灰五类子弟最高，虽然灰五类子弟比革军革干子弟略高些但并不显著（比值比为 1.035，置信度小于 90%，图中未列出）。

图 7.9. 回城后就业中层白领工作的对数回归分析（N=2,124）

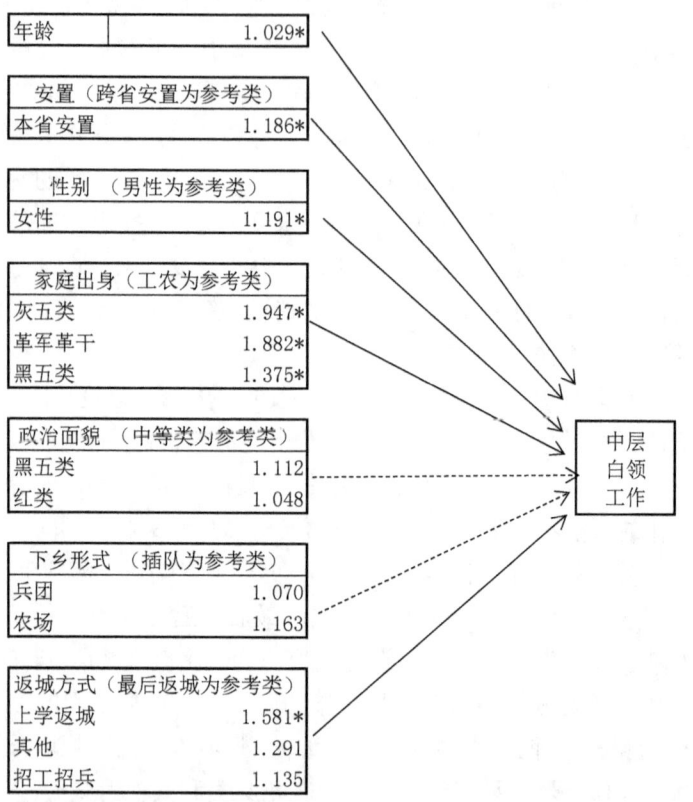

由此可见，灰五类子弟在就业方面的待遇已经比过去有所改善。政治面貌方面，无论是红类、中等类的一般群众或黑五类，受访者在就业于中层白领的概率是差不多的。下乡安置形式方面，农场、建设兵团或插队对就业于中层白领无明显影响。上学返城的受访者优于其他三类返城形式的受访者，在就业中层白领方面，可以分为两大群体：（1）其他返城类、招工招兵返城类、最后大返城类；（2）上学返城类。第一群体之间差别不明显（比值比在1.093至1.241之间，置信度均小于90%），但第二群体明显优于第一群体，差别较大（比值比分别为1.274、1.393、1.581，置信度大于90%，图中未列出）。图7.10是就业于学者类白领的分析结果。

图 7.10. 回城后就业于学者类白领的对数回归分析（N=2,124）

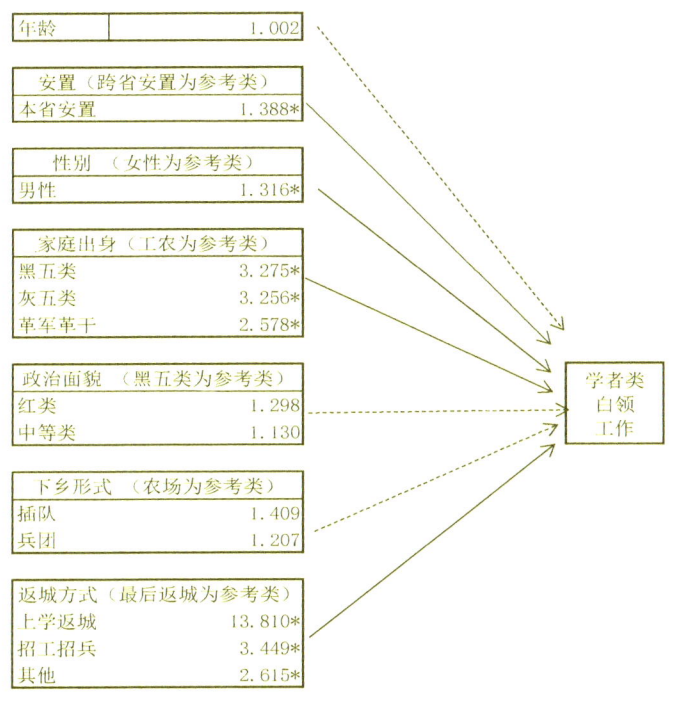

回城后就业于学者类白领工作方面，男性比女性有优势（比值比为 1.316，置信度大于 90%），年龄的影响并不显著（置信度小于 90%）。本省安置的比跨省安置的更易就业学者类白领（比值比为 1.388，置信度大于 90%）。家庭出身仍有影响，可分为两大群体：（1）工农子弟；（2）非工农子弟（即革军革干、黑五类、灰五类子弟）。黑五类子弟就业于学者类白领的概率最高，灰五类次之，革军革干子弟再次之，但是三者之间的差别并不显著。三者与工农子弟的区别却较为显著，比值比在 2.578 至 3.275 之间。政治面貌和安置去向的作用在模型中不显著，但单独分析中影响显著，可能是因为模型中存在共线性关系的原因，此处不赘。

返城方式对就业于学者类白领的影响最大，返城后就业于学者类白领最少的是最后大返城的受访者，他们回城时，许多先于他们回城的知青早已在城里打拼多年，小有成就，他们在时间方面输在了起跑线上，沦为最后是预料之中的事。上学返城的受访者进入学者类白领的可能性最大，也是预料之中的事。招工招兵返城类的受访者次之，其他返城类的受访者再次之，各类返城者的差别显著，突显了返城时机的重要性。图7.11是就业于管理类白领的分析结果。

图 7.11. 回城后就业于管理类白领的对数回归分析（N=2,124）

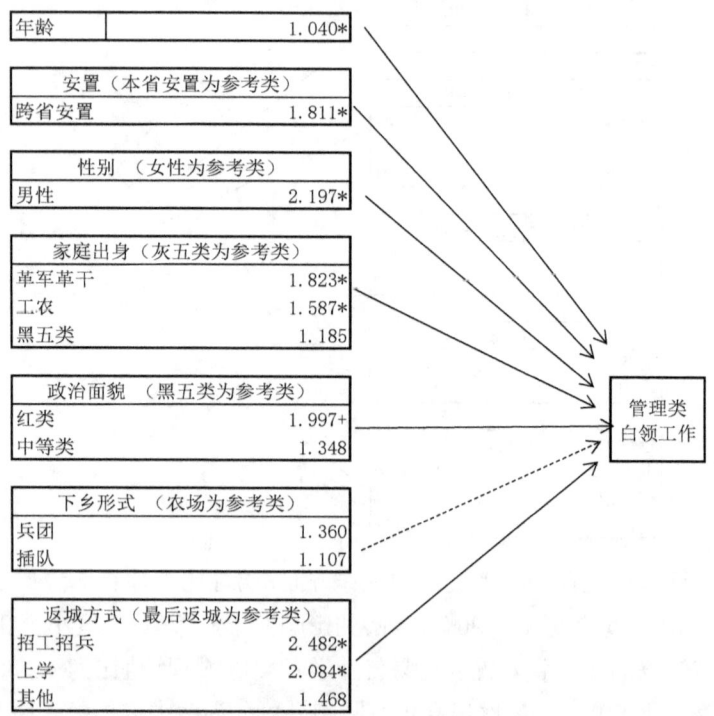

回城后就业于管理类白领工作方面，男性比女性的概率大（比值比为2.197），年龄大的比年龄小的更有可能成为管理者，跨省安置的受访者也更易于就业管理者工作。尽管中共开始放弃多年的划分阶级的路线，但是家庭出身在就业于管理层工作上仍有影响，可分为两大群体：（1）红五类（即革军革干、工农子弟）；（2）非红五类子弟（即黑五类、灰五类子弟）。革军革干子弟就业于管理类白领的概率最高，工农子弟稍次之，黑五类再次之，灰五类最低。红五类子弟之间的差别并不显著，非红五类子弟之间的差别也不显著，两大类之间的区别却较为显著（图中未列出）。这一现象揭示了中共的用人政策，尽管黑五类、灰五类子弟学业优秀，他们可以进入学术领域，

但是领导干部还必须是红五类出身,权把子必须由自己的子弟掌管。政治面貌的作用仍然存在,红类优于中等类和黑五类(置信度86%,略低于90%),但后两者之间无显著差别。建设兵团、农场和插队的受访者在就业于管理类白领方面并无明显差别。

返城方式对就业于管理类白领影响最大,可分为三大群体,(1)招工招兵类、上学返城类;(2)其他返城类;(3)最后返城类。返城后就业于管理类白领概率最小的是最后大返城的受访者,他们回城后其他知青早已返城,他们一切从零开始,落为最后是预料之中的事。招工招兵、上学返城的受访者进入管理类白领的可能性较大(他们之间的差异并不显著),也是预料之中的事。其他类返城的受访者再次之,三类返城者的差别显著,又一次突显了返城时机的重要性。

7.4. 对目前生活的满意度

知青们命运多舛,现在大多进入老年。本节研究试图了解受访者对当前生活的态度。表7.4是受访者的回答汇总。

表7.4. 受访者对目前生活的满意情况(N=2,696)

满意度	得分	人数	百分比
很不满意	1	203	8%
不太满意	2	225	8%
满意和不满意各半	3	688	26%
比较满意	4	1192	44%
非常满意	5	388	14%
合计		2,696	100%

注:有126人未填写。

表 7.4 显示,近六成的受访者对目前的生活是比较满意和很满意的,只有近两成的受访者对生活不太满意或很不满意,另有近三成的受访者处于中间,满意和不满意各半。我们试图建立一个分析模型,来分析影响受访者对生活的满意度。应变量是"满意度"(见表7.4),其最高得分是五分(非常满意),最低分是一分(很不满意)。影响满意度的因素很多,除了前述模型中用到的自变量(如性别、年龄、跨省安置、家庭出身、政治面貌、下乡安置形式等),本人的就

业是一个重要因素。如果一个人事业发展得好，他自然会对生活感到满意。子女教育程度也是一个因素，子女越优秀，受访者对生活会越满意。子女的教育（最高学历）分以下四档，（1）初中生，（2）高中生，（3）中专[5]、大专、大学生，（4）研究生和留学生。在分析模型中，我们加入了下乡期间的心态分类。影响该变量的因素有二，（1）下乡期间的客观条件，如果生活环境恶劣，受访者的心态必然不会好，（2）受访者本人的主观特性，有的人天生乐观，身处恶劣环境仍能坦然处之，有的人生来悲观，尽管物质条件并不很差但是悲观绝望、牢骚满腹。加入心态分类，旨在探究受访者的主观因素对满意度的影响。表7.5是对目前生活满意度的线性回归分析。

表7.5. 受访者对当前生活满意度的线性回归分析（N=1,753）

变量		参数	置信度
截距		2.12	>99%
性别（男性为参考类）	女性	0.10	>95%
年龄		-0.01	>95%
安置方向（跨省）	本省安置	0.09	>90%
子女教育程度		0.25	>99%
就业 （蓝领为参考类）	学者类白领	0.77	>99%
	管理类白领	0.74	>99%
	中层白领	0.40	>99%
家庭出身 （革军革干为参考类）	工农	0.19	>99%
	灰五类	0.18	>99%
	黑五类	0.09	75%
政治面貌 （中等类为参考类）	红类	0.12	>95%
	黑五类	0.04	26%
下乡安置形式 （插队为参考类）	农场	0.14	>90%
	建设兵团	0.02	30%
下乡期间心态分类 （绝望类为参考类）	无忧无虑类	0.55	>99%
	一般痛苦类	0.45	>99%
	失望类	0.23	>99%
	痛苦和失望类	0.19	>99%
R^2=0.18			

表7.5中的线性回归分析比对数回归模型的解释相对简单些，只需要简单的加减法。截距表示起始点（即参考类），就是说，一位

---

[5] 只有九人，所以与大专、大学放入一类。

男性、跨省安置的异地知青，子女最高学历为初中生，本人最终就业为蓝领，家庭出身为革军革干子弟，本人政治面貌为中等类的一般群众，下乡插队，心态属绝望类的受访者，满意度为"不太满意"（得分为2.12）。如果其他情况不变，换为女性，则得分为2.22^6，如果再进一步换成本省安置知青，则得分为2.31^7。假如有一位女性，1978年时为30岁，本省安置，子女最高学历是研究生，最后就业于管理类白领，出身工农，本人政治面貌为红类，下乡在农场，属无忧无虑类心态，该受访者预测的满意度为4.78，接近非常满意（5.0）（如果读者对具体计算感兴趣，可以参看附录8）。

总之，女性，年龄小，本省安置，就业于管理类白领，子女教育程度高，出身工农，本人政治面貌红类，下乡安置在农场，下乡期间属无忧无虑类的受访者满意程度较之其他人高。值得一提的是，革军革干子弟满意度最低，工农子弟的满意度最高。红五类在此问题上两极分化，有点出乎预料。中共建政以来，他们（尤其是革军革干子弟）是既得利益者，他们享受着非红五类不曾有的特权。尽管在下乡期间红五类仍占有优势，（如招工、招兵、推荐上学），但随着政策的宽松，红五类的某些特权逐渐减少，这一损害对革军革干子弟尤为严重。也许，这是导致他们不满意的重要原因之一。

7.5. 评价上山下乡运动

目前对上山下乡运动的认识和评价有不同的见解，各异的观点。官方的立场（中共党史研究室，2011）可以归结为："上千万的知识青年到农村和边疆，经受了锻炼，接触了生产实践，增长了才干，为开发、振兴祖国的不发达地区作出了贡献。"但是更多的人（如沈殿忠，2019）则认为，知青运动的实质，其实是一场利用谎言和欺骗精心编织而成的骗局，一场以千百万人的青春作为祭品的集体献祭。对于当年那些不谙世事的半大孩子来说，几年甚至十几年的蹉跎岁月，不仅夺去了他们人生中最宝贵的青春年华，而且掏空了他们的心灵

---

6 2.12+0.10=2.22。
7 2.22+0.09=2.31。

和热情。当他们历尽艰辛两手空空地回归城市时,最让他们寒透肌骨的,不是曾经的付出,不是那些暗洒闲抛的热情和泪水,而是将所有这一切都统统划归为零的结局或结果。几年十几年的奋斗与挣扎,结果"什么也没改变"。潘鸣啸(2010)认为,就上山下乡运动的目的,毛泽东防止修正主义的意识形态和建立政治新秩序的动机起了最关键的作用。但是该政策并没有取得预想的成功。它没有得到知青和他们的父母的拥护,从 70 年代末开始,公开的抵制出现,最终以上山下乡政策的结束而告终。虽然这场运动的确培养了很独特的一代,但是下乡城市青年没有变成"社会主义新农民",他们中的大部分人没有获得正常的教育机会。这对他们、对国家都是很重大的损失。受访者对于上山下乡运动的评价见表 7.6。

表 7.6 如何评价上山下乡运动(N=2,703)

上山下乡运动的评价	人数	百分比
正确,应该肯定	104	4%
有正确的一面,也有错误一面,不能全面否定	851	32%
错误,应该否定	1,655	61%
其他	93	3%
合计	2,703	100%

表 7.6 显示,只有 4%的受访者认为上山下乡运动是正确的,61%的受访者完全否定上山下乡运动,另有 32%的人对运动的评价对错各半,认为有错也有对的一面。换言之,完全肯定的仅 4%,认为有错或部分有错的高达 93%。对于如何评价上山下乡的经历,受访者回答见表 7.7。

表 7.7. 如何评价上山下乡运动的自身经历(N=2,590)

评价上山下乡运动的经历	人数	百分比
青春无悔,是宝贵的人生经历	553	21%
痛苦经历、不堪回首、浪费青春	1,237	48%
矛盾心理、既感光荣也感痛苦	579	22%
其他	221	9%
合计	2,590	100%

对于如何评价个人的上山下乡经历,持肯定意见的人稍多些,有

21%的受访者认为是宝贵经历、青春无悔，对个人经历持负面或半负面态度（不堪回首、矛盾心理）是70%。是否希望后代再次经历上山下乡运动，受访者的回答见表7.8。

表7.8. 是否希望后代经历上山下乡（N=2,732）

希望后代经历上山下乡？	人数	百分比
不希望	2,548	93%
希望	71	3%
其他	113	4%
合计	2,732	100%

尽管有21%的受访者对自身上山下乡的经历持正面肯定态度，但是受访者中只有不到3%（实为2.6%）的人希望后代经历上山下乡，对于那些认为是"无悔"经历的人来说，他们也不希望历史重演。图7.12是对评价上山下乡运动态度的因素分析.

图7.12. 认为上山下乡运动有错[8]的对数回归分析（N=2,042）

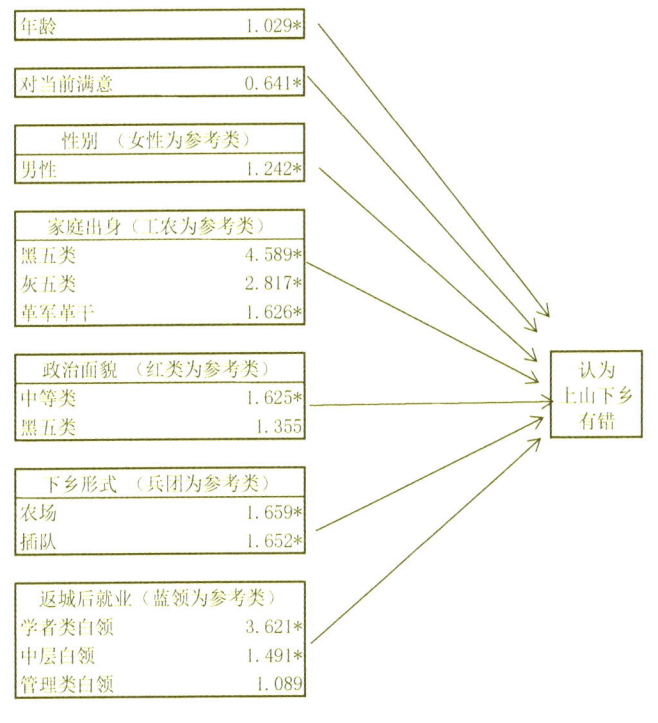

---

8 认为完全错误和一半有错误。

图 7.12 显示，男性比女性更倾向于否定上山下乡（比值比为 1.242），年龄越大，越倾向于否定上山下乡。对目前生活越感到满意，认为上山下乡有错的可能性越小（比值比小于 1.0），这一现象在预料之中。家庭出身的影响非常明显，黑五类子弟对上山下乡运动持否定态度最多，灰五类子弟次之，革军革干子弟再次之，工农子弟似乎对上山下乡运动比其他群体更倾向于持肯定态度。本人政治面貌方面，中等类的一般群众对上山下乡最为否定，黑五类次之，红类最少。但是这种递减之间的差别并不显著，置信度均小于 90%。只有最高者（中等类）与最低者（红类）之间的差别（比值比 1.625，置信度大于 90%）是显著的。下乡安置形式可分为两大群体，（1）插队、农场，（2）建设兵团，前者比后者更倾向于否定上山下乡，这一现象证明了"兵团情结"的存在。

值得注意的是，受访者返城后的就业对否定上山下乡的影响。按常理，返城后就业越好，作为既得利益者，应该对上山下乡的负面意见少些，可是受访者的观点却并未如预料的那样。对上山下乡持否定意见最多的是学者类白领，受访者依否定意见的程度可分为三大群体，（1）学者类白领，（2）中层白领，（3）管理类白领和蓝领。持否定意见最少的是蓝领和管理类白领，这两者之间的差别并不明显。作为既得利益者对上山下乡否定意见较少在情理之中，但是蓝领作为受害者却并不是最坚决地反对上山下乡有点出乎意外，有待进一步研究。作为既得利益者的学者类白领反对上山下乡最为坚决，他们是一批有理想、有抱负的人士，对中共的本质看得比较清楚，对上山下乡运动的实质有较深刻的理解，所以他们中有更多的人反对上山下乡。

用统计学模型进行多变量分析优点是，我们可以全面分析各因素的作用。返城就业因素是在控制其他因素的基础上的作用。换言之，在其他条件相同的情况下（即性别、年龄、满意度、家庭出身、本人政治面貌、下乡安置形式相同的情况下），返城就业呈现出对否定上山下乡态度的影响。学者类白领就业很好，否定上山下乡的可能最大，说明这些受访者并未满足于个人的既得利益。他们是社会的精英，有更高的政治觉悟，更敏锐的目光。图 7.13 是对上山下乡个人经历评价的对数回归分析。

图 7.13. 认为上山下乡痛苦不堪回首的对数回归分析（N=2,042）

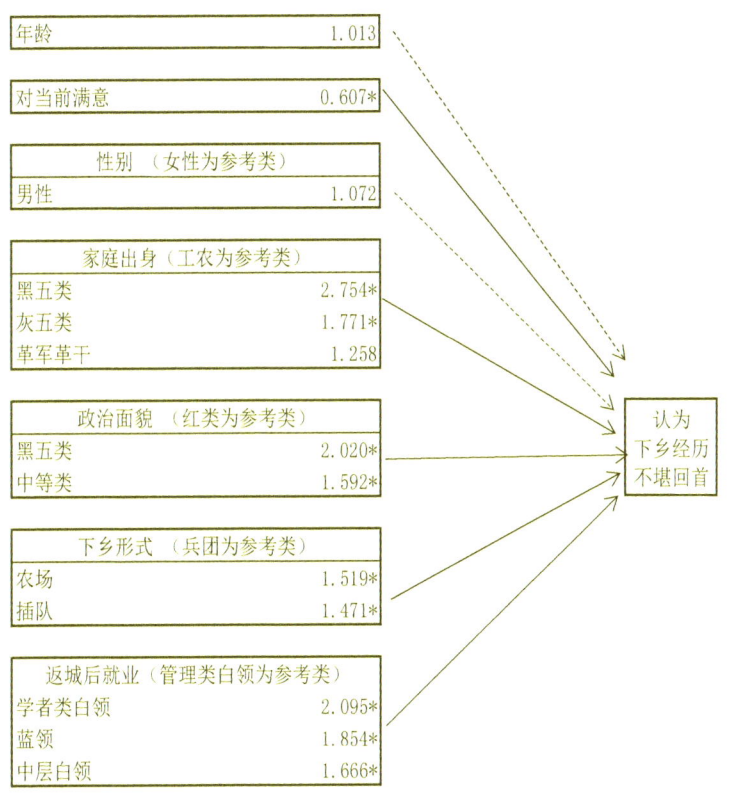

图 7.13 显示，性别和年龄对是否认为上山下乡经历痛苦无显著影响，无论男女老幼感受差不多。但是，目前生活满意度对上山下乡经历的感受有负相关影响，即对目前生活越满意者，对上山下乡经历的痛苦感受越轻。家庭出身也有明显的影响，黑五类感受的痛苦最深，灰五类次之，革军革干再次之，最后是工农子弟，但是后两者之间的差别并不显著。家庭出身可分为三大群体，（1）黑五类；（2）灰五类；（3）红五类；痛苦感受依次递减。本人政治面貌是黑五类的感受痛苦最深，中等类的一般群众稍次之，红类最少。黑五类与一般群众感受尽管有差别，但并不显著，他们与红类的差别是显著的。下乡安置形式可分为两大群体，（1）插队、农场；（2）建设兵团。

前者比后者更感痛苦，前者内部之间的差别则并不明显。

返城后的就业对下乡的痛苦感受有显著影响。学者类白领感受最深，蓝领次之，中层白领再次之，管理类白领感受最少。可以分为三大群体，（1）学者类白领、蓝领；（2）中层白领；（3）管理类白领。同为上层白领，管理类白领（即领导干部）对下乡经历的感受与学者类白领大相径庭，揭示了中国社会的分裂。成为管理类白领的受访者是改革开放前政策的受益者，学者类白领的受访者大多是改革开放前政策的受害者，前者以红五类子弟为主，后者以非红五类子弟为主。当下，家庭出身的影响虽然已经小了许多，但是却在知青一代人身上印下深刻的烙印，直至现在。图7.14是希望后代再次经历上山下乡运动与否的对数回归分析。

图7.14. 不希望后代经历上山下乡的对数回归分析（N=2,042）

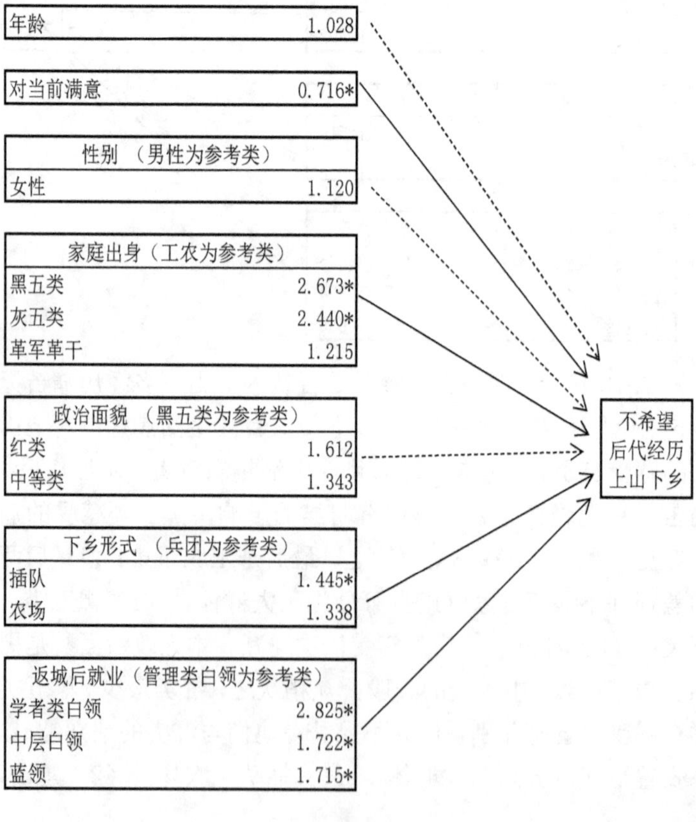

年龄	1.028

对当前满意	0.716*

性别 （男性为参考类）	
女性	1.120

家庭出身 （工农为参考类）	
黑五类	2.673*
灰五类	2.440*
革军革干	1.215

政治面貌 （黑五类为参考类）	
红类	1.612
中等类	1.343

下乡形式 （兵团为参考类）	
插队	1.445*
农场	1.338

返城后就业 （管理类白领为参考类）	
学者类白领	2.825*
中层白领	1.722*
蓝领	1.715*

→ 不希望后代经历上山下乡

在是否希望后代再次经历上山下乡问题上，性别、年龄无显著的影响，无论男女老幼，均持相似观点。但是目前生活越满意的受访者越希望后代再次经历上山下乡（比值比小于1.0），与建设兵团相比，插队的受访者更不希望后代再次经历上山下乡，农场受访者却与兵团受访者差别不大。家庭出身在此问题上显示出明显的差别，可以分为两群体，（1）非红五类（即黑五类、灰五类）；（2）红五类（即革军革干、工农）。与红五类子弟相比，非红五类子弟不希望后代再次经历上山下乡的比值比均超过2.0，有的高达2.673（黑五类与工农子弟之比）。政治面貌可能因存在共线性问题，在上述模型中未呈显著影响。学者类白领最反对后代再次经历上山下乡，中层白领和蓝领次之，管理类白领反对态度最弱。

我们可以预料，对上山下乡运动持否定态度，感觉上山下乡是痛苦经历不堪回首的受访者应该不会希望自己的后代再次受同样的苦。这一推断得到验证（见表7.9）：

表7.9. 对上山下乡运动和经历的评价与再次运动的希望

评价		不希望后代经历	人数	置信度
评价上山下乡运动	错误，应否定	99%	1,645	>99%
	半对半错	89%	814	
	其他	85%	91	
	正确、应肯定	38%	92	
评价上山下乡经历	痛苦经历，不堪回首	99%	1,230	>99%
	矛盾心理，光荣、痛苦	95%	562	
	其他	90%	220	
	宝贵经历、青春无悔	77%	527	

认为上山下乡运动是错误的受访者中，99%的人不希望后代再次经历上山下乡，认为上山下乡对错各半的受访者中，有高达89%的人不希望后代再有同样的经历，但认为该运动是正确的受访者中，只有38%的人不希望后代再次经历上山下乡。当然，认为运动是正确的受访者只有92人，仅占总人数的3.48%。总体上来说，超过93%的受访者明确表示不希望后代再次经历上山下乡，可见其不得人心。对上山下乡运动的评价和对后代命运的关注在统计学上显著相关，置信度远大于99%。

对上山下乡经历持否定意见的受访者（即认为该经历痛苦、不堪回首）中，99%的人不希望后代再次经历这样的运动，即使是矛盾心理的受访者中，也有95%的人不希望上山下乡再次发生。对上山下乡经历的感受和是否希望后代再次经历相同命运显性相关，差别显著，置信度远大于99%。

令人费解的是，那些正面评价上山下乡经历，认为是宝贵的人生经历、青春无悔的受访者中，也有高达77%的人不希望后代经历上山下乡。虽然与其他类有显著差别，但这一高比例似乎有点不可理解：既然是宝贵的经历，又青春无悔，那么为什么大多数人却并不希望自己的后代再来一次"无悔"呢？正如有人质问那些高调歌颂知青经历，声称光荣无悔的知青，既然感到如此光荣、无悔，为什么不待在农村扎根一辈，却要返城呢？

7.6. 青春无悔？

"青春无悔"的提出，源于成都知青搞的一次"青春无悔"展览。据发起者之一的王晓梅说，从大的方面来说，她并不赞成上山下乡运动，而对个人来说，因为在当时的环境下被迫无奈，在艰难困苦之中，得到一种生活的体验，这个对知青来说是一种财富（晓剑、郭小东，1999）。然而，"青春无悔"一词含混不清、词不达意，引发大规模的争论。争论可以概括为两大派观点，即认为"青春无悔"和"青春有悔"。需要说明的是，人们对"无悔"的理解并不相同。

有人认为，上山下乡曾给知青造成伤害，但也带来收获，有失有得，两相抵消，没有什么可后悔的。有人从理想追求的精神境界或历史使命的角度来谈无悔，提出知青下乡去追求人生价值，追求共产主义的理想是值得肯定的。有人从人生经历的丰富多彩并转化为财富的角度来谈无悔，认为"客观不幸，主观无悔。"

持不同的观点人们认为，文革是一场民族灾难，上山下乡运动是其中的一个部分，必须否定。虽然上山下乡对红卫兵这代人的成长具有一些正面影响，但是我们对在上山下乡中虚度的青春当然是悔恨的。也有人提出，青春无悔是针对上山下乡而言，但是多数人则转换为对自己的经历而言,这在逻辑上是一种偷换概念。还有人认为上山下乡是对文化的反动,是对知识的反动,是对一代人青春的扼杀,它本身就是一场罪恶,有许多问题需要反思,而反思就是对历史的悔悟。

有人认为,有悔无悔要以是否有益于社会物质财富和精神财富的发展为衡量依据。上山下乡是反生产力方向的,即使在精神方面,除了极少数既得利益者,整个一代人在上山下乡过程中是受到摧残的。有的人对这两方面的负面作用视而不见,仅仅对在摧残下获取的悟性、砥砺的性格而不悔,我们只能无语了。

也有一种意见认为,所谓悔与不悔,都是相对于自己的主观而言的,上山下乡对这代人来说是一种没有选择的选择,也就没有悔与不悔的问题了。不过,这只是从个人的主观选择上看,而作为一代人十年之久的社会活动,还是有一个反思与否的问题。

王小波(米鹤都,2011)认为,一、要彻底否定上山下乡,反对青春无悔的提法;二、这代知青从上山下乡的特殊经历获取的收益,是从属的,次要的,不能改变整个事件的性质;三、把吃了很多无益的苦,虚掷了不少年华当成崇高的感受,是一种自欺欺人的表现。

当知青不是自己的选择,当知青们通过苦难、挣扎,又支离破碎地捡回自己被剥夺的权利和尊严时,为什么知青们没有像憎恨甚至抱怨一个劫取了自己不足道的钱包的小偷那样,去对待那些掠夺青春和权利的人,反而送出"青春无悔"这样的秋波。我们何必为剥夺后的施舍感恩戴德(黄健民,2015)!

笔者无意介入有悔、无悔的讨论,本节仅围绕哪些人感到无悔,哪些人认同有悔的问题讨论。为进一步理解持"青春无悔"态度的受访者,本节把这些受访者与认同有悔的受访者(即认为上山下乡经历"是痛苦经历、不堪回首"的受访者)进行比较。

由于涉及的变量较多,各变量之间存在共线性问题,本节对各变量进行逐个分析而不采用回归模型分析。以下是受访者自然情况的各变量情况(见表7.10)。

表 7.10. 无悔、有悔对比（受访者自然情况）

变量		无悔	不堪回首	置信度	人数
性别	男	30%	70%	>95%	1,677
	女	35%	65%		
平均出生年份		1952年6月	1951年4月	>99%[9]	1,559
家庭出身	革军革干	45%	55%	>99%	1,593
	工农	45%	55%		
	灰五类	25%	75%		
	黑五类	12%	88%		
本人政治面貌	红类	51%	49%	>99%	1,619
	中等类	27%	78%		
	黑五类	7%	93%		

如表 7.10 所示，相比之下，女性、年龄小的受访者更多地持无悔观点，红五类比灰五类和黑五类更倾向于持无悔的观点，本人政治面貌按以下顺序递减：红类、中等类的一般群众、黑五类。在有悔无悔问题上，阶级分裂相当明显，出身红五类、本人政治面貌属红类的受访者对上山下乡经历更多地持正面肯定观点，而作为长期受迫害的灰五类、黑五类受访者则痛恨上山下乡，较少无悔的感觉。表 7.11 是受访者在文革中的情况。

表 7.11. 无悔、有悔对比（文革中情况）

变量		无悔	不堪回首	置信度	人数
是否参加过群众组织	是	39%	61%	>99%	1,580
	否	25%	75%		
响应毛的号召	是	45%	55%	>99%	932
	否	30%	70%		
争取改善处境	是	22%	78%	>99%	801
	否	41%	59%		
对当权派不满	是	20%	80%	>90%	773
	否	39%	61%		

文革中参加过群众组织（红卫兵）的受访者中，39%的人持无悔观点，未参加过群众组织的人中，只有25%的人持相同观点。因为响应毛泽东的号召参加过红卫兵的人中，有45%的人感到无悔，不是因

---

[9] 采用 T-Test 检验方法，具体解释见附录 11。

为响应号召参加红卫兵的受访者中,只有30%的人认同无悔的观点。那些因为争取改善处境参加红卫兵的受访者,只有22%的人感到无悔,比不是因为争取改善处境的红卫兵少了近一半(22%对比41%)。在对当权派不满方面也是如此,因对当权派不满参加红卫兵的受访者认同无悔的只有20%,不是因为这一原因参加红卫兵却有39%的人认同无悔。

这一现象说到底还是源于阶级冲突,正如前面章节讨论过的,响应毛泽东号召参加文革的大多是红五类,但是争取改变处境、不满当权派的受访者大多是非红五类。这看似不同,实质上却是一回事,响应毛的号召是红五类子弟的一种积极防守性的心态和举动,目标是保住他们已有的特权和利益。争取改变处境、对当权派不满则是灰五类和黑五类子弟的一种积极进攻型的心态与举动,旨在争取获得自己以前没有的权力和利益。两种心态与举动只是从不同侧面展现相同的动机。从这三个问题的回答,可以看到当时的中国分裂成为两大阵营:红色阵营和非红色阵营。无悔与否的争议事实上是两大阵营斗争的继续。表7.12是受访者下乡期间的情况。

表7.12. 无悔、有悔对比(受访者下乡期间的情况)

变量		无悔	不堪回首	置信度	人数
安置去向	本省安置	33%	67%	70%	1,508
	跨省安置	31%	69%		
下乡安置形式	建设兵团	40%	60%	>99%	1,715
	农场	30%	70%		
	插队	30%	70%		
下乡期间平均年收入		229.70元	165.20元	>99%[10]	1,502
下乡期间精神状态	1. 失望类	26%	74%	>99%	1,726
	2. 痛苦失望类	11%	89%		
	3 绝望类	8%	92%		
	4 一般痛苦类	53%	47%		
	5 无忧虑类	78%	22%		

本省安置和跨省安置对是否持无悔观点无显著影响。建设兵团

---

10 采用 T-Test 检验方法,参见附录11。

的受访者比插队和农场的受访者有更多的人认同无悔的观点,"兵团情结"又一次得到体现。持无悔观点的受访者在下乡期间的平均年收入明显高于持"痛苦、不堪不回首"观点的受访者,两者间相差 64.56 元,换言之,前者比后者平均年收入高出 40%。下乡期间的经济收入决定受访者的生活质量,也是决定受访者如何看待上山下乡经历的一个重要因素。下乡期间的精神状态与是否认同无悔的观点密切相关,属于"无忧虑类"的受访者有 78%的人认同无悔观点,绝望类的受访者中仅有 8%的人认同这一观点。认同无悔观点依次递减:(1)无忧虑类;(2)一般痛苦类;(3)失望类;(4)痛苦失望类;(5)绝望类。表 7.13 是受访者返城后的情况与无悔观点的关系。

表 7.13. 无悔、有悔对比(受访者返城后的情况)

变量		无悔	不堪回首	置信度	人数
对目前生活的满意度	1(最低)	6%	94%	>99%	1,715
	2	11%	89%		
	3	18%	82%		
	4	43%	57%		
	5(最高)	58%	42%		
子女教育程度	初中	22%	78%	>95%	1,447
	高中或以上 [11]	33%	67%		
返城后职业	蓝领	25%	75%	>99%	1,508
	中层白领	32%	68%		
	管理类白领	59%	41%		
	学者类白领	25%	75%		

对目前生活越满意的受访者,越倾向于认同无悔的观点,如表 7.13 所示,满意度为 5 分的受访者有 58%的人认同该观点,满意度最低(1 分)的受访者中仅有 6%的人认同无悔。子女教育程度也认与无悔密切相关,子女最高学历是初中的受访者认同无悔观点只有 22%,但是子女教育至少是高中的受访者却有 33%的人认同无悔的观点。返城职业也与认同无悔观点相关,蓝领和学者类白领认同率最低,管理类白领认同率最高(59%),是前者的两倍多。管理类白领是

---

11 高中、大中专、研究生和留学生三者比例相近,如果三者不合并,置信度略低于 90%,合并后置信度大于 90%。

中共体制的受益者，他们认同中共的各项政策、认同上山下乡运动，感觉该经历无悔是情理之中的事。再次值得一提的是，学者类的白领，他们虽然是当前制度的受益者，但是他们仍能对上山下乡经历持否定态度。

总之，认同无悔观点的受访者女性偏多，大多是当年的红五类，红类政治面貌，建设兵团的战士，下乡期间收入较高，属无忧虑类受访者，返城后成为管理类白领，对目前生活较为满意，子女教育较好的受访者。尽管在如何评价下乡经历上有"无悔"和"有悔"之争，但是只有3%的受访者明确表示希望后代再次经历上山下乡这一事实本身，就是一个最好的证明：上山下乡不得人心！

第 8 章

大返城与社会运动学

前面的章节简述了大返城的概况[1]。大返城发生在上山下乡运动的后期,所以迄今为止,无论是专业学者或普通百姓都把大返城视为上山下乡运动的一个组成部分。但是,在目的性、自主性、自发性、性质、对象和结果等诸多方面,大返城和上山下乡迥然不同。本章试图运用西方社会运动学的理论来论证大返城实质上是一个波澜壮阔的、独立的社会运动[2]。

西方社会运动学是一个因中国的文革而兴起,并与文革研究密切相关的重要学科。由于种种原因,该领域的发展一直未引起华人学界的注意。这是一门新兴的学科,直到上世纪的60年代,西方学界对社会运动的研究还很少[3]。

在中国文革的影响下,从1968年5月开始,西欧和北美出现类似中国红卫兵的青年和学生造反浪潮。这一突如其来的风暴席卷整个西欧和北美大陆,使得各国政府措手不及。该现象引起西方社会学家的注意,对其研究开始增多。到上世纪的70年代中期,社会运动学逐步成为西方社会学中的一个重要领域[4],并拥有专业的学术刊物、丛书和学会[5]。

8.1. 社会运动的定义和分类

社会运动的定义有许多版本。我们在这里不妨采用一位美国社

---

1 本章内容基于乔晞华等(2020)第14章。
2 Social Movement。
3 Killian (1964)。
4 Morris and Herring (1987),Morris and Herring (1987)。
5 Porta and Diani (2006)。

会学家[6]的定义："一个有意识的、群体的、有组织的努力，试图以体制外的手段推动或阻碍社会秩序中大规模的变化。"该定义中的两个信息特别重要："有意识的"和"体制外的"。"有意识的"指的是社会运动的参与者是有意识的，不是盲目的。"体制外的"指的是社会运动不是通过正常的渠道解决问题。体制外的手段包括示威、游行、请愿、静坐，绝食、罢工、甚至暴力等。需要指出的是，社会运动不同于政党和利益集团，因为它们拥有接近政权和政治精英的正常渠道。

社会运动有以下四个特点：群体性，时间性，认同性和目的性[7]。群体性的意思是，社会运动是为实现社会变革的群体和组织的努力，不是个人无组织的努力。时间性指的是社会运动在有争议的问题上，与强有力的对手进行一定时间的斗争，不是一次性的抗议活动或较量。认同性指的是社会运动的成员不仅仅在一起工作，他们还享有共同的身份认同。目的性指的是社会运动通过抗议等活动试图改变社会。

如果从社会变化的对象和变化的范围两个角度来分析，社会运动可以分为四种运动[8]（见表8.1）。

表8.1. 社会运动的分类

涉及范围	变化有限	变化巨大
变化只涉及一部分人	替代运动	救赎运动
变化涉及整个社会	改革运动	革命运动

替代运动[9]对现有社会的威胁最小，因为替代运动仅仅针对社会的一部分人，运动的目的是改变这些人的某种行为。美国的"反酒后驾车母亲协会"就是一例，该运动专门针对酒后驾车行为。由于该协会的努力，美国通过法律对醉酒驾车者严惩不贷，从而使醉酒驾车的事件有所减少。

---

6 Wilson（1973）.
7 Edwards（2014）.
8 Aberle（1966）.
9 Alternative Movement.

救赎运动[10]虽然只是针对一部分人，但是涉及的程度比较深。运动的目的是彻底改变这部分人，宗教的"原教旨主义"运动是此类运动的典范。原教旨主义源于美国，是一个宗教运动。原教旨主义强调圣经内文的正确无误，不容置疑，圣经拥有最高权威。原教旨主义一词也用来指天主教和伊斯兰教的宗教运动。救赎运动旨在彻底改变个人，使之重生。

改革运动[11]的参与者并不将矛头指向现行的制度，只是认为必须对现有体制进行局部的改革。大多数的抗议事件属于此类运动。运动的目的是改革社会的某一部分，并非企图推翻整个现有体制。上世纪80年代以来世界各地的反核能运动和保护生态环境运动属于此类。

革命运动[12]涉及社会的所有成员，变化范围是深刻的，旨在推翻现有制度并创立新制度。革命运动对现有的社会秩序极度不满，试图根据自己的意识形态蓝图重新建设新社会。

革命运动大多是由长期受压迫的某一群体发起，通常在一系列改革运动失败后民众极度不满时发生，人们深信当权者不会满足他们的基本需求。世界各地出现过一些革命运动，例如美国的独立运动、法国的大革命和中国的辛亥革命。

8.2. 社会运动学的第一代理论

对社会运动的研究可以追溯到它的前身——群体行为学[13]。

19世纪的下半叶（1850至1900），欧洲的社会、经济和政治动荡使得聚众成为政治稳定的巨大问题，公共秩序受到空前的挑战。"聚众"是指一群人聚在一起的意思。学者研究的注意力主要是闹事的聚众，出现不少理论来解释这一现象。

第一个理论说，聚众的成员是疯狂的，就像安徒生童话中的红舞

---

10 Redemptive Movement。
11 Reformative Movement。
12 Revolutionary Movement。
13 Collective Behavior。

鞋无法停下来。参与疯狂聚众的成员,被认为是魔鬼附身或者精神有毛病。

第二个理论说,聚众闹事的成员是社会渣滓,是一群脱离社会的家伙,是被社会抛弃的人渣,所以他们对社会不满。

第三个理论说,聚众的成员是罪犯,认为有的人生来就有犯罪倾向。聚众闹事破坏财物和伤害人,由罪犯或是由罪犯领头干的[14]。概括起来就是"疯子论""人渣论"和"罪犯论",或者统称为"坏人论"。

早期的学者研究群体行为学的目的,是为了维持社会的稳定。这是受了社会学三大鼻祖之一的杜尔凯姆的影响,他的社会平衡观念对早期的社会学家有着极其重大的影响。学者们对群体行为的参与者本身的态度有所改变,只是对参与者是否理智和是否有自我意识持否定态度[15],研究的重点是社会组织的不自主性、冲动性和即时性。研究者试图回答这样一个问题:"为什么守法的人变得不守法了?"

有的学者们对群体行为的参与者是否理智和是否有自我意识持否定态度。该派理论的代表人物是法国心理学家勒庞,代表作是勒庞1895年发表的《乌合之众》。勒庞认为,参加聚众的人本身是正常人,但是聚众使人的思维转变,使人失去平常的判断力,人在聚众中变得疯狂。勒庞的理论对以前的"坏人论"是一个否定,在当时是一个了不起的进步,该理论在理论界独占鳌头长达近70年。该派理论家的目的是为精英控制聚众,反对激进派[16]。坚持民众非理性的"乌合之众论",在上世纪的50至60年代开始受到广泛深入的批判,淡出研究领域至今已经有近50年[17]。

目前的理论界里,再也没有谁把民众说成是一群智力低下、没有自我意识、没有利益诉求、任人欺骗的傻瓜(乔晞华,2015)[18]。

---

14 McPhail(1991).
15 DeFay(1999).
16 Reicher and Drury(2015).
17 Turner and Killian(1972).
18 Zhang et al(2020).

8.3. 社会运动学的第二代理论

对"乌合之众论"持批判意见的理论家很多,马克思是其中之一。马克思主义虽然没有提出专门的社会运动理论,但是其本身就是一个关于社会运动的理论[19]。马克思注重社会冲突,关注经济与革命的关系。马克思认为,变化的经济状况与群众运动有着反向关系[20]。也就是说,如果经济状况下降、变糟,发生群众运动的可能会上升、增加。反之,如果经济状况上升、变好,发生群众运动的可能会下降、减少。

马克思的理论,常被称为"社会冲突论",其基本观点是:无产阶级和资产阶级之间的矛盾是不可调和的,工人在工会的带领下与资产阶级进行斗争。这些斗争在马克思主义者看来都是社会运动。只要资产阶级掌握权力一天,工人阶级和资产阶级的斗争就不会停止。换言之,不断的剥削是革命的动力,必然导致无产阶级消灭资本主义[21]。马克思主义关于社会运动研究的假设是,有共同利益的人必然会组织起来追求共同利益[22]。

"理性选择理论"[23]在上世纪60年代开始崛起[24]。这是基于微观经济理论的学派,受亚当·史密斯等人的影响[25],属于自由个人主义传统。该理论以个人为主导,强调个人作为群体行为的重点[26]。该派理论的代表人物是奥尔森[27]和奥普[28]。

在该派理论学者眼里,社会运动是适合外境的追求政治目标的方式[29]。奥尔森不认同马克思的关于个人会为共同利益自动参加运动

---

19 Cox and Nilsen (2005).
20 Barrett and Lynch (2015).
21 Smelser (2015).
22 Edwards (2014).
23 Rational Choice Theory, RCT.
24 Drury (2015).
25 Mahmound (2015).
26 DeFay (1999).
27 Mancur Olson.
28 Karl-Dieter Opp.
29 Drury (2015).

的观点。该派学者认为,社会冲突并不自动导致社会运动,运动的参与者是经过权衡利弊,面对各种选择作出自利的抉择。理性的个人不会行动起来实现共同的利益[30],个人只有获得利益才会参加工会,参加运动和参加革命。运动需要有措施,实现"不参加就没有个人利益"的结果。因为理性的人都是为自己的个人利益,不会为他人的利益工作[31]。也就是说,需要出台"不劳动者不得食"的规定,才能促使个人积极参与运动,这也是人们常说的"免费搭乘者"问题。该理论强调个人作为群体行为的重点。

"资源动员理论"[32]试图通过分析个人理性地权衡参加运动的得失来理解社会运动。在有些情况下,社会运动的发生并不是因为社会矛盾增大、人们的剥夺感上升或者人们怨恨的增加,而是社会运动发起者和参与者可以利用的资源增长了。是否参与社会运动,是人们对资源动员进行的理性选择。资源包括甚广,有知识、财力、传媒、物力、人力、合法性、社会精英的支持等等。如果对社会不满的群体能够动员手中掌握的资源,运动就能发展起来[33]。

该观点部分地解释了为什么有的群体能够组织起来开展社会运动,有的群体却无法组织起来的原因。对于社会运动的动员来说,资源比不满更重要[34]。资源动员论是深受马克思影响的宏观学理论[35],试图寻找有利于降低成本、提高效用的组织性资源(夏瑛,2014)。

理性选择论和资源动员论的区别在于:前者认为人是孤立的,后者承认关系的重要性,从而实现群体的理性。理性选择论反对情感化,认为情感总是不理性的,资源动员论绕过了这一关。人不是孤立的,而是相互联系的,这种联系会影响人们的决定[36]。在相互依赖的语境下,仅靠个人的理性不足以达到争取利益的目的。出于情感的行为也可以是理性的。资源动员论强调有形的和无形的资源,例如社会

---

30 Edwards (2014).
31 Mahmound (2015).
32 Resource Mobilization Theory, RMT.
33 McCarthy and Zald (1977).
34 Drury (2015).
35 Jasper (2010).
36 Jasper (1997).

运动组织、外部的精英、社会网络和媒体等[37]。

有学者批评资源动员论太注重内部的因素，忽略了外部因素（即政治机会），这就产生了"政治过程论"[38]。该理论的核心思想是：社会运动依赖于有利的政治环境，只有在政治环境有利的时候，社会运动才会出现和成功。该理论事实上是外部的资源动员论，政治机会使社会运动得益或受阻，影响社会运动的成败[39]。有学者[40]总结出四种情况会出现有利的政治机会：（1）挑战者有机会进入国家政体；（2）精英重新站队；（3）精英分裂；（4）镇压挑战者的能力和倾向有变化。政治机会也可以是现行政治体制的受欢迎程度或脆弱程度。如果现行体制比较脆弱不堪一击，社会运动容易发生[41]。总之，是宏观的政治结构和政治过程为运动的发生提供了政治机会（夏瑛，2014）。

资源动员论和政治过程论之间的区别主要表现在，前者强调内在的因素，后者强调外部的因素。虽然两者间存在较大的差异，但是它们都强调社会运动是一个过程，强调运动参与者的利益和理性选择（赵鼎新，2005）。资源动员论和政治过程论的共同特点是，两者都属于宏观层次的理论，强调物质性的条件没有考虑非物质性的因素（如文化和情感）。

以上理论是北美学界发展起来的。在欧洲大陆，社会运动学的发展采取的是一条不同的道路。"新社会运动理论"[42]是由欧洲的三位思想家（德国的哈贝马斯[43]，法国的图赖讷[44]和意大利的梅卢西[45]）提出来的。新社会运动理论是在与马克思主义的阶级斗争为基础的社会冲突论的交锋中发展起来的。该派学者认为，社会运动成员再也不是自动地产生于以阶级冲突为基础的工业社会。社会运动成员需

---

37 Edwards (2014).
38 Political Process Theory, PPT.
39 DeFay (1999).
40 Tarrow (1998).
41 Tilly (1984).
42 New Social Movement Theory, NSM.
43 Jugen Habermas.
44 Alain Touraine.
45 Alberto Melucci.

要重新发现自己和创造自己,使自己形成新的群体身份,这是人们常说的"身份认同"。该理论试图解释北美和西欧上世纪 60 年代开始的一系列社会运动,该时期的社会运动有别于旧形式的运动,所以被称为新社会运动[46]。

新社会运动强调对于后物质主义价值的追求,不再强调劳工被资本家剥削,不再强调收入。该运动强调生活、身份、环境、性别、和平和反战等[47]。这是因为社会冲突在欧洲仍然很重要,但又不同于旧的产业工人运动[48](例如民主运动和人权运动)。

该理论融汇了欧洲 19 世纪以来的杜尔凯姆、马克思和韦伯三大社会学传统,体现了原有的现代化价值与正在兴起的后现代化价值之间的冲突(赵鼎新,2005)。传统的社会运动能得到工人阶级的支持,因为大多数传统的社会运动致力于经济斗争。现在的新社会运动则跳出经济范围,得到更多的中产阶级的支持。

8.4. 社会运动学的第三代理论

以上的理论均忽略意义制造[49]。这是因为,这些学者们认为民众与观察者相似,没有必要研究他们的意义制造,例如,马克思认为工人阶级的觉悟是他们与生产关系的产物。马克思在调查工人状况时只关心事实,并不关注工人的态度。他认为群体行为是可以从客观指标中读出的,即工人最终会如马克思本人那样理解他们的自身状况[50]。文化主义者从社会心理角度关注个体微观动员机制,运动的动员是文化现象和话语活动,每个运动的动员都需要通过话语和实践,传递意义,实现动员(夏瑛,2014)。因此构框理论[51]被用来解释社会运动[52]。

---

46 Melucci (1980).
47 Smelser (2015).
48 Drury (2015).
49 Meaning Making.
50 Kurzman (2008).
51 Framing.
52 Snow and Benford (1988).

该理论是由人类学家贝特森[53]提出的。框架是这样定义的：一种简化与浓缩"外在世界"的诠释架构，通过有选择地强化和符号化一个人现时和过去环境中的对象、情况、事件、经验和行为顺序[54]。社会运动的任务之一是提出一套重新认识世界的办法，以便唤起民众加入运动。受压迫的民众受到压迫，并不一定视其为不义采取批评或抗议行动。没有新的解释构成群体的共识，社会运动不易兴起。简言之，构框是以"动员潜在的支持者，寻求旁观者的认同和支持以及降低反对者的动员效果"为目的[55]。群体行为的理性决策，是在互相依赖的情况下作出的，这是因为，人们的生活和命运互相交织在一起，相互间的关系有道德和情感的投资。我们可以将其视为人的关系网络的一个部分[56]，所以构框理论也可以视为是情感和网络。

构框与意识形态不同。构框告诉我们该如何看待不义，意识形态则告诉我们为什么不义是重要的[57]。民众对现实情况的理解，来自自身的经历、周围的人群、媒体的广播以及某些权威机构的宣传等等。社会运动致力于缔造另一种的解释来影响民众，学者把这种另类的解释称作为"群体行动构框"，这是鼓动民众采取行动的动因[58]。

社会运动的积极分子营造气氛，使更多的民众行动起来参加运动。尽管存在反叛意识，存在可以利用的资源，政治机会的条件也具备了，有的时候运动却不能成功。这是因为虽然反叛意识、组织力量和政治机会很重要，但是如果民众没有充分地形成与运动组织者相同的意识，运动的动员仍有困难。

现代社会运动学理论深受四种传统理论的影响。（1）马克思和恩格斯对民众是如何动员起来的问题，往往更注重外部的因素。他们很少想到是什么原因使个人参与社会运动。他们把问题看成是社会结构发展的必然结果，不是个人的选择。尽管他们认为社会运动植根于社会结构，却低估了参与运动所需的资源（即文化方面和政治方

---

53 Bateson (1972).
54 Snow and Benford (1992).
55 Gamson and Modigliani (1989).
56 Edwards (2014).
57 Ferree and Merill (2000).
58 Snow et al. (1986).

面）。对于他们来说，民众参加社会运动，是因为阶级矛盾发展到了不可调和的地步。（2）列宁从欧洲的经验看到了问题。列宁等不及客观条件的成熟，提出创建一个专业的革命精英队伍代替马克思的无产阶级，代表工人阶级的真正利益。对于列宁来说，组织是工人阶级社会运动的解决方案。（3）葛兰西[59]从俄国模式未能向西推进认识到，先锋队的组织形式不足以引起革命。葛兰西认为，必须提高工人的觉悟，他把工人运动看成是群体性的知识分子。该群体的主要任务之一，是造就工人阶级的文化。（4）美国的社会学家蒂利[60]深受马克思的影响，但他很快将注意力转到国家结构和国家战略规划。早期的蒂利注重的是静态的政治状况。

受以上四种传统理论的影响，分别发展出四种现代的社会运动学理论。首先是受马克思影响的上世纪 60 年代的社会压力论学派。该派学者注重对社会不满的动员理论，认为民众的不满情绪来自结构的压力。受列宁影响的 60 至 70 年代的资源动员论学派，关注运动的领导和组织。深受葛兰西影响的 80 至 90 年代的构框和群体身份认同派，则注重运动的共识的来源。第四派的理论家，则从 70 年代开始跟随蒂利，注重构成结构性抗争政治的政治机会和限制（即政治过程论）[61]。表 8.2 是对上述理论的一个总结。

表 8.2. 社会运动学理论的分类

	非实利主义	实利主义
古典理论	坏人论 乌合之众论	社会冲突论
宏观理论	新社会运动论	社会压力论 资源动员论 政治过程论
微观理论	构框理论 群体身份认同论	理性选择论 博弈论

上述的社会运动学理论可以分为三代：第一代（疯狂）是坏人论、

59　Antonio Gramsci.
60　Charles Tilly.
61　Tarrow (2011).

乌合之众论；第二代（理性）在理性选择的框架下，有社会冲突论、理性选择论、博弈论、社会压力论、资源动员论、政治过程论和新社会运动论；第三代（情感/网络）是群体身份认同论和构框理论。半个多世纪以来，社会运动学经历了从疯狂到理性再到情感/网络的螺旋形变化，使我们对社会运动的理解和认识更加深入。这些理论对于我们研究上山下乡和大返城运动具有重要的指导意义。

8.5. 大返城与政治机会

在专制国家中，社会运动的发展往往依赖有利的政治环境。有利的政治机会包括上层精英的分裂，这是宏观政治结构和政治过程为运动的发生提供的机会。

大返城有两次高潮，一次发生在文革初期，另一次发生1978年底。文革初期，毛泽东为发动群众打倒政敌，暂时给予民众言论自由和结社自由，在客观上使民众获得短暂的自由。老知青的返城要求以"革命"和"造反"的形式出现，他们积极加入文革的群众运动，各种知青造反组织如雨后春笋般地出现。湖南省60,000多老知青借串连之机返回城市，大造"户口"的反，要求相关部门解决他们的城市户口、粮食、就业等问题，有的知青硬逼着相关单位的人员办理户口迁移。他们还热衷于批斗农垦局的走资派、街道办事处的干部。这是因为，农垦局的领导负责知青的安置，街道办事处的干部是强迫他们下乡的罪魁。

还有知青写文章，彻底否定上山下乡运动，将上山下乡运动的错误算在刘少奇的头上，声称上山下乡是对毛泽东的青年运动方向的彻底背叛。文革要打倒刘少奇，知青们就把自己讨厌的上山下乡运动算作"刘少奇的资反路线"和"资产阶级司令部"。这是一种策略，与对刘少奇、对文革、对所谓的两个司令的真实看法和感情无关。如果没有有利的宏观政治环境，提出彻底否定党的上山下乡运动是要受到惩罚的，轻则受批判，重则坐牢。

第二次高潮发生在四人帮倒台以后，中国政治形势和政治格局发生变化。尽管以华国锋为首的文革新贵仍坚持要搞知青上山下乡运动的方向，但是以邓小平为首的党内务实派却唱反调，认为现在搞上山下乡，这种办法不是长期办法，农民不欢迎。我们第一步应做到城市青年不下乡，要开辟新的经济领域，做到容纳更多的劳动力。李先念更是提出著名的四个不满意，即知青不满意，社队不满意，家长不满意，国家不满意。国家计委副主任张衍敏锐地发现：当时农村并不缺乏劳动力，大批知青派到农村，使农村本来就富裕的劳力变得更加过剩，造成人力资源极大的浪费。国家每年为了安置知青下乡，拨出大批经费，如果拿来办实业，可以安排几百万人就业。上山下乡并不能给国家创造效益，反而浪费国家大批有限的资金。正是在有利知青的政治背景下，云南等地的知青掀起了大返城风潮。

梁晓声（2012）认为，中共做出允许知青返城的重大决策，显示出了超乎寻常的果断与魄力。倘若没有许多干部甚至极高级干部的子女，以及高级知识分子子女，高级民主人士的子女当初也被卷离家庭卷离城市，而仅仅只是老百姓的子女上山下乡了，估计决策未必会做得那么干脆果断，也未必会那么快。对此评论有不少异议。必须承认，虽然大多数干部子女早在第二次知青大返城风潮之前，已经通过各种途径离开农村，但是他们的下乡让中共的上层了解到下层的苦难，促使高层痛下决心应是不争的事实。

政治机会不仅指宏观的政治环境，也包括微观的政治条件，发生在江苏南京的1974年下放户返城就是一例。当时的中国仍笼罩在极"左"政策之下，不可能否定和推翻正在进行之中的上山下乡运动，但是南京的下放户做到了。这是由于江苏的政治精英分裂，省级领导的内讧为民众创造了机会。江苏的下放户问题特别严重，源于许世友当政时推行的极"左"路线，下放规模占全国首位。

当许世友调离江苏后，他的追随者遇到了江苏旧官僚的挑战。军人在这场权力斗争中自顾不暇，而旧官僚袖手旁观，乐见其犯错，以便取而代之。这一微环境对江苏的下放户极为有利，他们并没有提出对上山下乡运动的挑战，只是要求回城。军人因在权力斗争中被动挨打，急于摆脱下放户造成的困境，同意了下放户的要求，打开了返城的大门。

政治机会稍纵即逝，需要运动的领导人有敏锐的政治嗅觉和高超的驾驭能力。

知青大返城符合社会运动的四个特点,即群体性,时间性,认同性和目的性。在群体性方面,知青大返城运动是为实现政策变革(要求中共放弃上山下乡政策)的群体努力。时间性方面,知青大返城运动历经波折,无权无势的知青在回城问题上与中共进行了长时间的抗争。认同性方面,知青大返城运动的成员不仅仅在一起抗争,他们还享有共同的身份认同——"要求回家的知青"。目的性方面,大返城运动通过抗议、示威、绝食、罢工、卧轨等非体制内的行动,试图改变中共的上山下乡政策。

8.6. 大返城运动的定量分类分析

以上几节论述了社会运动的定义、分类、有关理论以及与知青大返城运动的关系,本节试图从统计学的视角进一步证明知青大返城是一个独立的社会运动。我们对中共建政后发动的各大运动进行分类分析。该分析需要我们把抽象的概念具体化。中共建政以来,历次党的运动有相似之处,这些运动都是由执政的中共发动的,运动的方针和目标都是上边规定的,群众虽然有些自主性,但是不能超过领导规定的范围。刘国凯(1997)认为,以往党的运动都是矛头向下、中共高层统一、党组织高效运转。根据社会运动的定义,结合金春明(1995,1998)、刘国凯(1997)等人提出的几个特点,本文采用七个具体指标来分析各运动(见表8.3)。

表8.3. 分析运动的七个指标

编号	抽象概念	具体指标
Z1	运动的目的	改革现有制度中不合理的地方?
Z2	运动的自主性	由各级党组织高效控制?
Z3	运动的自发性	运动中民众成立草根组织?
Z4	共产党对运动的政策	高层态度一致?
Z5	运动的对象	矛头向下?
Z6	运动的结果	运动积极分子受迫害?
Z7	运动性质	是整人运动?

根据社会运动的定义（即非党派或非利益集团的运动），一个政党进行的运动不属于社会运动范畴。由于语言的差别，中文无法区别群众性的运动（如文革中的群众运动以及后来的民主运动）和党领导的运动（如镇反运动、三反五反运动、一打三反运动）。在英语中，群众性的社会运动用 Movement[62]表示，而政党或利益集团的运动则用 Campaign[63]表示。两者的意义和用法是不同的。后者译为"战役"更为合适。例如，1994 年美国中期大选中，共和党在金瑞奇[64]的领导下，发起了一场共和党人称之为"与美利坚达成契约"运动。该运动提出多项与百姓切身利益有关的提案，如财政责任案中提出政府不得轻易增加税收，必须有五分之三的众议员同意才能增税；减税提案中提出，年收入低于 20 万美元者，抚养孩子可以减税。共和党还提出加重对暴力罪的惩罚；对未成年母亲减少、限制甚至取消社会福利和补贴，以使年青人增加社会责任心；强调对儿童的抚养和对老人的赡养等等。这些主张为共和党赢得了声誉和人心，在那次中期选举中取得全面胜利，奠定了该党参众两院的多数党地位，推翻了民主党把持 40 多年之久的众议院多数党地位（张程、乔晞华，2020）。

"与美利坚达成契约"事实上是美国共和党的一场战役，与中共在解放战争期间进行的三大战役极为相似。两者都是为了夺取政权，只不过采取的手段不同，美国的共和党采用政治手段通过选举，而中共采用武力手段通过战争。

西方学术界在讨论文革时，大多数学者在使用"运动"和"战役"两个词汇时比较谨慎[65]。他们在论著中提到造反运动时均使用运动一词，而当提到中共领导的党的运动时则一概使用战役一词。有的论著只谈到党的运动，这些学者绝不使用运动一词[66]。当然也少数学

---

62 Movement 原意为：移动，搬动，活动，运行。笔者不赞同中文的文章和书籍里夹杂英语的文风，所以在笔者发表的文章和书籍中除非万不得已，英语一律放在脚注中。
63 Campaign 原意为：战役，竞选活动。
64 纽特·金瑞奇（Newt Gingrich，1943），美国政治家，作家。1978 年当选佐治亚州国会议员。1995-1999 年期间曾任美国国会众议院议长。
65 如 Heilmann（1996），Benton（2010），Unger（2007），Perry（2001）。
66 如 Strauss（2006）。

者将运动和战役两词混用[67]。

华人因为语言的原因,已经习惯上把党的运动称为运动。面对这一现实,试图改变人们习惯改称"战役"的企图是不现实的。为了强调两者的区别,本书后面部分采用"党的运动"以示与群众运动(即社会运动)的区别。我们不妨从七个方面对比一下上山下乡党的运动和知青大返城群众运动之间的区别(见表8.4)。

表 8.4. 上山下乡党的运动和知青大返城群众运动的区别

运动的方面	上山下乡党的运动	知青大返城群众运动
目的性	解决城市就业	回家!改革不合理的政策
自主性	由中共自上而下地领导	没有党组织的领导
自发性	没有草根组织	多地知青们自发地组织起来,选举产生领导机构,统一指挥
政策	中共高层态度一致	中共上层态度不一致
对象	矛头向下:知青以及地富反坏右	矛头向上:要求改变政策
结果	运动中的积极分子(即各层领导)没有受到迫害	运动中的积极分子有的受到惩罚,如欧阳琏等。
性质	部分地整人,如地富反坏右分子下放	非整人运动

如表 8.4 所示,上山下乡党的运动与知青大返城群众运动毫无相似之处。我们对群众运动和党的运动进行定量分类分析,以便对大返城运动进行准确的定义。文革十年期间,中共发动过数次大规模的党的运动,如清理阶级队伍运动,一打三反运动,清查五.一六运动、批林批孔运动,批判右倾翻案风运动等等。文革事实上包含数个党的运动,所以金春明(1998)不得不把文革定义为是"特殊的政治运动"。我们首先来分析一下1949年中共建政以来发动的党的运动。根据《人民网》《中国人民政府网》《中国共产党新闻网》《新华网》《百度百科》《维基百科》等网站,归纳中共建政以来开展的重大的党的运动(见表8.5)。

---

67 如 White (1989), Lee (1978).

表 8.5. 中国建政以来重要的党的运动

编号	时期	名称	起始日期	结束日期
X1	文革前	土地改革运动	1950 年冬	1953 年春
X2		抗美援朝运动	1950 年 7 月	1953 年 7 月
X3		镇压反革命运动	1950 年 12 月	1951 年 10 月
X4		三反五反运动	1951 年 12 月	1952 年 10 月
X5		反右运动	1957 年 6 月	1958 年 6 月
X6		人民公社化运动	1958 年 8 月	1958 年底
X7		大跃进运动	1958 年 5 月	1961 年 1 月
X8		社会主义教育/四清运动[68]	1962 年冬	1966 年 12 月
X9		学雷锋运动	1963 年 3 月	仍未结束[69]
X10		学解放军运动	1964 年 2 月	仍未结束
X11		工业学大庆运动	1964 年 12 月	1978 年 12 月[70]
X12		农业学大寨运动	1964 年 12 月	1979 年 3 月
X13		上山下乡运动	1955 年 9 月	1981 年 11 月
X14	文革后	五讲四美运动	1981 年 2 月	仍未结束
X15		反对资产阶级自由化运动	1987 年 1 月	仍未结束
X16		三讲运动	1998 年 11 月	2000 年 11 月
X17		取缔法轮功运动	1999 年 7 月	仍未结束
X18		三个代表运动	2000 年 2 月	仍未结束
X19		科学发展观运动	2008 年 9 月	2010 年 2 月
X20		和谐社会运动	2004 年 9 月	仍未结束
X21		保持党员先进性教育运动	2005 年 1 月	2006 年 6 月
X22		社会主义荣辱观运动	2006 年 3 月	仍未结束
X23		创先争优运动	2010 年 10 月	仍未结束
X24		群众路线运动	2013 年 6 月	2014 年 10 月
X25	文革期间	二月镇压	1967 年 1 月	1967 年 4 月
X26		清理阶级队伍	1968 年 5 月	1969 年 12 月
X27		一打三反运动	1970 年 1 月	1972 年 12 月[71]
X28		清查五·一六分子运动	1970 年 1 月	1974 年 1 月
X29		批林批孔运动	1974 年 1 月	1974 年 6 月
X30		批邓、反击右倾翻案风运动	1975 年 11 月	1977 年 7 月

---

68 社会主义教育运动于 1963 年 11 月并入四清运动。
69 无法找到该运动已经宣布停止的证据,以下同。
70 也有说 1977 年 5 月。
71 全国有的地区结束得较晚。

胡甫臣（2014）曾在网上发文列举中共建政以来的52个政治运动。该文中提及的有些党的运动并不是全国范围内进行，不为普通民众所熟悉，因此本章的分析没有把52个党的运动全部放入分析模型。从表8.5可以看到，中共建政以来党的运动的对象不同、目标不同，属于不同的类别。有西方学者[72]把文革前的党的运动分为四类，（1）建立和强化官僚机构运动（如公私合营等）；（2）通过官僚机构进行的改变习俗运动（如消除妓女、禁止抽鸦片运动）；（3）官僚机构与民众合力进行的改变自然和习俗的运动（如除四害）；（4）阶级斗争和政治运动（如抗美援朝、三反五反）。

中共建政以来，中国还发生过一些具有民主性质的运动，如1989年民运，文革中的群众运动，文革中发生在南京的王金事件运动（乔晞华，2015），文革中的"全红总"运动（杨继绳，2016）。为了使分析更有说服力，我们把美国的黑人民权运动作为参考放入分析模型里。表8.6是分析模型中的特别关注的几个运动。

表8.6. 建政以来发生的非党的运动及参考运动

编号	时期	名称	起始日期	结束日期
X31	文革	文革群众运动	1966年6月	1968年7月
X32		知青大返城运动	1966年10月	1982年10月
X33		王金事件调查运动	1966年10月	1967年3月
X34		全红总运动	1966年11月	1967年1月
X35		1976年四.五运动	1976年1月	1976年4月
X36	文革后	西单民主墙运动	1978年10月	1979年11月
X37		1986年民运	1986年12月	1987年1月
X38		1989年民运	1989年4月	1989年6月
X39	参考	美国黑人民权运动	1955年5月	1968年4月

研究社会运动的另一个重要因素是运动持续的时间。一般来说，社会运动经历较长的时间。如上世纪的美国黑人的民权运动，从1955年开始一直持续到1968年4月美国国会通过人权法案经历13年。但是，中国的民主运动基本上是短寿的。这是因为中共总是以较快的速度给予镇压或压制，只有文革中的群众运动和知青大返城运动持

---

72 Strauss（2006）.

续了多年。鉴于这一情况，在运动的定量分析中，我们没有把运动的持续时间放入分析模型。表 8.7 是分类结果（具体计算和数据此处不赘，有兴趣的读者请参看附录 7）。

表 8.7. 中共建政以来运动的分类

类别	运动
1	土改、镇反、三反五反、反右、四清、二月镇压、一打三反、清查 5.16、批林批孔、批邓反击右倾翻案风、反资产阶级自由化、取缔法轮功
2	抗美援朝、人民公社、大跃进、学雷锋、学大寨、学大庆、学解放军、上山下乡、五讲四美、三讲、三个代表、科学发展观、和谐社会、保持先进性、社会主义荣辱观、创先争优、群众路线
3	文革群众运动、南京王金事件调查运动、全红总运动、知青大返城运动、1976 年四.五运动、西单民主墙运动、1986 年民运、1989 年民运、美国黑人民权运动

第 1 类运动显然属于"斗争运动"（或者叫作"整人运动"），第 2 类运动属于思想教育/生产建设运动，第 3 类运动具有民主运动性质。全红总运动要求提高改善临时工和合同工的地位和待遇，与党的整人运动、思想教育/生产建设运动风马牛不相及。南京的民众在九.二八调查团的带领下与当局抗争，为被无辜打死的工人王金讨回公道，不失为一次民主运动的尝试。文革中的群众运动敢于向当权者发起攻击（尽管是在得到毛的默许下），与党的整人运动具有质的区别。以往的整人运动矛头总是向下，对准百姓中所谓的"贱民"，而文革中的群众运动第一次把矛头对准了中共的各级干部，从基层的领导直至党的第二号人物。知青大返城运动是广大知青及其他下乡人员为返回曾经居住过的城市，向当局发动的一次大规模的争取自主迁徙和居住权力的斗争。作为对照参考的美国黑人民权运动属于第 3 类进一步说明该类运动的性质。

中共建政以来的运动可以分为三类的定量分析结果具有以下意义：大返城运动有别于党的运动（无论是整人/斗争运动，还是思想教育/生产建设运动），特别有别于上山下乡运动。虽然广大知青、下乡人员，以及家长们没有把改朝换代作为他们的目标，也没有把推翻国家政权和打倒共产党作为运动的宗旨，但是知青们的矛头不是以往党的运动中的平民百姓和"贱民",斗争矛头直指他们痛恨的上山下乡党的运动,这是不争的事实。

从社会运动的七个指标上看,知青大返城运动与党的两种运动有着巨大的差别:从运动的目的(是否改革社会不合理现象),运动的组织形式或自主性(是否经过层层党组织的严密控制),运动的自发性(是否成立草根组织),运动的对象(是否矛头向下),运动的性质(是否整治百姓和"贱民"),以及运动中积极分子的命运等诸多方面,知青大返城运动与党的运动大相径庭。知青大返城运动是对中共的上山下乡运动的否定,是后者的克星。知青大返城运动却与中国历次出现的民主运动和美国的民权运动相似,忽略这些特点就不能正确理解知青的大返城运动。

知青大返城运动与文革中的群众运动、历次的民主运动同为一类说明知青大返城运动与中国的民主运动有着千丝万缕的关系。当年的红卫兵怀抱民主的理想,响应毛泽东的号召投身文革,在上山下乡运动中,他们成为牺牲品,在知青大返城运动中,他们为自身的利益而战。

本书对知青大返城的定义如下:**知青大返城是中国民众自发兴起和组织,为争取自由迁徙权,而进行的一场为时 20 多年民主运动,迫使中共停止上山下乡错误政策。这是中共建政后,中国民众唯一获得成功的社会运动。**

文革后,中国出现的数次大规模的民主运动是文革群众运动和知青大返城运动的继续,文革群众运动和知青大返城运动是这些民主运动的前奏。认真总结知青大返城运动的成功经验和教训,对中国未来的社会运动不无裨益。

第 9 章

知青大返城运动的动员和发展

云南知青大返城后,再也没有知青被迫上山下乡,连 50 和 60 年代下乡的老知青也以各种方式回到城市。云南知青掀起的大返城风潮,导致以各种革命口号和革命名义发起的上山下乡运动被彻底终结。这是中共建政以来,民众第一次获得全面胜利的自发的群众运动。本章试图分析知青大返城运动的兴起和发展。社会运动学中的首要问题是运动的动员,可以分为两个具体的问题:(1)为什么动员?(2)如何动员?用通俗一点的话来说,为什么知青们勇敢地掀起要求返城的大规模群众运动?他们又是如何开展这场声势浩大的群众运动的?

9.1. 知青苦久矣

知青下乡前习惯了城市相对的舒适环境,贫穷的农村生活条件形成巨大的反差[1]。尽管政府发给每个下乡知青几百元的安置费,真正落实到知青手中的却很少,大多被接收他们的生产队截留,作为解决住房、置备农具及部分粮食的资金,还有一部分变为生产队的基金,甚至进入农村干部的私人腰包。许多插队知青并没有得到起码的住房条件,有的被安排住牛棚,忍受酷热、严寒、臭气熏天、房顶漏水、蚊子臭虫的滋扰。安置在农场和建设兵团的知青的居住条件相对好些,但也有不少例外。当时中国农村的差别并不大,在待开发地区,农场和兵团一无所有,知青得就地取材自己盖。

知青们的身体根本不能适应原始而繁重的农活,他们经常每天

---

[1] 本节参考资料:潘鸣啸(2010),夏小强(2021),龙泉(2015)。

劳动十个小时以上，很少有休息日。农忙时期，他们甚至每天披星戴月，工作16个小时。筋疲力尽的知青，甚至出现男生咳血、女生闭经的现象。令人沮丧的是，许多插队知青辛苦劳动一年还倒欠生产队的钱，根本无法自立。正如我们在前面章节分析的，插队受访者中有72%的人年收入不足150元，不足300元的达到88%。有受访者悲愤地说，"坐十年牢房，也不可能欠钱！"有知青因收入太低，二十多岁了还不能自立，自杀未遂。知青抱有的理想在严酷的现实中被击得粉碎。

更令人担忧的是知青（尤其是女知青）的安全问题。1973年6月间中共召开的全国会议意识到问题的严重性，大会一致同意有必要惩办那些迫害欺压知青的罪犯，分别在1973及1974年给一批干部定罪判刑。周恩来等亲自提出建议，把对知青施以酷刑的两个军队干部以及另外两个强暴迫害几十名女知青的军队干部判处死刑。然而，这些惩处并没能解决问题。

知青之苦，更苦在返城不公。中共建政以来，不管是计划经济时期还是市场经济时期，从来没有建立起公平的就业制度，劳动力市场缺乏诚实守信、公平竞争的契约精神。"求职凭关系，就业靠父母"的现象持续至今。当时闹得沸沸扬扬的钟志民事件就是一例。钟是军队高干子弟，在农村刚待了三个月，1969年就占用一个农民的征兵指标参了军。1972年，他想上大学，其父一个电话便搞定，钟如愿以偿进入南京大学哲学系。

俗话说，不患寡而患不均。返城中的走后门现象已经在知青和他们的父母中引起极大的不满。以上种种因素聚集在一起，中国当时的社会就像一只大火药桶，一粒火星就可点爆。

9.2. 中共高层的变化

1976年10月"四人帮"倒台[2]，中国政治形势和政治格局发生变化。1978年2月的第五届人大会议上，以华国锋为首的文革新贵

---

[2] 本节参考资料：苏淮青（2021）。

仍坚持知青上山下乡运动的方向，强调今后还会有大批知识青年到农村去。而在当年的3月，邓小平却说，现在搞上山下乡，这种办法不是长期办法，农民不欢迎。我们第一步应做到城市青年不下乡，要开辟新的经济领域，做到容纳更多的劳动力。时任国务院副总理的李先念在谈到知青工作时说，现在社会上对知青问题议论很多，知青不满意，社队不满意，家长不满意，国家不满意（即著名的"四个不满意"）。

时任国家计委副主任的张衍在城乡社会调查中敏锐地发现：当时中国社会普遍关心的是知青问题。中国的实际国情是，当时农村并不缺乏劳动力。大批知青派到农村，使农村本来就富裕的劳力变得更加过剩，造成人力资源极大的浪费。调查还发现，下乡后的知青绝大多数人不安心农村劳动，更有甚者，一部分知青由于失去生活目标和希望，在农村自暴自弃，使知青实际上成为农村的负担。更为迫在眉睫的问题是，当时大批下乡知青已经到了婚嫁年龄，由于工作问题没有着落，多数人不敢也不能结婚，造成社会人心躁动。

此外，国家每年为了安置知青下乡，拨出大批经费，年度计划高达数十亿元。这些资金如果拿来办实业，可以安排几百万人就业。张衍认为，大批知识青年上山下乡，并不能给国家创造效益，反而浪费国家大批有限的资金。张起草报告，建议中央和国务院尽快停止知青上山下乡运动，按计划让知青分批分期返城，并有计划地安排工作。他的报告得到高层的重视。

正是在这个政治背景下，云南的知青大返城风潮拉开了序幕。

9.3. 大返城运动的政治环境

知青大返城运动的目标非常清楚，可以用两个字概括："回家！"如果说文革中民众积极投入群众运动还要打着革命旗号的话（如响应毛的号召），在文革结束后的1978年，知青们已经无需任何革命口号，来掩饰他们的真实目的。"回家！"的口号喊出了知青们压抑多年的心声。

自上世纪50年代开始的上山下乡运动中，曾发生过多次返城风潮，为什么均以失败告终？知青在上山下乡期间所受的苦难不是一朝一夕的，为什么大返城风潮在1978底再次掀起？政治过程论认为，社会运动依赖于有利的政治环境，这一外部条件在一个专制集权国家尤为重要。只有在政治环境有利的时候，社会运动才可能出现。有利的政治机会的一个重要表现，是高层精英的分裂。

　　文革初期，老知青发动的返城风潮得益于中共高层的精英分裂。毛泽东为了打倒他的政敌，不惜鼓动年幼无知的红卫兵造反。按当时的说法，中共高层存在着两个司令部，一个是以毛泽东为首的无产阶级司令部，另一个是以刘少奇为首的资产阶级司令部。中共的大批权贵相继倒台，各级政府被夺了权。老知青们敏锐地看到机会，不失时机地掀起大返城风潮。

　　1966年8月，随着工作组的撤离，老知青们相继加入文革的群众运动，各地出现大批的知青造反组织。老知青们以控诉对知青的迫害和歧视为目标，把斗争的矛头指向当地的干部和四清工作组。他们还提出另一个重要目标：返城。湖南省约有六万多老知青借串连之机返回城市，大造户口的反，要求相关部门解决他们的城市户口、粮食、就业等问题。他们热衷于批斗农垦局的走资派、街道办事处的干部。因为农垦局的领导负责知青的安置，街道办事处的干部是强迫他们下乡的罪魁。老知青们极为策略地把上山下乡运动与刘少奇的资产阶级路线扯在一起。

　　1974年上半年的江苏下放户返城风潮如出一辙。由于许世友被调离南京军区，江苏的军人统治失去保护伞，江苏的原地方干部联合曾经的造反派向当权的军人发难。江苏上层的权力斗争为底层民众提供了绝好的契机，数千名下放户涌入南京火车站，北上告状，登车不成后卧轨拦阻火车，使京沪铁路大动脉中断两天。在中央的强令下，军方不得不与抗议者谈判。内外交困的军人没有执政经验，得不到任何人的支持，自身岌岌可危，军人不敢贸然行动。江苏省的原地方干部则袖手旁观，乐见其犯错误，以便取而代之。四面楚歌的军人急于摆脱困境，与抗议请愿的下放户达成协议，允许他们返回城市，并发放经济补贴和粮油煤炭计划配给。下放户选择在此时闹事正当其时。

云南知青大返城风潮的兴起，也与中共高层出现的分裂有很大关系。以华国锋为首的文革新贵仍然坚持毛泽东的既定方针，主张继续执行以往的上山下乡政策。但是以邓小平为首的党内保守派较为务实，为取得民心提出异议。这一切与四人帮倒台后中共的一系列政策变化有关，中共当时明确提出拨乱反正的方针路线，"实事求是，有错必纠"成为当时的政治口号。老干部解放，右派平反等政策，给知青（特别是云南的知青）带来希望。中共上层对上山下乡的两种不同声音，为云南知青的大返城风潮创造了政治机会。尽管处在底层的知青并不知晓中共上层斗争的具体情况，但是中国的政治气氛已经出现明显的松动。知青中具有敏锐政治嗅觉的少数人闻到了这些微妙的变化，云南知青大返城风潮的点火者丁惠民就是其中之一。

归根结底，知青多年的苦难和中共政策的变化是知青大返城运动的重要原因。那么知青的领袖们是如何发动大返城运动的呢？

9.4. 知青大返城风潮的兴起

下乡到云南西双版纳地区的知青[3]来自北京、上海、昆明、成都、重庆等城市。北京知青由于文革前接受过良好教育，有文化功底，政治敏锐，思维活跃，加上家庭背景等原因，在知青大返城之前，大部分已经离开了兵团。到1978年时，留下的知青由于长年累月的缺菜少油的艰苦生活，面黄肌瘦，疾病不断，女生的生理周期都不正常了。他们住的仍然是歪歪斜斜的茅草房，潮湿的茅草房发出令人作呕的霉臭味久久不散。连队管教干部从年初到年底，每月花样翻新地搞一些大会战，强迫知青加班加点使用简单的原始工具，从事繁重的高强度的体力劳动，知青们难以承受，普遍怨声载道，不堪忍受长期煎熬，更加渴望回到内地，回到城市。

云南生产建设兵团支边的知青因其农场员工身份受到不公正的待遇，不能像插队知青那样被推荐上学，参军，招工，顶职回到城里。四人帮倒台后，老干部解放复职，有背景和关系的知青以各种理由逃

---

[3] 本节参考资料：王心文（2010），风起云涌（2016）。

出农场回到城里，仍留在农场的是无权无势的平民子女。这种严酷的现实和事实上的不公平、不公正，使留在农场的知青更加愤怒和失望。虽然当时恢复了高考，但是对于仍留在农场的大多数知青来说，是可望不可即的。这个年龄段的知青小学没读完，初中没毕业，文化底子太薄，不可能通过短时间学习达到高中水平参加高考。

有学者[4]提出框架整合[5]的概念，其核心思想是，一场社会运动背后的目标，由于种种原因可能会不为动员目标群体所理解或接受。为此，运动的组织者会创造出一些容易被接受的话语以达到有效动员的目的。在学者看来，社会运动中的话语形成过程，实际上是一个运动组织者为了成功地动员参与者建立策略性框架[6]的过程。为了能够吸引参与者获得更多的支持，必须创建新的价值观、新的意义和理解。一个社会运动要想成功，它的构框必须产生共鸣[7]。社会运动需要注意到情绪共鸣在促进构框有效性方面的重要性。这是因为，群体构框必须能够刺激民众参与行动，造成团结的感觉，帮助排除恐惧心理[8]。

虽然知青受苦多年，怨声载道，但是要使不满转变为知青的抗议行动，不仅需要合适的政治环境，还需要运动组织者的动员。云南大返城风潮的动员可以归结为两封信，而一个中央决定和一位女知青之死进一步强化了两封信的作用。

1978年10月，一封《给邓小平副总理的公开联名信》在云南西双版纳知青中悄悄流传。作者是景洪农场10分场（原云南兵团1师1团10营）学校的教师、上海知青丁惠民。信中列举了知青生活的困苦，反映上山下乡造成的"三不安心"问题，认为局面已经严重影响社会安定团结，希望中央领导能够重视。

丁惠民采取的是循序渐进、分阶段实施的策略。在发动阶段，他采用写联名信诉苦的方式。这是一个较为温和，能为多数知青所接受

---

4 Snow et al. (1986, 1988).
5 Frame Alignment.
6 Strategic Framing.
7 Baumgarten and Ulrich (2016).
8 Voronov (2014).

的形式，达到唤醒知青生存意识，进而行动起来的目的。给中央写信如同孩子向父母诉说委屈，合情合法，无可指摘，而广大日渐消沉麻木的知青却能迅速觉悟、凝聚起来。刚开始阶段，知青们并没有到处张贴大字报，散发传单，召开集会，讲演鼓动。第一封信只是隐约地表达回城的愿望。该信有 300 多个知青指印，寄往国务院。但是第一封联名信石沉大海，杳无音信。

云南知青们又写了第二封信，发起者仍是丁惠民。在第二封信中，知青们明确提出回城的要求。到当年的 12 月初，联名信的签名超过万人，以它为媒介，在云南西双版纳数万知青中，一个以返城回家为目标的群体逐步形成。

新疆阿克苏知青的返城风潮动员与云南知青略有不同。1979 年 2 月初，身处新疆阿克苏的上海知青得知云南知青大返城风潮的消息，也开始串连、演讲、集会。最先发起运动的是阿克苏地区农 1 师 14 团的上海知青。14 团 18 连的知青写了一张海报，决定上海知青全体在团部集会。十多年来，这是第一次这么多人自发地集会。集会主要是诉十多年的苦，要求团长和政委接见。后来，地区农垦总局派人来解决问题。但是来人一到就发脾气，激化了矛盾。该团各连队的知青开始串连，选举欧阳琏为头，形成以他为核心的该团大返城领导圈子。大家决定学习云南的榜样，也走赴京上访的道路。他们还到附近的其他几个团点火，最后成立"农 1 师塔南上海知青赴京上访团"。4 月 28 日，赴北京的上访团受到有关部门负责人的接见。6 月初，农垦总局派人带领工作组来到阿克苏做实地调查。工作组走后，知青们偃旗息鼓，耐心等待。

阿克苏地区的知青们没有统一的组织，以团为单位行动。7 月下旬，部分代表抵达乌鲁木齐，打出"第二次赴京上访团"的大旗。当局强行阻止上访，北上请愿流产。此后，知青们多次组织上访，每次当局都答应解决问题，但是却不见动静，知青们一直在等待中。

1980 年 11 月 13 日，也就是在开始闹事的一年多后，参加请愿的阿克苏知青终于成立统一的领导班子，选举欧阳琏为总代表。只是到了此时，阿克苏知青们才意识到统一领导的重要性。

9.5. 知青大返城风潮的发展

1978年12月15日，中央人民广播电台播发重要新闻，第二次全国知青工作会议决定，继续坚定不移地执行知表上山下乡的方针政策，会议形成决议（即《知青工作四十条》），与农场知青密切相关的有一条决定，是今后边疆农场（兵团）知识青年，一律按照国营企业职工对待，不得再列入国家政策的照顾范围。该决定极大地激发云南知青长期压抑的不满情绪。

恰在此时，上海女知青瞿玲仙之死，引发轩然大波。瞿是西双版纳橄榄坝农场7分场知青，因怀孕难产，农场卫生所庸医不负责任的耽误，大出血身亡。这一非正常死亡事件，在农场并非最严重的，却因死得其时，引发数千人抬尸游行，激起知青公愤，对云南的大返城风潮起到推波助澜的作用。

12月8日，在西双版纳首府景洪，"云南各农场知青联席会议"召开，会议目的是商讨"北上请愿"事宜。大会推举丁惠民、刘先国（重庆知青）、胡建国（上海知青）组成三人核心小组。大会确定下一步行动是赴京请愿，并发布《北上宣言》。云南知青的大返城风潮进入新的阶段。

云南的广大知青已经发动起来，返城的呼声和愿望日益高涨。知青们成立的运动领导组织和指挥机构，把云南西双版纳地区各农场知青的行动协调起来，形成一个整体，全体知青统一部署、统一行动，造成声势和规模，并有能力应付各种突发事件，确保自身安全，使运动顺利进行。此时，云南的知青们羽翼已丰，剑锋终显。

知青们成立组织，自成体系，在中共的专制体制下是违法的，将被视为与当局分庭抗礼，有"谋反"之嫌。因此，知青从一开始就明确提出，知青没有任何政治诉求，只是希望返城回家。自始至终，知青的返城运动（尤其是云南知青返城风潮之后发生的其他各地的知青返城风潮）均试图避免与当时的政治性民主运动接触和挂钩，以免给当局找到镇压的借口。

云南知青的策略是，光靠写信（无论有多少人签名）很难得到应有的重视，而赴京请愿可以把影响扩大到全国，引发各地知青的响应。上山下乡是一项实施执行多年的政策,牵涉各种复杂的政治因素,仅凭云南几万知青难以在短时间内奏效。但是,如果把全国近二千万知青带动起来,形成全国各地呼应,造成星火燎原之势,情况必将改观,回城才能有望。

在与云南西双版纳当地政府的交涉中,忍无可忍的知青请愿指挥部一声令下,发动无限期总罢工。罢工使云南西双版纳垦区的指挥系统全部瘫痪,知青们接管了各农场连队的实际指挥权。数万知青放下劳动工具,在"回家"的旗帜下凝聚在一起。此次知青大罢工,是中国现代史上最大的一次罢工事件,其人数、规模、持续时间、社会影响等方面均超过国民党统治时期中共领导的著名的二.七大罢工。

知青的罢工并非他们的原定计划,完全是事出无奈,但是罢工为知青的最后胜利奠定了基础。写信、北上请愿虽然可以发动群众,但是对于当局的威胁有限。罢工却不一样,数万人罢工,各农场的指挥权全部落入知青之手,当局对知青失去控制,政治和经济损失不可估量,迫使当局正视问题的严重性,及时处理解决矛盾。

知青在何时北上问题上发生分歧,第一批北上请愿行动失利,代表团被堵在昆明。山穷水尽的知青代表孤注一掷,冲进车站卧轨拦截火车,使贵阳至昆明的铁路线中断三天。相对于罢工,卧轨拦截火车对当局的杀伤力更大。首先是政治影响,当局掌控着媒体,可以严密地封锁消息,发生在云南的大罢工,内地民众未必能知晓。但是铁路线中断,火车上南来北往的旅客成为义务传播者,消息会立即传向全国各地。其次是经济损失,铁路是中国的主要交通运输工具,火车停摆,经济损失相当可观。当时中共正准备对越动武,在调兵遣将的战争准备中,铁路扮演了重要角色,铁路线受阻的严重后果可想而知。中共高层不得不下达"三点紧急通知",要求保障铁路运输的畅通。

第二批北上请愿团运用声东击西的迂回策略成功到达目的地,并被中共的有关方面领导人"接见"。然而,这是一次不平等的会面,知青代表处于劣势,只有受训斥的份,根本就没有机会谈返城之事。不仅如此,作为中央代表的王震甚至使劲跺着拐杖,厉声威胁道:"你要闹别扭,给我小心点!"请愿代表们开始为自身的安全担忧,被迫返回云南。丁惠民在返滇途中向中央致电,就知青的过激行为向国家道歉。请愿指挥部向云南的知青下达了复工令。

丁惠民作为云南知青大返城风潮的发起者，功不可没，历史会永远记住他的功绩，但是他的历史作用主要体现在风潮前期的发动。如果风潮的走势按照丁的设想和作法，云南知青大返城风潮将又一次功亏一篑、胎死腹中。

幸运的是，云南勐定的知青没有听从总指挥部的复工令，在林枫、周兴儒、李光明和许世辅等人的领导下，继续罢工，甚至举行绝食，再次惊动中央。在成都的亲人得知儿女绝食，个个如煎如煮，成百上千父母和兄弟姐妹，涌入当地政府机构，哭诉声，哀求声，此起彼伏，逼请政府向中央求救。回到成都的知青发表演讲，把云南的罢工绝食潮，泼撒四川各地，披露地狱式农场的大字报，铺天盖地。因为地狱，所以绝食，让父老乡亲心如刀锉，千百张嘴里连成声浪，在四川翻滚。中共各级领导仍无任何回应，无奈之中，绝食领头人许世辅携来四名知青，拿了汽油桶，中央再不出面解决，点燃汽油，自焚了断。只是到了这个时候，中央才有行动，同意派人来现场调查（赵华娟，2021）。是勐定的知青们用血肉之躯迫使中共高层松口，终于使云南知青的大返城风潮获得成功，数万知青圆了回家的梦。

新疆阿克苏知青的大返城风潮发展并不顺利。阿克苏的当地政府对知青的请愿采取避而不见的政策，知青们找不到任何一个当局的领导人。在不得已的情况下，11月22日知青举行绝食。这是一种自残行为，是弱者表达强烈愿望的无奈之举，对当局没有什么威胁。阿克苏知青的绝食进行到27日晚，已经整整五天，知青们人心已乱。绝食坚持这么长时间，仍无人过问。这种自残式抗议在没有人性、铁石心肠的中共官员面前，未能起到任何作用，也不可能起到任何作用！直到11月27日（也就是绝食进行到100小时后），中央才来了密电，要求知青停止绝食，答应派工作组来，阿克苏的知青们这才得以体面下台阶，结束绝食。结果仍不见中央派人来。12月26日凌晨，当局以"反革命颠覆罪"将知青领袖逮捕，历时近两年的阿克苏的知青大返城风潮以失败落下帷幕。

新疆阿克苏地区大返城风潮的失败有多方面的原因，最主要的是两条，（1）抗议的知青们缺乏统一领导，行动迟缓，前后拖了近两年，多数时间在等待中度过。知青们没有强硬的，能给对方造成强有力威胁的行动，没有卧轨阻塞铁路交通或阻断公路运输，也没有在全地区举行大罢工，造成巨大经济损失和政治影响；（2）中共上层的精英分裂已经消失，邓小平已经大权在握，不需要再做姿态，换取民心。关于失败的原因，我们还会在后面章节进一步讨论。

相比之下，赴青海的山东知青更具智慧。面对省委无情的不理会策略，绝食领导小组让骨干偷偷地塞给大家糖果或巧克力。知青们明白，不能用生命作为代价来换取应有的权益，他们要活着回家。绝食引起市民们的同情和共鸣。青海知青们选在青藏铁路一期工程竣工典礼日举行游行示威，当局派员前去阻挠游行，被激怒的知青们冲向典礼庆祝会场。就在参会者迎接第一台驶进格尔木的列车时，数百名青海知青高高地抬着一口纸糊的黑色棺材，冲破军警的阻拦，齐刷刷地卧到铁轨上。他们打出的标语是，我们要回山东！火车被迫停车，顿时会场一片混乱，大煞风景。部分卧轨知青被军警抓进监狱。为了搭救他们，大批知青在监狱门前安营扎寨，绝食抗议。监狱门前"绝食"抗议的人轮流换班，吃饭休息两不误。当局万般无奈，很快释放了关押的知青，返城问题也很快解决。

总之，知青大返城运动的发动顺应民心，大有一人振臂高呼，万人响应之势。这是因为知青苦下乡久矣，返城回家是埋在知青心中多年的愿望。从政治上讲，知青们当时的状况与劳改农场的囚犯没有多大的区别，按知青运动领袖丁惠民的话说，最坏的结果就是去普文劳改农场种甘蔗，有什么了不起！从经济上说，许多知青辛辛苦苦干了多年，结果还倒欠生产队钱，比坐牢还不如。因为坐十年牢，不会倒欠钱！知青们掀起大返城运动是官逼民反，民不得不反。中国历史上的农民起义，大多是民众的生存受到威胁，反正是一死，不如拼个你死我活。知青们的处境与这些被逼造反的农民相差无几。

第 10 章

知青大返城运动的经验和教训

知青大返城运动结束至今已近 40 年了。这是中共 1949 年建政以来,唯一的一次民众获得胜利并能全身而退的社会运动。谈到胜利和失败,我们不能以非黑即白的原则来衡量一个社会运动的成败,因为社会运动是动态的、复杂的。例如,美国的民权运动被誉为是 20 世纪最重要的社会运动之一,它改变了美国社会政治的格局,对改善美国的种族关系起了巨大作用。对于许多人来说,奥巴马当选总统标志着种族"祸害"得到控制。但是,如果考虑美国部分地区仍存在紧张的种族关系,黑人社区的贫穷和高犯罪率,美国民权运动的胜利是盛名之下其实难副。同时,我们不应轻视失败,这是我们从教训中学习,纠正错误,达到新高度的一个机会[1]。

文革结束后,中国曾发生过几次大规模的社会运动,但是自从 1989 年的民主运动遭到血腥镇压以后,再也没有出现过大规模的社会运动。这是专制体制的结果,一党专制的国家,不可能允许人民自由结社和自由集会,也不可能允许社会运动存在(无论是政治的,还是经济的,或其他性质的)。认真总结大返城运动的经验和教训,将对未来的中国社会运动不无益处。

10.1. 掌握时机

有学者[2]提出社会运动的三要素:政治机会,动员结构和共鸣构框。政治机会稍纵即逝,需要运动的组织者和发起人有敏锐的政治嗅觉。目前没有历史资料记载江苏南京下放户返城风潮的发起者,但是

---

1 Saeed (2009).
2 Poletta (2008).

他们的敏锐政治嗅觉令人佩服，掌握时机的能力令人拍案叫绝。1974年4月初，江苏高层发生内斗，南京的下放户们在当月底即开始行动，拦截火车进京告状，造成铁路大动脉中断。在中央的严令下，5月2日控制江苏的军人政权与下放户被迫达成协议，下放户顺利返城。当年10月中旬，江苏的军人统治倒台，旧官僚上台。如果下放户的行动晚几个月，上台后的旧官僚比军人在执政方面更有经验、更狡猾，结局很可能截然不同。数月前，旧官僚们袖手旁观，甚至暗中支持下放户，为的是推翻军人统治。但是数月后成为统治者的旧官僚出于执政考虑，未必再支持下放户回城。五个月的时间差，定会造成天壤之别的结局。时机选准了，事半功倍，反之则事倍功半。

10.2. 一鼓作气

具有敏锐政治嗅觉的丁惠民，及时点火发起云南知青的大返城风潮。云南知青大返城的成功，不仅时机得当，更是一般作气、一气呵成。从1978年10月中旬第一封联名信发布，到次年的2月仅四个月的时间内，云南知青采取一系列强有力的行动：成立请愿总指挥部、举行史上最大规模的全面罢工、第一次上访受阻时卧轨中断铁路、第二次进京上访成功、继续罢工并举行绝食抗议，直至中央派来的专员协调各省大员同意知青返城。

反观新疆知青的返城浪潮，却是另一番景象。新疆阿克苏地区知青在1979年2月初受到云南知青返城的鼓舞，也开始行动要求返城。当年4月下旬到达北京上访，然后就是等待。一直到第二年11月中旬（即21个月之后）才勉强成立统一组织，举行绝食。12月，新疆其他各地的知青才开始行动起来。年底，阿克苏知青的返城风潮遭到重创，多位领导人被捕。返城抗议行动断断续续近达两年。如果新疆知青能像云南知青那样全面动员，各地人马联合作战，马不停蹄地发动一次又一次的出击，如游行示威、全面罢工、绝食、卧轨，结局也许会大不一样。俗话说，趁热打铁，新疆知青未能把握有利时机，一鼓作气达到目的，令人扼腕。

10.3. 运动的组织

运动组织的重要性是不言而喻的。如果没有组织发挥领导作用，运动只会停留在原始阶段，并会很快分崩离析[3]。运动组织有三个方面的含义：（1）正式的有层次的组织机构，（2）即将与对手接触的群体行动的组织，（3）联系结构，联系领导和追随者，使运动能协调进行。运动的组织者需要创建一个组织模式，使组织既能有力地构造与对手的持续对抗，又能灵活地使人们和社会网络互相联系的关系集合起来，共同斗争。云南知青返城运动的成功原因之一，是他们在运动初期成立了核心指挥机构，明确以丁惠民等人的领导地位，为后来一系列的有力行动奠定了组织基础。指挥部一声令下，数万名知青立即举行大罢工，相继接管各农场。如此有效的指挥，必然有效地扼制对手。

10.4. 文革经历的作用

参与大返城运动的知青大多经历过文革。根据受访者有 51%的人参加过群众组织的情况，我们可以推测，参与大返城运动的知青中，约有半数的人参加过文革的群众组织。例如，新疆阿克苏知青领袖欧阳琏，就曾参加过文革时期的造反运动。大返城运动中的知青是否运用文革群众组织的经验不得而知。出于对敏感政治话题的顾忌，至今为止，很少有当事人把文革结束后的知青大返城运动中的抗议行为，与文革的造反经历联系起来。然而，知青们形成组织的过程与文革中群众组织的方式极为相像：通过民主选举，运动过程中发生不同意见，几乎产生分裂（如云南知青）。有学者[4]提出，以前的组织经历有助于运动的动员和进行。以前曾参加过组织的人们，更容易在未来参加群体行动。曾经的运动积极分子由于扮演过参与者的角色，更容易重新进入积极分子的角色。这一问题有待进一步的验证。

---

3 Hobsbawam (1959).
4 Dobson (2001).

10.5 成员相对集中

大返城风潮为什么会在云南首先发起？为什么动静较大的返城风潮均发生在建设兵团或农场？这是因为人员相对集中会增加社会运动发起的可能性。美国的民权运动发生在大量黑人从分散的农村来到人口相对集中的城市。有的时候，会议、运动会、集会都会引发抗议浪潮，从而掀起社会运动[5]。1974 年云南知青的跑震，1978 年云南知青的大返城，1979 年青海山东知青的大返城，以及新疆阿克苏知青的返城抗议行动，都是发生在知青人数相对集中的建设兵团和农场。兵团的组织建制为运动的发起提供了组织上的便利。

这种情况在文革群众运动中也突出地表现出来。各省均有以大学、大工厂为核心的在当地闻名遐迩群众组织，如清华的井冈山兵团，北大的新北大公社，南大的八.二七串联会，南京的长江机器制造厂红旗战斗队，南京的金陵船厂红色纵队，南京无线电学校八.一二战斗队，南京五中八.八战斗队等。原有的大学、中学和工厂组织建制为这些群众组织的建立和维持提供了有利条件。

相比之下，插队知青由于人员分散，组织起来相对困难些。湖南长沙老知青 1966 年的大返城风潮是知青各自回城后，在长沙城里串连得以组织起来。

10.6. 运动的领导

知青大返城风潮中的领袖人物，是选举产生的，他们的主动性和创新性优于其他途径产生的领导。有研究显示，一个社会运动的力量并不完全取决于参与运动人数的多寡，而是取决于小数精英分子，取决于他们的能力和领导艺术。这是因为大多数人具有从众的倾向，只要一小部分精英分子团结一致，就可以推动广大的参与者，执行制定的方案[6]。

---

5 Dobson（2001）.
6 Crutchfield（2018）.

云南知青中有三位坚定而团结的领袖人物：丁惠民、刘先国和胡建国，新疆知青有欧阳琏等。成为知青大返城运动的领导者是要担风险的，这一点他们不会不知道，但是为了集体的利益，他们挺身而出，做好了牺牲准备。特别需要指出的是，欧阳琏争当第一把手原因是，此次闹事肯定会秋后算账，他的妻子已去世，父母也已亡故，没有孩子，单身一人，没有什么牵挂，此次豁出去了。

按照以往的经验，社会运动离不开有效能和有号召力的领导人。而现代社会运动（如"阿拉伯之春"），却似乎显示运动的发动和发展离开领导者也能进行。但是成功的社会运动却是有领导的，既不是一小撮精英自上而下地领导运动（一个极端），也不是民众自下而上地无领导指挥协调（另一个极端），而是两者之间的一个平衡点[7]。

运动领导者的策略对于运动的成败至关重要，云南知青大返城风潮的成功说明了这一点。作为主要领导人的丁惠民不仅具有勇气和胆量发起知青大返城风潮，同时还体现策略性和前瞻性。当决定发起知青大返城风潮后，丁惠民自己也记不清考虑过多少问题，一次次地提出各种方案和假设，被自己一一推翻否定，进入新一轮的思考。经过反复思量和比较，丁决定采取循序渐进分阶段实施的策略：第一是发动阶段。首先采取给中央领导人写联名信的方式，诉说知青不幸遭遇。该形式较为温和，易达到唤醒知青生存意识进而行动起来的目的。第二阶段的是赴京请愿，并建立运动的领导组织和指挥机构，把版纳地区各农场知青的行动协调起来，形成一个整体，令行禁止，全体知青统一部署统一行动。丁认为光靠写信很难得到应有重视，但赴京请愿却可以把声势影响扩大到全国，引起各地知青的反响。

丁认为这将是一场力量意志和耐力的大拼搏。他看过一些兵法书籍，深谙两军对垒胜败关键不在于兵力众寡和武器装备的优劣，主要是看谁能掌握主动以及战略战术的应用得当。一旦请愿无效，他计划进入第三阶段，组织五万知青自行撤离边疆，向各自的家乡城市转移。具体构想是：（1）各农场知青按原有建制集体撤离，徒步向昆明进发，同时开走农场所有车辆，用以装载妇幼病弱者和途中必需的

---

7 Crutchfield (2018).

粮食辎重；（2）指挥部成员一分为二，分别率领指挥知青乘火车回上海和重庆两大城市，知青们仍按原建制，以团为单位，八小时一班轮换在市政府前静坐请愿；（3）同时动员知青父母兄妹亲戚好友及社会各界给予声援支持。这样，在衣食无忧并有家庭依托的情况下，进行一场持久的非暴力的和平请愿运动，不提任何政治口号，就是"回家"两字，看谁耗得过谁。所幸的是，这一计划还未实施，知青们便如愿以偿。

虽然云南知青大返城风潮并未完全按照丁惠民的设想进行，但是他的总体设想和计划体现出运动领导者的严谨和缜密，这是其他地区的知青所不具备的，这也是为什么云南知青能取得决定性胜利的重要原因之一。

10.7. 宽容和避免分裂

群众运动兴起以后，最大的危险来自内部的分裂。例如，文革群众运动的失败，源于造反民众的内讧。许多省的保守派在1967年上半年基本垮台，造反派取得决定性的胜利。然而出人意料的是，造反派还未来得及庆祝胜利，就立即分裂成势不两立的敌对派别。两派很快卷入残酷的武斗，自相残杀，两败俱伤，直至最后的灭亡。文革的群众运动是被自己打败的。尽管有些省（如湖北、湖南和江苏等）的造反派在受到重创后，终于认识到唇亡齿寒的道理，利用1974年的批林批孔运动联合起来做垂死挣扎，但为时已晚，最终未能摆脱惨败的命运（乔晞华等，2020）。

在云南知青的大返城风潮中，知青内部曾经出现不同意见，处于危险的分裂边缘。作为主要领导人的丁惠民在此事上的处理，显示出过人的智慧和宽容。北京的几位知青要求丁把指挥权交出来，由他们几个来指挥领导这场运动，理由是他们有渠道可得知上层的态度和消息。在被丁断然拒绝后，他们竟然不顾全体知青的利益，将酝酿讨论的下一步计划文件资料用大字报抄贴在景洪街上，还刷了一条大标语："我们要回家，不要总指挥。"由于运动的意图被过早暴露，使知青大返城风潮陷入被动状态。这种公然分裂知青队伍，出卖知青机密的行为，立即引起大家公愤，许多知青提出要组织人马去扫平他们。但是丁没同意，他认为搞分裂的只是少数人，没有采取任何报复措施，避免了要求返城知青的内讧。

云南知青大返城的走势基本沿着几位核心领导人的计划进行，但是也出现下属群众不听号令，自行其是的倾向。当时在部分农场有这样一种倾向：谁的言论最革命、最激烈，就选谁当代表，谁勇敢不怕死不怕坐牢，就选谁去北京。请愿代表中有人暗携匕首和自制火药枪，声言赴京如中央不让知青回家，就不想活着回来，一副"荆轲刺秦王"的架势。赴京请愿带刀带枪的后果不堪设想，所幸发现及时。摆在运动领导人面前有两种处理方法：（1）个别谈话，晓以利害，劝其主动缴械。但是这几个知青本身性情鲁莽，思想一时难以转变，即使交了出来，也难保证又从其它渠道寻找武器；（2）将其驱出请愿团，以除害群之马，但这样做势必会引起冲突。当时景洪城内汇集了成千上万各农场的知青，一旦发生争执和内讧，后果可想而知。丁惠民选择了第三条道路，宣布推迟请愿出发，以争取时间缓和矛盾。

中央会议规定，今后各国营、军垦农场的知青不再纳入国家政策的照顾范围，作为一般的农场职工对待。该决定激怒了知青，云南知青大返城风潮发生一场近似政变的"逼宫"。那些对推迟北上请愿大为不满的知青，此时已占据上风，背着丁惠民召集全体代表到饭厅集中，还做了其他领导的工作，试图与丁摊牌。丁惠民沉着冷静，相信会有半数左右的代表信任理解他。丁暗瞩自己，无论发生什么情况，一定要保持冷静，哪怕付出再大代价，也要避免内讧。丁惠民表示，他决定暂时不走，北上代表一定要走的，不强留，可以先走，每个代表自己决定。代表们当场做出各自的选择，要求第二天走的有43人，占总数的三分之一，其余代表表示听从总组决定。情况比估计的要好，一场可能发生的内讧化解了。

事实证明，第一批北上人员虽然未获成功，却歪打正着，起到转移视线，掩护第二批北上请愿的作用。他们勇敢地卧轨，为最后的胜利奠定基础，功不可没。如果不是丁惠民和大多数知青能够宽容不同意见，避免分裂，云南知青的大返城风潮要想获得成功，是难以想象的。

10.8. 目标专一

策略的三大要素是：目标、战术、时机。选准目标就是集中资源获得一个具体的结果，可以使运动更接近成功[8]。知青大返城运动的成功还源于他们的目标专一：回家！参与大返城运动的各地知青没有提出任何政治要求，仅希望返城回家，尽可能避免使知青大返城运动涉及政治。如山西的知青于 1986 年 10 月底，聚集在太原火车站，有近千名知青参与示威。他们是来自大同、榆次、临汾、运城、长治、忻州、原平等全省各地区的京津知青代表，举行示威游行，要求返回家园，请求中央对文革中"再教育"问题给予明确答复，不允许以任何借口对知青进行迫害。

在知青活动逐渐升级的情况下，1986 年 12 月 4 日，北京发生大学生游行事件，给知青活动带来政治阴影。下一步知青活动如何进行，需要冷静的思考和正确的分析。九名知青核心人物在山西忻州研究知青活动的部署。有的知青主张：1985 年在北京市委搞静坐，1986 年在北京市委搞拜年，1987 年春节快到了，干脆在北京搞次知青游行，何况有上次太原游行的经验，让知青活动造成更大声势。也有的知青反对，认为目前形势复杂，大学生在北京刚游行完，游行管理条例开始实施，知青游行会有违法嫌疑。双方各抒己见，争论非常激烈。最后对是否在京游行进行表决，以 5:4 的微弱多数取消在京游行。

知青活动处于胶着状态，他们避免与学潮混在一起，于是一些知青想出其他办法（如假离婚、假死等）。由于知青们坚持一个目标，始终避免与政治挂钩，才使当局失去镇压的借口，避免运动胎死腹中，半途夭折。不能不说，知青们具有令人敬佩的政治智慧。

10.9. 战术的得失

制定战略以后，运动的领导者需要选择有利的战术，最大限度地

---

8 Ganz（2009）.

扬长避短，争取胜利。知青大返城运动中采用的战术包括：抗议（集会、请愿、静坐、游行、绝食等）、罢工、卧轨等。我们分别来讨论这些战术的运用和结果。集会、静坐、绝食在原地举行，请愿（尤其是赴北京请愿）和游行属于从一处向另一处移动的群体行为，抗议者会举出标语、旗帜等，以此扩大影响，争取获得旁观者的同情和支持。云南西双版纳和新疆阿克苏的知青采用北上到北京请愿的方式，他们与青海等地的知青还采用游行示威的形式表达他们的不满和正义要求。山西知青则采取到北京市政府门前静坐示威的形式，向当局施加压力。他们的静坐受到西方媒体的关注，被广为传播，对当时的北京市府产生不小的压力。

绝食是抗议示威中较为激进的形式，绝食者公开宣布停止进食，目的是给被抗议方施加舆论压力。当人停止进食后，人体的内部系统变得非常虚弱，肌肉（包括心脏）极易发生萎缩。人不进食，相当于切断能源供应，机体只能靠分解机体储存的能源物质来提供生命活动所需要的能量，直至自身的机体被耗尽而亡。绝食是处于弱势的抗议者以自残式的方式向强权政治提出抗议，并借此获得社会的同情和支持。

迄今为止，资料显示在五个地区（即江苏、云南、新疆、青海和山西）发生过大规模的有影响的大返城风潮，因此以下分析仅限于该五个地区。云南勐定农场的知青在罢工的同时举行绝食抗议。此举惊动了中央，正在云南处理事件的中央特派员赵凡受命前往处理。新疆阿克苏地区的知青，面对避而不见的当地政府决定绝食。曾有人提出堵塞交通，中断南北疆的建议，但是被领导小组否定。新疆阿克苏的知青认为，在各种选择中，绝食是很难被抓住把柄的。这种自残行为伤害的只是抗议者自己，对他人并无任何损害。绝食坚持到第五天，仍不见当地政府有任何反应，知青队伍人心已乱，不知如何体面地下台阶。青海的知青也进行过绝食，但是从第三天开始，很多知青挺不住了。幸好骨干们灵活处理，偷偷送食物才避免了不必要的牺牲。

绝食抗议的效果，取决于绝食者的名望、绝食事件的公开程度、公众对绝食者诉求的赞同程度，被抗议方的态度和所处形势等诸多因素。我们可以看到，集会、静坐、游行、请愿对专制政府影响有限。

中共于1989年通过了《集会游行示威法》，规定举行集会必须依照法律规定向主管机关提出申请并获得许可。只要主管机关不批准，集会游行示威是不合法的。表10.1是五地区知青和下乡人员采取的战术和效果汇总表。

表10.1. 五地区知青和下乡人员采取的战术

地区	集会示威	绝食	罢工	卧轨	胜利返城
江苏	是	-	-	是	是
云南	是	是	是	是	是
新疆	是	是	-	-	-
青海	是	是	是	是	是
山西	是	-	-	-	是

在五个地区的知青大返城风潮中，四个地区发展得较为顺利，很快达到目标，我们视之为"胜利"。新疆阿克苏知青遭到镇压，多人被判刑，只是到了90年代才得以回城，我们视之为"失败"。我们试图量化分析集会示威、绝食、罢工和卧轨与胜利返城之间的关系。一般的统计方法无法胜任，这是由于样本太小的原因。本节采用"定性比较分析法"[9]进行分析。

定性比较分析法是一种介于定性方法和定量方法之间的研究方法，是一种能够兼得两种方法优势的综合研究法[10]。由于能在数量有限的案例中归纳分析其构型本质，该方法首先被应用于政治学和社会学领域（因该方法涉及统计学理论，此处不赘，有兴趣的读者请参看附录10）。表10.2是集会示威、绝食、罢工、卧轨与返城成败的情况。

如表10.2所示，五个地区都发生集会示威，其中四个地区的知青返城获得成功，一个地区（新疆）的知青抗议失败。举行绝食的有三个地区，其中两个地区返城成功，一个地区返城失败，另外两个地区并未举行绝食却也获得成功。关于罢工，仅云南和青海两地的知青公开举行罢工，其他三个地区的知青或下乡人员尽管脱离下放地闹事，但并未公开宣布罢工，我们默认为没有举行罢工，因此有三个地

---

9 Qualitative Comparative Analysis, QCA.
10 Ragin（1987）.

区未举行罢工。返城成功的地区未必举行过罢工，但举行罢工的知青们都成功返城。

表 10.2. 各种战术与返城成败的关系

返城（Y）	成功	0	4[11]
	失败	0	1
		否	是
		集会示威（X）	

返城（Y）	成功	2	2
	失败	0	1
		否	是
		绝食（X）	

返城（Y）	成功	2	2
	失败	1	0
		否	是
		罢工（X）	

返城（Y）	成功	1	3
	失败	1	0
		否	是
		卧轨（X）	

五个地区中有三地的知青或下乡人员勇敢地卧轨阻断交通，造成巨大的影响。1974 年 4 月，数千名江苏的下放户涌入南京火车站，试图登车到北京告状。被军方阻拦后，他们集体卧轨拦车，运输大动脉的京沪铁路中断两天，迫使中央强令军方限期解决问题。1978 年底，云南知青的第一批北上代表们被逼无奈，冲进车站强行登车北上请愿，受到阻拦后卧轨。贵阳到昆明的铁路线中断三天，使中共对越战争的准备受到极大影响。青海的知青于 1979 年 9 月举行游行示威，冲进青藏铁路一期工程竣工典礼会场，卧轨阻拦庆典火车，使有多省领导人参加的庆祝会场一片混乱，影响远远超出青海一省。可以说，举行卧轨的知青或下乡人员在大返城风潮都获得成功，但是反之

---

11 表内数值为地区数。本节研究的样本（N=5）在定性比较分析中属于较小的案例，但仍能为我们提供一定的信息。

并不一定成立。

本节采用 fsQCA3.0 软件计算充分必要性分析的相关指标，以量化指标比较各战术发挥的作用（见表10.3）。

表10.3. 定性比较分析法的计算结果

	集会示威	绝食	罢工	卧轨
一致率 Consistency	1.00	0.50	0.50	0.75
覆盖率 Coverage	0.80	0.67	1.00	1.00
共存率 Coincidence	0.80	0.40	0.50	0.75

表10.3是充要性分析，即判断各战术在多大程度上是成功返城的必要和充分条件及其对返城成功的解释力度。定性比较分析法将一致率和覆盖率作为检验结果可靠性的指标[12]。一致率用来描述充分条件与结果对应的程度，覆盖率用来描述某前因作为引致结果变量路径的唯一性程度，共存率结合一致率和覆盖率进行综合分析。共存率分析两个集合间重合率的大小。换言之，检测两个集合间属于同一个集合，如卧轨与返城成功的共存率指的是在卧轨和返城成功总体中，既卧轨又成功返城的地区占多少。相对而言，集会示威非常重要，综合指数（共存率）最高，达到0.8。值得注意的是，罢工和卧轨的覆盖率非常高，达到最高可能值1.0。这是其他战术无法比的。在各战术中，卧轨、罢工、绝食的综合指数分别是：0.75、0.50、0.40。这就意味着，卧轨优于罢工，罢工又优于绝食[13]。

知青当年的抗议发生《示威法》出台前，民众还能比较自由地举行集会游行示威，但是对当局的杀伤力有限。虽然不少市民同情知青，但是大多数的抗议示威并未导致当局及时采取措施，解决矛盾和问题。绝食虽然是较为极端的做法，但是从各地知青大返城风潮的效果来看，并不比其他方式体现出更多的有效性。这一做法对知青们身体的长远损害却是无法估量的，绝食也会使知青抗议队伍失去宝贵的骨干力量。面对专制体制，绝食并非民众的有效武器。在各种战术

---

12 Ragin (2008).
13 一般要求指数等于或大于0.8，我们这里只是比较几个战术之间哪个更好，所以不影响我们的结论。

中，罢工和卧轨对知青自身的伤害较小，对当局的杀伤力最大（尤其卧轨），是非常有效的战术。

说到卧轨，有必要提及铁路行车的指挥系统。无论是普速客货运列车，还是高铁列车，由于列车的速度快、质量大、惯性大，不可能像汽车那样在很短距离内停车。那么如何保证列车运行安全呢？铁路是通过"区间闭塞"系统为列车运行提供安全保障的。区间闭塞把铁路线分隔成若干区间（一般来说每段至少2,000米以上），区间内的两条铁轨是绝缘的。如果没有列车行驶在区间内，两条铁轨并不导电。当列车进入某个区间运行时，车轮成为导线，两条并行的铁轨形成回路导电，会将电信号传输给指挥中心，该区间就会自动关闭，不让其他列车进入，这是固定式闭塞。目前国外已研发出移动式闭塞，利用无线技术，传递行车信息，列车定位，实现对列车的安全间隔控制，不再依赖地面轨道电路。其实，保障列车安全的固定式区间闭塞是非常脆弱的，如果有一根超过1.5米的导线放在两条并行的铁轨上（中国铁路的轨距是1,435毫米，也称标准轨），该区间立马关闭，火车将停止运行，效果堪比卧轨。

10.10. 搭便车和秋后算账的问题

社会运动动员的另一个问题是免费搭乘者问题。博弈论里有一道被称为"智猪博弈"的题，内容是这样的：猪圈里有两头猪，一头大猪和一头小猪。猪圈有个踏板，猪每踩一下踏板，在远离踏板另一端的投食口会有少量的食物落下。如果小猪踩动踏板，大猪会在小猪跑到食槽前吃光所有的食物。假如大猪踩动踏板，则还有机会在小猪吃完食物前争吃到另一半食物。两头猪会采取什么对策呢？

显然，小猪会选择"搭便车"的策略。换言之，小猪会舒舒服服地等在投食口旁边。大猪则为了一点残羹剩汤不断地奔跑于踏板和食槽之间。这是因为，如果小猪踩动踏板，它将一无所获，不踩踏板反而能吃上食物。对小猪而言，无论大猪是否踩动踏板，自己不踩踏板总是最有利的选择。而大猪则明白，小猪不会去踩动踏板，自己去踩踏板总比不踩没吃的强，只好不辞辛苦地亲自动手。

上世纪 80 年代初[14]，南京的知青工龄事件与搭便车问题有关。该市企业工人普调工资，上山下乡知青要求把下乡的时间算作工龄作为普调的参考因素。他们响应政府的号召，上山下乡插队也是参加革命做贡献，就像工人进厂和战士入伍一样。此事闹得挺凶，各单位的知青串连起来，组织请愿团到政府办公楼前面静坐。最后市里下达文件，同意知青的要求，此次加工资，知青的工龄从他们下乡的当日起计算。然而让人想不到的是，文件中有一条附加条款，那些领头的知青一律不得享受优惠政策，不能把工龄提前计算，仍然按照他们回城后参加工作的时间计算。

那些不参与、等着加工资的知青们满面春风，不费一枪一弹捞到实惠。而那些领头闹事的知青却被排除在好处之外，只好自认倒霉。此时没有人关心他们，更没有人为他们出头抱不平。人们从这一事件中吸取教训，再也不敢领头。因为谁领头，如果出事，倒霉的肯定是他们，而到分享胜利果实时，肯定没有他们的份。

虽然当时的决策者未必知道智猪博弈的经济分析模型，但是他们所采取的措施完全按照该博弈的原则行事。他们制定的游戏规则，使得博弈中的民众不再发难，从而降低管理成本。因为人们明白，谁带头将来吃苦的是他们，如果有好处绝对轮不到他们头上，不如在一旁观看，说不定还能捡个便宜。

民众很少自行参加运动。即使一个人相信某个主义或事业，从理性的角度说，不参加才是正确的，做一个免费搭乘者更合算。如果胜利了，好处我也有一份，如果失败了，不用承担可怕的后果[15]。对于这一问题，社会运动的领导者们需要想出对策，解决搭便车的问题，更要想出办法，保护运动的领导者不被秋后算账。

---

14 因年代久远，笔者不能肯定是 1982 年还是 1983 年。
15 Porta and Diani (2015), Walder (2009).

第 11 章

结　语

　　本书是首部以社会运动学的视角，分析和研究上山下乡与大返城运动的专著。社会运动学是因中国文革而催生的一门新型学科，近几十年来在西方学界得到飞速发展。遗憾的是，该领域的研究成果未引起广大华人学者的关注，许多华人学者对此知之甚少。

　　本书首次把上山下乡和知青大返城分为两个性质完全不同的事物进行研究，前者是由中共发动的自上而下的政党运动，而后者是自发的、自下而上的社会运动（也称为"群众运动"）。英文中两种运动是用不同的词汇表达的，但是中文却只有一个词表达，这是造成认识误区的原因之一。本书不仅从理论上论证两个运动的不同性质，并用统计分类方法从实践上证明两个不同性质运动的存在。早在 1953 年就有人在中共政府的号召下上山下乡，而知青的返城运动也于 1956 年以病退的方式，由民众拉开对抗的序幕。这是一场民众和政府之间长达 20 多年的博弈，这是一个顺应世界潮流和倒行逆施的两股力量的较量。

　　本书也是首次总结大返城运动的经验教训，为中国未来的社会运动提供借鉴的专著。一个运动的成功，并不完全取决于参加运动的人数多寡，而是取决于少数精英。同时还取决于运动对时机的掌握，正确策略的制定，战术采用的得当，领导组织机构的健全，领导人的指挥能力，运动积极分子的宽容和团结等一系列因素。

　　本书采用网上问卷调查收集的数据，对知青下乡时的态度、下乡的安置形式、下乡后的经济收入、下乡期间的精神状况、与当地农民的关系、返城的形式、返城后个人和子女的发展、对上山下乡的评价以及它们之间的关系等诸多问题，进行科学的统计分析。涉及面之广，参与人数之多，至今还不多见。

导致上山下乡运动不得不中止的知青大返城运动至今已近40年。虽然1989年民运遭到血腥镇压以后，中国再未出现过类似规模的民主运动，小规模的抗议活动却从未停止过。例如，前几年广西、无锡等地的讨薪和要求提薪的抗议，河南安阳、焦作、郑州等地的融资诈骗受害者的抗议，上海业主维护住房权益的抗议，安徽六安市金安和裕安等地公办教师的讨薪维权抗议，全国多地车主及司机发起的卡车司机大罢工，2021年江苏、浙江等省的大学生和家长抗议院校合并导致文凭"贬值"，以及2021年恒大投资者的抗议等。

更加引人关注的是复转军人的抗议。这些曾是国家专政机器的成员也走上抗议的道路，维护自身权益。2016年10月，逾万名来自中国多个省市的复转军人，在北京八一军委大楼前举行大规模维权行动。此次大规模维权行动，通过网络召集的方式，筹备半年之久。复转军人由原来的碎片化维权，渐渐走向聚合。

令中共高层始料不及的是，上述抗议过后仅几个月，2017年2月，大批身穿迷彩服的中国退伍军人又一次聚集在北京的中央纪律检查委员会大楼前，静坐示威维权。示威者们索取被拖欠的退伍福利，要求解决住房和就业等问题。与前次退伍军人包围中央军委八一大楼示威的做法类似，这些退伍军人身穿作战迷彩服，排列整齐，呼喊口号。作为一个特殊的维权团体，退伍军人进京上访维权给中国政府出了一个难题。如果强力镇压，他们担心会动摇现役军人的军心。

尽管中国不断出现民众的抗议行为，但是中共的政治体制确保了其政权的相对稳固。中共的政权结构由共产党、政府和军队（简称"党、政、军"）三大系统组成[1]。从纵向上看，中共政权自上而下分为五个层级：（1）中央级，（2）省级，（3）地市级，（4）县级，（5）乡级。从横向上看，每个层级并列七套系统，即：（1）党委；（2）纪委；（3）人大；（4）政府；（5）政协；（6）军队；（7）武警。前两者属党的系统，最后两者属军队系统，中间的三者属政府系统（见表11.1）。

---

[1] 本节关于中共政权结构的讨论基于阎淮（1991），笔者在此感谢阎淮先生的指教。

表 11.1. 中共政权结构图

	党		政			军	
	党委	纪委	人大	政府	政协	军队	武警
中央级	党中央	中纪委	全国人大	国务院	全国政协	中央军委	
省级	省委	省纪委	省人大	省政府	省政协	战区（跨省）省军区	总队
地市级	市委	市纪委	市人大	市政府	市政协	军分区	支队
县级	县委	县纪委	县人大	县政府	县政协	人武部	营/连
乡级	乡委	乡纪委	乡政府	乡人大	-	-	-

在中共政治结构的内部，起关键作用的是中共的组织系统，在整个政治结构的金字塔顶端是中共的党中央。以上的政治结构具有以下三大特征：（1）一党专政，党管一切；（2）中央集权，领袖独裁；（3）官本位制，等级森严。一党专政是由中共的党章和宪法明确规定的，中共是法定的、唯一的、永恒的执政党。同级七套机构的负责人均由党牢牢掌握，从表 11.1 可以看出，中共的政治结构像一张巨大的网，牢牢地笼罩着全国的各个方面，它的触角伸至中国社会的每个角落，达到无孔不入，无所不至的地步。

中央高度集权，全党服从中央，党中央又服从党的领袖，进而实现领袖独裁。中共的权力结构是以官本位为基础，任何社会组织都有级别，干部级别决定一切。高度集权的委任官制，决定了干部不受反对党的制约，不怕群众的反对，只要上级赏识即可。一切向上看，只对上级负责，是干部取得权力和巩固权力的唯一手段和行为标准。这一特性造成政治的高效性，当发生动乱时（如六.四事件），中共可以利用其严密的组织机构，层层传达中央指示，几天之内即可到达全国各地的民众。

中共的统治一靠理想，二靠纪律，三靠所谓的"法律制裁"。当理想破灭以后，主要靠纪律约束和所谓的法律制裁。中共拥有 20 多年的武装斗争经验，使其具有稳固的历史基础。目前中共有 9,500 多万党员，这是一个庞大的群众基础，尽管许多党员对现状严重不满，但是他们并不愿意看到中共倒台被推翻，只是希望中共能够自我完善，说明中共的"气数未尽"。

在中共稳固的专制体制下，真正意义上的社会运动无法生存，但是中国实现民主并不是毫无希望。如果我们将民众的各种抗议行为看成是未来长期维权运动的组成部分，把这些分散无联系的抗议行为作为社会运动的一部分来研究，就有了意义。由无数抗议活动组成的社会运动，将使专制国家向民主化发展[2]。借鉴国外的经验教训，对研究中国未来的社会运动必有裨益。

根据对前苏联解体的分析，政治机遇在动员民众投入运动方面具有非常重要的作用。政治机遇包括：（1）政体内政治重新调整，（2）出现有影响的盟友，（3）高层出现分裂，（4）国家镇压力减弱或镇压意志不一致。在不民主的政体中，任何政治不稳定都会引发民众的反抗。上层精英为了争权，有时会向政体之外寻求支持。高层领导内部的矛盾会促进社会运动的爆发，精英的分化不仅为下层民众的抗议行动提供助力，还会使部分缺乏权力的精英成为民众的领袖，共产党的高层精英中存在下层民众的盟友（如叶利钦）。在独裁专制下，体制内的盟友是民众可以依靠的一种资源。

专制国家惯用镇压手段挫败民众的社会运动。但是，对社会运动的镇压会造成民众激进化，促使反对者更有效地组织起来，温和派退出运动，激进派占据领导，使运动转向，变得更加激进，甚至实行恐怖主义手段。而且，并非所有的高压都能有效地阻止民众的斗争。铁腕镇压的荒谬之处是，一般行动也染上政治色彩。由于缺乏沟通的渠道，连温和派也成为政权的敌人，迫使他们在可以进行改革的条件下，也提出推翻政权的主张。（塔罗，2005）

发生在突尼斯和中东国家的革命运动值得我们借鉴。2010年12月17日，26岁的突尼斯青年布瓦吉吉自焚，该事件触发境内大规模的街头示威游行，导致该国总统阿里政权倒台，成为阿拉伯国家中第一个因人民起义推翻现政权的革命运动。事情的起因是，布瓦吉吉拉着一部摊车在街上卖水果，因为没有申请执照被警察部门没收摊车。不久之后，他为抗议警察执法自焚。布瓦吉吉自焚之后，数百名抗议者进行示威，聚集在市府大楼前，警察用催泪弹驱赶。社交网站脸书

---

2 Porta and Diani (2006).

和油管立即将警察与示威人群的冲突视频上传，使得更多的民众了解此事。抗议活动逐渐扩大，民众要求总统和其他官员下台。2011年1月，总统被迫离开突尼斯，出走沙特阿拉伯，结束了长达23年的统治。

在突尼斯革命的影响下，阿拉伯其他国家（如埃及）的民众也行动起来，史称"阿拉伯之春"。该运动以参加的人数众多和非暴力等特点著称。此外，还有三个特点引人注目，即无线、无领导者、无阶级[3]。"无线"是指阿拉伯之春革命运动的爆发是由新一代的信息和媒体技术（因特网、脸书和推特等）煽起并构框的。在阿拉伯之春运动中，因特网、脸书、博客和推特起到了联结个人、群体和各社会团体的作用。运动消息的散布、民众的动员和鼓动、群体行动的协调，无不依靠该新技术。现代信息技术手段，是此次革命成功的关键[4]。

其次，这是一场"无领导者"的革命。当然，如前所述，运动并不是完全没有领导，而是没有明显的、在前台抛头露面的领导人物。在阿拉伯的革命运动中，没有传统意义上的具有层次的领导结构，革命是不同组织共同努力的结果。虽然并没有某个（或某些）组织占据领导者的地位，但是革命运动却组织得非常出色。香港的示威浪潮也是没有明显统一的领导（香港叫作"无大台"），参加者只是透过网络讨论区、加密即时通讯等方式商讨下一步行动。

法国心理学家勒庞认为，聚众是对个体的否定。自勒庞到弗洛伊德，聚众心理学的兴趣从一时的和即时的聚众转向策划的聚众，从群众转向群众的首领[5]。按照这一观点，似乎运动离不开有效的和有号召力的魅力型人物。但是近年来的实践却表明，运动的发动和发展离开有魅力的领导者似乎也能进行。无领导者对运动的发展的另一个好处是，保护运动的精英和骨干。香港当局曾邀请多所大学的学生会参与对话，但对方都以自己"不是大台"为由拒绝。

在专制国家里，传统的运动常常因为运动组织的主要领袖遭到暗杀和监禁陷于群龙无首的困境。无领导者的状况给专制政权出了

---

3 Mahmoud（2015）.
4 Shahin（2012）.
5 Adorno（1991）.

一道难题,当权者不知该如何下手,大规模的滥杀无辜毕竟不是明智的选择。电子网络的出现,为运动的幕后领袖提供前所未有的保护。

"无阶级"指的是,参加运动的民众抛开意识形态和宗教的分歧,为改变政权万众一心。阿拉伯国家的现代社会运动与世界其他地区的社会运动并非毫无联系。当突尼斯、埃及、也门、阿尔及利亚和巴林等国的民众起来反对他们的专制统治者时,这些国家的抗议运动既不是由意识形态和宗教煽动,也不是由某个(或某些)领导者或政党煽动的,而是由一系列的经济、社会、心理和政治因素造成的。

根据政治过程论的观点,运动的参与者并非在真空中选择他们的目的、策略和手段,政治结构对参与者的行为具有重要的影响[6]。有学者分析美国因种族和贫困发生的暴乱,发现如果城市比较开明,有正常的渠道沟通,发生暴乱的可能性较小。如果一个城市比较封闭,没有明显的沟通渠道,这样的政治结构会压制民众,发生暴乱的可能性也较小[7],政治开明与抗议之间存在着非线性的曲线关系[8]。

这就是说,当政府为民众提供正常渠道时,民众抗议很少,因为民众能够通过代价较小、更直接的方式施加他们的影响。当政府采取强硬路线时,当局能够压制民众,使他们无法拥有足够的资源组织起来发声。抗议的爆发,常常发生在政权有适当的容忍度,民众既没有足够的渠道满足自己的诉求,又没有完全被压制得不敢尝试采取体制外的手段达到自己的目的。

换言之,政治开明度与抗议爆发之间的关系是"倒 U 型"关系[9]。阿拉伯之春能够爆发,归功于相关的阿拉伯国家在政治和经济改革中(同时在国际舆论的压力下)采取较开明的政策。但是这些国家的政策,还没有开明到足够的程度,以使革命运动没有理由。

民众投入抗议活动不仅取决于外部条件,而且还取决于内心的因素。当外部条件与内心的感觉相适应时,民众会积极投入运动。内心的感觉指的是对外部环境的认知。外部条件不会自动转变成抗议

---

6 Meyer (2004).
7 Eisinger (1973).
8 Tilly (1978).
9 Smith and Fetner (2010).

行为，需要经过"思想解放"，才能转换成行动[10]。

伊朗的 1979 年革命就是一例。从各项客观指标来看，当时的巴列维政府并非一个虚弱的政权。随着运动的发展，伤亡人数不断上升，激发了一部分民众的抗争。从 1978 年 9 月开始，民众开始感觉到革命运动比政权更强大，感觉到革命能够成功。这一主观意识的变化，使更多的民众加入斗争行列中[11]。

因特网为民众的组织提供平台是有目共睹的[12]。因特网的多向联络功能，能够促进社会运动。微信群、博客群、Skype 群、脸书群和推特群等等，都是社会网络的节点，可以成为动员的对象，实现整体加入。因特网能够使社会运动的组织以较低的代价进行沟通交流、产生信息和发散信息，并且有效地获得反馈[13]。无领导并非真的没有领导者，而是因为领导者们活跃在因特网络中，不像传统的运动中那样，需要亲自出面来号召和动员民众。面对专制体制，充分运用英特网的隐蔽性，不失为一种有效的手段。

中国发生过一系列事件，显示出电子网络的强大威力，例如江苏南京的"周久耕事件"。2008 年，周扬言"要查处低于成本价卖房的开发商"，引起网民的愤怒。周久耕参加南京国土局会议的一张官方照片，开始在互联网上广泛传播。网民对这张照片仔细查看之后发现，周某手上带着一只进口的价值十万元人民币的名表。他抽的烟，是 1,500 元人民币一条的"南京九五之尊"；他开的车，是美国豪华车凯迪拉克。但是，周某的月薪只有 4,000 多元，周某后来被立案调查，并被判刑。

在这场反贪官的斗争中，电子网络发挥了巨大的作用。2016 和 2017 年，复转军人的两次大规模维权行动，也是通过网络召集的方式秘密筹备的。两次高度隐蔽组织起来的大规模抗议行动，打得当局措手不及。

目前微信在华人中非常流行。微信群可以大致分为四类：（1）

---

10 McAdam (1982), McAdam et al. (2001).
11 Kurzman (1996).
12 Yang (2009).
13 Salter (2003).

友情类；（2）兴趣类；（3）政治类；（4）商业类。友情类群占很大的比例，联系着亲人、朋友、同学、同事和战友等。兴趣类群是以共同兴趣为纽带，如旅游、绘画、书法、读书、投资、股票和理财等。政治类指的是群里的言论有明显的政治倾向，如追求民主、自由谈论、走向光明、八九、六四和民主正义等。此类群常被封群和封号，然而群主和群友们不屈不挠地与网管玩"猫捉老鼠"的游戏，封了再建、建了再封的游戏将无休止地循环下去。虽然此类群友和微信群的总数并不多，但其能量不容小觑。另外还有一些以商业为目的的群，如房地产交易、广告互利、拍卖、医疗和工程信息等。前三类群的群友间有着较紧密的关系，具备动员民众的潜力。一旦时机成熟，这些微信群会产生并散布消息，成为未来运动的网络基础。

与网络密切相关的另一个现象是"饭圈"，是娱乐圈催生出的追星粉丝群体。偶像的成长之路同时也是粉丝的自我实现过程，偶像是粉丝的代言人，满足粉丝的自我想象，同时偶像也是粉丝欲望中的客体，填补理想伴侣的缺位。饭圈是明星经纪公司为套牢明星的粉丝组织起来的，系统复杂、庞大、专业而又高效。一些平台资本通过建立一整套游戏规则，刺激和培育粉丝的竞争心理，诱导他们组队并形成利益集团，参与冲榜和刷量。经纪公司、品牌方、广告方则以各自旗下的艺人为核心，组织起各自的粉丝社群，并通过运营公司、后援管理会、粉头、职粉等专业团队管理普通粉丝。其内部从拍摄、剪辑到控评、外联再到宣传、应援，粉丝们各司其职，各负其责，形成一条完整的运营链条。

曾经的"顶流"吴亦凡遭刑事拘留，他的粉丝相当死忠，在网络里建立起"吴亦凡救援群"，商讨"劫狱"计划。有粉丝说，吴亦凡的微博有 5,160 万粉丝，而大陆在编警察只有 220 万，如果粉丝团结劫狱的话，每位警察必须面对约 24 名粉丝的进攻；就算加上 230 万解放军，总共也只有 450 万人，只要粉丝团结就能攻破北京看守所！网络里流传上百名吴亦凡的粉丝拿着写有"凡"字的纸牌在看守所外，高唱吴亦凡的《时间煮雨》声援偶像。

饭圈的能量从吴亦凡事件中可略见一斑。这是一个不可小觑的圈子，是一个可与中共抗衡的圈子。而且，这是一个自愿狂热的圈子，能量比党圈要大出好多倍。虽然现在只是唱歌、跳舞、看电影，说不定在将来的某个时刻会演变成动摇党圈的一个大隐患。中共出于对政权稳固的担心，于2021年9月开始动手大力整顿娱乐圈，将其铲除在萌芽状态之中，这就是整治饭圈的政治意义。饭圈的兴起和能量对未来中国社会运动不无启迪。

2021年中共两会开幕后，除李克强发表政府工作报告外，有关财政预算报告披露的军费预算、公共安全预算亦受到关注。中共维稳经费膨胀，维稳暴力增长，起初用于迫害法轮功，接着延伸到农民工、下岗职工、被拆迁户、异议人士、维权律师、宗教信仰团体等，现在还要高压管控"一国两制"的香港。仅凭这些，即使中共不披露实际数字，外界也能够估算出中共维持国内稳定的支出，会越来越高于国防经费。只要中共的经济不垮，中共就有足够的经费支撑由枪杆子为基础的专制统治。

在专制国家中，民主运动常以环保运动的形式出现[14]。环保运动属于维权范畴的社会运动。中国的经济发展迅速，但是环境污染问题相当严重。随着民众日益增长的环保意识和维权意识，此类抗争将不断增多。此类非政治性的与民众生活密切相关的抗争，会引起更为广泛的舆论同情和支持。当地政府出于经济利益的考虑，可能采取高压手段，但是面对强大的社会舆论时，中央政府也不得不出面干预。围绕着环保问题的抗争，不仅是经济的和生态的，也是政治的。

环保运动基本上是隐而不见的社会运动。这种隐蔽的社会运动是通过自律以及自觉保持在环保领域的去政治化理念实现的。为了生存，环保运动必须服从中共的领导，以获得合法性，同时保持不引人注目的、半神秘化的存在方式。在获得合法性的同时，环保运动一方面依赖中共的支持，另一方面加强对组织自身的约束。环保人士采用非面对面的策略，避免在政治的冲突，有学者把这种环保运动称为"嵌入式"社会运动。此类社会运动或许会对中国的政治变迁起到作用，使其不像东欧国家一样，发生政治突变（何皮特、安德蒙，2012）。

此外，在中国大陆，以经济利益为主要目标的维权抗议行动，在

14　Smith and Fetner（2010）.

短期内还将占据主要地位。民工讨薪、复转军人安置、学生就业、全民医保、老年人生活保障等问题，都是解不开的结。

实行经济改革开放拒绝政治改革的一些中东国家，在阿拉伯之春的革命浪潮中先后倒台了。触发政治变革的事件是无法预料的，一个社会地位低下、无权无势的突尼斯青年的自焚，竟然能够导致巨大的中东社会变革，是任何人都没有想到的。在阿拉伯之春的革命运动中，只有突尼斯成功地转型，实现了民主。其他国家的民主状况并未获得根本性的改善，有的甚至变得更糟。这就预示着，未来革命运动的走向更加捉摸不定。

中国是否也会出现类似的突发事件，导致巨大的变革？如果出现类似的突发事件，民主运动的参与者能否接受文革中群众运动失败的教训，能像云南知青那样宽容、团结避免内讧？如果出现类似的变革，将向哪个方向发展？

世人将拭目以待。

附录1　关于"上山下乡情况"的问卷调查

调查对象：从上世纪 50 年代至 70 年代末被下放至农村和边疆的任何人员（包括知青，工人，干部，教师，科员，社会闲散人员，无业人员等）。

说明：（1）如果您了解情况，您可以为您的亲友填写本问卷调查。（2）任何人（包括本调查的主持人）均无法追踪受访者。（3）本调查是乔晞华博士的个人研究项目，无任何单位资助。（4）本调查大多是简单的选择题，填写所需时间不长，希望您能参与。谢谢！

01.您（或亲友）下乡前所在的省、市/城镇（如江苏省南京市）
　　―――――――――

02.您（或亲友）的出生年份（如1950年）
　　―――――――――

03.您（或亲友）的性别（请选择）
　A 男　B 女

04.您（或亲友）的家庭出身（请选择）
　A 革命干部/革命军人
　B 工人/贫下中农
　C 灰五类（职员/小业主/知识分子等）
　D 黑五类（地、富、反、坏、右）
　E 其他_____

05.您（或亲友）下乡前的政治面貌（请选择）
　A 党员

B 团员、积极分子
C 一般群众
D 黑五类
E 其他 _____

06. 您（或亲友）下乡前的职业（请选择）
    A 小学生
    B 中学生
    C 大学生
    D 工人
    E 领导干部
    F 科员、一般技术人员
    G 中小学教师
    H 大学教师、学者、研究人员
    I 无业人员
    J 城市居民
    K 其他_____

07. 您（或亲友）文革中参加过群众组织吗（如红卫兵）？（请选择）
    A 参加过
    B 没有参加过
    C 其他 _____

08. 如果您（或亲友）参加过群众组织，参加的原因是（可以多选）
    A 未参加群众组织
    B 响应毛和党的号召
    C 争取改变政治处境
    D 争取个人经济权利
    E 对当权派不满
    F 同情受打压者
    G 受同事亲朋好友影响
    H 好玩
    I 其他 _____

09. 您（或亲友）下放到的地区（省、市、县）/何年下放
　　_____

10. 您（或亲友）下乡的形式（可以多选）
　　A 插队
　　B 农场
　　C 建设兵团
　　D 投靠亲友
　　E 全家下放
　　F 其他 _____

11. 您（或亲友）下乡时的心情（可以多选）
　　A 自愿积极参与
　　B 被迫无奈（受舆论压力，但未被强迫）
　　C 被强制下乡，不得不走
　　D 希望通过下乡能上学或招工
　　E 下乡找同伴
　　F 其他 _____

12. 您（或亲友）返城前在下放地劳动的情况（请选择）
　　A 一直坚持在地里劳动
　　B 在农村中成为赤脚医生、教师、广播员等，脱离地里劳动
　　C 有相当时间待在城里未参加劳动
　　D 其他 _____

13. 您（或亲友）在下放地的年收入
　　_____
　　其他 _____

14. 您（或亲友）在下放地的婚姻情况（请选择）
　　A 未谈恋爱、也未结婚
　　B 谈过恋爱、但未结婚
　　C 结婚，配偶是下乡人员

D 结婚，配偶是当地农民

E 其他 _____

15. 您（或亲友）在下放地的心情（可以多选）

    A 感觉生活苦

    B 感觉精神苦

    C 感到与农民有隔阂

    D 感到困惑

    E 思乡之愁

    F 看不到前途和未来

    G 其他 _____

16. 在您（或亲友）的下放地区，周围农民对您们的态度如何？（请选择）

    A 对我们很好

    B 对我们一般

    C 对我们不好

    D 对我们不好，还欺负我们

    E 其他 _____

17. 您（或亲友）何年返城

    A _____

18. 您（或亲友）以何种形式返城（请选择）

    A 顶替（顶职）

    B 招工

    C 招兵

    D 被推荐上大学

    E 考取大学、研究生

    F 考取中专校

    G 病退、困退

    H 其他 _____

19. 您（或亲友）返城后最终从事的职业（如果已经退休，请选择退休前的职业）（请选择）

   A 工人
   B 下岗工人
   C 科员、一般技术人员
   D 领导干部
   E 中小学教师
   F 大学教师、学者、研究人员
   G 下海经商
   H 其他 _____

20. 您（或亲友）子女发展的情况，子女中（可以多选）

   A 最高学历是初中
   B 最高学历是高中
   C 最高学历是大学
   D 最高学历是研究生
   E 有出国留学生
   F 有工人
   G 有领导干部
   H 有科员、一般技术人员
   I 有中小学教师
   J 有大学教师、学者
   K 有下海经商的
   L 其他 _____

21. 返城后，您（或亲友）与下放地的农民还有来往吗？（可以多选）

   A 没有来往
   B 曾去过下放地
   C 现在还有来往
   D 其他 _____

22. 您（或亲友）对目前的生活满意吗？（请选择）

   A 非常满意

B 比较满意

C 满意和不满意各半

D 比较不太满意

E 很不满意

F 其他 _____

23. 您（或亲友）如何评价上山下乡运动？（请选择）

　　A 正确，应该肯定

　　B 错误，应该否定

　　C 既有正确一面，也有错误一面，不能全面否定

　　D 其他 __

24. 您（或亲友）如何评价自己的上山下乡经历？（请选择）

　　A 青春无悔，是宝贵的人生经历

　　B 是痛苦的经历，不堪回首

　　C 矛盾心理，既感到光荣，也感到痛苦

　　D 其他 _____

25. 您（或亲友）希望我们的后代再次经历这样的运动吗？（请选择）

　　A 不希望

　　B 希望

　　C 其他 _____

附录2 知青原居住地

附录表1. 知青原居住地

省份	市、地区、县
安徽	合肥市、六安市、安庆市、宣州市、淮南市、芜湖市、蚌埠市、黄山市、巢湖专区、滁县（滁州）、宣城、亳州、繁昌县
北京	北京市
福建	福州市、南平市、泉州市、莆田市、晋江专区、建瓯县、福安县、连江县、闽清县
广东	广州市、揭阳市、梅州市、汕头市、韶关市、东莞县、深圳（原宝安县）
甘肃	兰州市、嘉峪关市、陇南市、庆阳县
广西	南宁市、柳州市、桂林市、北海县、合浦县、桂平县、贺县
贵州	贵阳市、凯里市、都匀市、铜仁市、三都自治县
湖北	武汉市、十堰市、荆门市、黄冈市、黄石市、孝感地区
河北	石家庄市、保定市、唐山市、张家口市、承德市、邢台市、河间县
黑龙江	哈尔滨市、伊春市、佳木斯市、牡丹江市、齐齐哈尔、安达县、庆安县
湖南	长沙市、冷水江市、株州市、湘潭市、衡阳市、永州（现永州市）、益阳地区、邵阳地区、郴州地区、怀化县、新化县、新邵县、永兴县、江永县、汨罗县、洪江（现洪江市）、醴陵县
河南	郑州市、安阳市、平顶山市、开封市、洛阳市、信阳、南阳地区
吉林	长春市、四平市、辽源市、通化市、海龙县（现梅河口市）
江苏	南京市、南通市、常州市、徐州市、扬州市、无锡市、泰州市、淮阴市、苏州市、连云港市、镇江市、射阳县、常熟县、江阴县、滨海县
江西	南昌市、上饶市、九江市、萍乡市、鹰潭市、抚州地区、赣州地区
辽宁	沈阳市、丹东市、大连市、抚顺市、阜新市、鞍山市、锦州市、盘锦地区、铁岭专区
内蒙	呼和浩特市、乌兰浩特市、包头市、满洲里市
青海	西宁市
四川	成都市、重庆市、内江市、南充市、攀枝花市、泸州市、万县地区、宜宾地区、江津地区、甘孜州、绵阳地区、雅安地区、南江县、德阳县、汉源县城、绵竹县、荣县、越西县城、江安县、康定县
山东	济南市、济宁市、淄博市、潍坊市、青岛市、菏泽专区、兖州县、博兴县、昌乐县、肥城县、郓城县、高密县

省份	市、地区、县
上海	上海市、南汇县、嘉定县、宝山县、川沙县
陕西	西安市、宝鸡市、延安市、商洛地区、榆林地区、汉中专区、临潼县、丹凤县、华阴县、杨凌（武功县）、武功县
山西	太原市、大同市、阳泉市、运城地区
天津	天津市
新疆	乌鲁木齐市
云南	昆明市、东川市
浙江	杭州市、嘉兴市、宁波市、温州市、绍兴市、丽水地区、台州地区、余姚县、海宁县、瑞安县、西昌县

附录3 知青下放地

附录表2. 知青下放地

安徽	安庆地区、长丰县、滁县地区、巢县、滁县、池州地区、砀山县、当涂县、东至县、繁昌县、凤台县、肥西县、凤阳县、阜阳县、淮南市、黄山市、亳县、怀远县、嘉山县、泾县、来安县、六安县、灵壁县、郎溪县、利辛县、蒙城县、民光县、南陵县、全椒县、青阳、舒城县、宿松县、石台县、濉溪县、宿县、天长县、太平县、芜湖市、芜湖县、五河县、望江县、五台县、无为县、宣城县、颖上县
北京	昌平县、朝阳区、大兴县、房山县、海淀区、怀柔县、密云县、平谷县、顺义县、通县、延庆县
福建	崇安县（武夷山）、昌仁县、光泽县、华安县、建瓯县、连江县、闽清县、南安县、南平市郊、浦城县、莆田县、顺昌县、松溪县、柘荣县
广东	宝安县、博罗县、白沙县、保亭县、东方县、东莞县、高鹤县、广州市郊、海康县、海南地区、花县、化州县、乐昌县、梅县地区、南海县、南雄县、曲江县、琼中县、顺德县、韶关地区、韶关市郊、四会县、汕头市郊、屯昌县、新会县、徐闻县、阳江县、崖县、湛江地区、詹县
甘肃	敦煌县、甘南自治州、华亭县、酒泉县、金塔县、嘉峪关市郊、康乐县、陇南市、临夏州、平凉地区、庆阳专区、庆阳县、天水市、武威县、永登县、永靖县、原县、张家川自治县、镇原县
广西	北海县、桂林市郊、桂平县、合浦县、柳江县、柳州市郊、鹿寨县、马山县、武鸣县、邕宁县
贵州	都匀市郊、贵阳市郊、凯里市郊、罗甸县、平塘县、三都自治县、铜仁县、桐梓县、紫云县
湖北	安陆县、大悟县、大冶县、广济县、红安县、黄冈地区、洪湖县、黄梅县、汉阳县、监利县、荆门县、京山县、荆州地区、罗田县、麻城县、沔阳县（仙桃）、松滋县、十堰地区、天门县、武昌县、孝昌县、孝感地区、咸宁县、浠水县、襄阳县、新州县、应山县（现广水）、鄂州县、钟祥县、枣阳县
河北	安次县、北戴河、霸县、承德地区、承德县、大城县、丰宁县、河间县、获鹿县、衡水县、晋县、宽城自治县、沽源县、隆化县、南宫县、平泉县、青龙县、清苑县、任县、石家庄市郊、束鹿县、武安县、围场自治县、蔚县、邢台地区、永清县、阳新县、张北县、遵化县、张家口市郊、赵县

黑龙江	安达县、爱辉县、北安县、北大荒地区、勃利县、宝清县、建设兵团、德都县、东宁县、大兴安岭地区、富锦县、甘南县、哈尔滨市郊、鹤岗县、黑河地区、海林县、呼兰县、虎林县、呼玛县、桦南县、鸡东县、佳木斯市郊、建三江分局、集贤县、克山县、萝北县、密山县（含兴凯湖）、嫩江地区、嫩江县、庆安县（柳河五七干校）、七台河特区、饶河县、绥缤县、孙吴县、双鸭山市郊、同江县、铁力县、汤原县、逊克县、依兰县、友谊县（友谊农场）、肇东县
湖南	安化县、常德县、茶陵县、长沙市郊、长沙县、辰溪县、大庸县、怀化县、衡南县、华容县、会同县、衡阳县、靖县、江永县、靖州自治州、零陵地区、醴陵县、零陵县、鄘县、浏阳县、汨罗县、宁乡县、邵东县、双峰县、石门县、绥宁县、邵阳地区、邵阳县、桃江县、桃源县、新化县、新邵县、湘潭县、湘乡县、沅江县、永顺县、永兴县、益阳地区、益阳县、永州地区、芷江县、资兴县、株州县
河南	安阳县、博爱县、登封县、方城县、固始县、光山县、潢川县、浚县、开封市郊、临汝县、罗山县、洛阳市郊、临颖县、鹿邑县、宁陵县、南阳地区、南阳县、平顶山市郊、濮阳县、沁阳县、汝南县、上蔡县、遂平县、社旗县、睢县、唐河县、太康县、尉氏县、新安县、西华县、息县、新县、新乡县、信阳地区、荥阳县、偃师县、周口地区、驻马店地区、中牟县、郑州市郊
吉林	安图县、白城地区、东丰县、德惠县、扶余县、怀德县、海龙县（现梅河口市）、和龙县、蛟河县、吉林市郊、九台县、梨树县、辽源地区、农安县、前郭尔罗斯自治县、双辽县、四平地区、四平市郊、双阳县、洮安县（洮南）、铁岭专区、铁岭县、通辽县、汪清县、延边自治州、延吉县（龙井）、永吉县、镇赉县
江苏	滨海县、宝应县、常熟县、大丰县、东台县、丹阳县、丰县、高淳县、灌云县、海安县、淮安县、邗江县、海门县、淮阴地区、淮阴县、洪泽县、江都县、金湖县、江宁县、江浦县、句容县、金坛县、六合县、溧水县、涟水县、连云港市郊、溧阳县、南通地区、南通市郊、泗洪县、宿迁县、射阳县、沭阳县、泗阳县、泰兴县、泰州市郊、武进县、无锡市郊、兴化县、盱眙县、徐州市郊、盐城专区、盐城县、宜兴县、仪征县、镇江专区
江西	安福县、波阳县、大余县、奉新县、鄱阳县、高安县、会昌县、湖口县、吉安县、靖安县、井冈山地区、九江地区、吉水县、黎川县、乐平县、芦溪县、南丰县、清江县、石城县、上高县、上饶县、铜鼓县、武宁县、新干县、峡江县、修水县、宜春县、鹰潭市郊、永修县、资溪县
辽宁	北票县、昌图县、大连市郊、抚顺县、阜新县、复县、海城县、黑山县、金县、锦县、锦州市郊、康平县、开原县、辽中县、宁城县、盘锦地区、清原县、沈阳市郊、台安县、新金县、新民县、岫岩县、义县、庄河县、昭乌达盟

内蒙	阿巴嘎旗、阿巴哈纳尔旗、阿尔善宝拉格旗、阿拉善左旗、阿荣旗、巴林左旗、包头市郊、内蒙建设兵团、布特哈旗、巴彦淖尔盟、察哈尔右翼中旗、磴口县、东乌珠穆沁旗、鄂托克旗、丰镇县、古突县、固阳县、呼和浩特市郊、杭锦后旗、杭锦旗（鄂尔多斯草原）、呼伦贝尔盟、科尔沁右翼前旗、科尔沁右翼后旗、科尔沁左翼中旗、开鲁县、临河县、莫力达瓦（达斡尔族）自治县、扎赉诺尔（区）满洲里市郊、满洲里市郊、奈曼旗、翁牛特旗、苏尼特左旗、四子王旗、通辽县、土默特右旗、土默特左旗、突泉县、武川县、乌兰察布盟、乌拉特前旗、乌拉特中后联合旗、乌拉特中旗（牧羊海牧场）、乌审旗、五原县、兴安盟、新巴尔虎右旗、锡林郭勒盟、西乌珠穆沁旗、伊克昭盟、哲里木盟、扎鲁特旗
宁夏	永宁县、永宁县（黄羊滩）
青海	格尔木县、共和、互助自治县
四川	安县、巴县、巴中县、重庆市郊、崇庆县、长寿县、苍溪县、德昌县、达县地区、达县、德阳县、大竹县、丰都县、古蔺县、古宋区（现兴文县）、灌县、广元县、合川县、合江县、会理县、汉源县、洪雅县、夹江县、江津县、金堂县、犍为县、简阳县、江油县、井研县、康定县、开江县、开县、乐山专区、阆中县、乐至县、冕宁县、眉山县、名山县、绵阳地区、绵竹县、南江县、内江县、宁南县、平昌县、涪陵地区、涪陵县、彭山县、彭水县、彭县、蓬溪县、攀枝花（渡口）市郊、青川县、綦江县、黔江县、邛崃县、青神县、仁寿县、荣县、双流县、石棉县、三台县、通江县、铜梁县、天全县、温江地区、温江县、武隆县、巫山县、万县地区、巫溪县、万源县、威远县、西昌县、新都县、宜汉县、新津县、西阳县、叙永县、雅安地区、雅安县、永川专区、永川县、越西县、盐源县、酉阳自治县、云阳县、中江县、忠县、资阳县、资中县
山东	昌乐县、茌平县、东阿县、肥城县、高密县、海阳县、菏泽县、济阳县、垦利县、聊城地区、历城县、聊城县、临清县、临朐县、崂山县、莱芜县、莱西县、临忻县、陵县、宁阳县、曲阜县、齐河县、日照县、泰安县、滕县、郓城县、益都县、兖州县、邹县
上海	南汇县、嘉定县、宝山县、川沙县
陕西	安塞县、宝鸡县、白水县、彬县、长安县、城固县、长武县、定边县、丹凤县、大荔县、当阳县、扶风县、富平县、富县、高陵县、甘泉县、黄陵县、黄龙县、户县、合阳县、华阴县、汉中县、洛川县、临潼县、陇县、眉县、勉县、南郑县、蒲城县、坪头县、岐山县、乾县、商南县、商县、武功县、渭南县、兴平县、西乡县、咸阳地区、延安地区、延安县、延川县、延长县、宜川县、宜君县、永寿县、洋县、镇安县
山西	长治县、长子县、大同县、代县、浮山县、古交（工矿区）、高县、怀仁县、浑源县、绛县、黎城县、临猗县、岚县、偏关县、平陆县、平顺县、祁县、沁县、清徐县、朔县、山阴县、太谷县、屯留县、太原市郊、天镇县、闻喜县、五寨县、乡宁县、夏县、兴县、榆次县、运城县、阳高县、原平县、阳泉市郊、垣曲县

天津	宝坻县、静海县、蓟县、武清县
新疆	阿克苏地区、阿瓦提县、布尔津县、新疆建设兵团、哈密地区、洛浦县、温宿县、伊宁县
云南	安宁县、宾川县、保山地区、保山县、沧源自治县、东川市郊、德宏州、大理自治州、峨山县、耿马县、河口县、江城县、景洪县、临沧地区、澜沧自治县、临沧县、潞西县、勐海县、勐腊县、南华县、瑞丽县、思茅地区、腾冲县、通海县、西双版纳州、祥云县、漾濞县、盈江地区、盈江县
浙江	淳安县、慈溪县、嘉善县、嘉兴市郊、鄞县、临安县、宁波市郊、遂昌县、绍兴县、台州专区、吴兴县（南浔）、余杭县、余姚县、镇海县

附录4 聚类分析法

对观察到的事物进行分类,是人类最基本的思维活动之一。分类也是科学研究中最基本的过程之一,是发展理论所需要的思维[1]。人类通过对事物的分类,把观察到的事物(如人、事件、物体)归入相应的组或类别,以便更好地理解和解释观察到的现象。用通俗的话说,分类就是把相近的事物归为一类,相异的事物归入另类。

定量分析法需要基于客观的分类指标。什么是分类指标呢?我们用医学上的例子来说明"指标"的作用。

医学界测定病人是否患有乙型肝炎病症,通常用两对半指标:即表面抗原和表面抗体、e抗原、核心抗原和核心抗体。每个抗原或抗体分"阴"性和"阳"性。五个指标共有32种可能,常见的有九种组合。如果五个指标全是阴性,说明过去和现在未感染过乙肝病毒。如果五个指标分别是"阳-阴-阴-阳-阳"(俗称"小三阳"),说明传染性弱。如果是"阳-阴-阳-阴-阳",那就是常说的"大三阳"。这是急性或慢性肝炎感染,有极强的传染性。

该五个指标为诊断乙肝病症提供了方便而又实用的定量依据。定量分析方法的一个重要特点是,当数据、分类指标和分类模型确定后,无论用何种计算机、何种软件,均会得到相同结果。这就是所谓的可重复性,是自然科学研究中的基本要求。

分类学在科学研究中的运用非常广泛,医学、生物学、心理学、社会学、犯罪学、教育学、人类学、化学、气象学、地理学等领域,都可以见到分类学的踪影。复杂的聚类分析与人工智能中的模式识别相关。

聚类分析法采用不同的计算方法进行分类[2],如K均值算法,凝

---

[1] Aldenderfer and Blashfield (1984).
[2] Tan et al. (2005).

聚层次聚类法,密度聚类算法等[3]。聚类分析也可以用于模糊分类[4]。聚类分析法特别适合于对具有有序数值事物进行分类[5]。以下是我们采用聚类分析法对各省进行分类的经过[6]:

附录表3. 各省分类聚类分析历史

1	2		3	4	5
类别数	合并类		省的数量	伪F统计量	伪t^2统计量
6	安徽	CL16	4	230	13.4
5	CL6	CL10	7	177	14.9
4	**CL5**	**CL8**	**14**	**78.4**	**34.2**
3	CL18	浙江	4	103	121
2	CL4	CL7	24	19.4	111
1	CL2	CL2	28		19.4

第4和5列是两个可以用来确定类别数的统计量。伪F统计量相对大表示类别数量较好;伪t^2突然增加,表示不好,应该保持在前一个分类上[7]。如上表所示,把各省分为四类(粗体字)相对好些。

---

3 均值聚类法(K-mean),凝聚层次聚类法(Agglomerative Hierarchical Clustering),密度聚类算法(Density-based clustering algorithm, DBSCAN)。
4 Zhang et al. (1994)。
5 数学上有序数值称为连续函数。
6 计算采用SAS软件(Statistical Analysis Software)。
7 SAS.Chapter 33: The Cluster Procedure, pp. 2060-2061.
http://support.sas.com/documentation/onlinedoc/stat/131/cluster.pdf

附录 5　对数线性模型

对数线性模型主要用于检测两个以上的类别型变量之间的关系。第二章中,我们试图检测下乡动员的态度(积极、被迫、被强制)、家庭出身(革军革干、工农、灰五类、黑五类子弟)、时间(文革前、文革中)之间的关系。我们依次命名该三个变量为 A, B, C。表 2.10 中的实际人数如下:

附录表 4. 时期、下乡动员态度与家庭出身的关系 (N=1,498)

下乡时间 (C)	对下乡动员的态度 (A)	家庭出身 (B)			
		革军革干	工人农民	灰五类	黑五类
文革前	自愿积极参与	2	10	12	5
	被迫无奈,未被强迫	0	2	11	12
	强制下乡,不得不走	0	2	2	5
	合计	2	14	25	22
文革中	自愿积极参与	161	124	156	30
	被迫无奈,未被强迫	155	122	256	91
	强制下乡,不得不走	76	70	120	74
	合计	392	316	532	195

如果检测两个变量之间的关系,我们常用卡方检验,可是现在我们有三个变量,这就需要用对数线性模型的方法。我们用以下公式来表达附录表 4 中的频次:

$$\ln(F_{ijk}) = \lambda + \lambda_i^A + \lambda_j^B + \lambda_k^C + \lambda_{ij}^{AB} + \lambda_{ik}^{AC} + \lambda_{jk}^{BC} + \lambda_{ijk}^{ABC} \qquad (1)$$

F_{ijk} 是上表中各个格子的人数,λ 表示变量的作用(或叫参数)。以下是三个检测模型的参数:

附录表5. 对数线性模型参数

编号	模型	影响力	X^2	自由度	Pr
1	{B*C} A	B*C (P<0.01)	75.36	12	<0.01
2	{B*C} {A*B}	A*B (P<0.01)	13.73	6	<0.01
3	{B*C} {A*B} {A*C}	A*B, A*C (P<0.01)	2.80	4	0.59

模型1表示家庭出身、下乡时间与下乡动员时的态度没有关系，该模型与实际情况相差很大（Pr<0.01），应拒绝这一假设。模型2表示家庭出身与动员时的态度有关，但下乡时间在态度上没有不同（A*B，P<0.01），模型仍与实际情况相差很大（Pr<0.01），应拒绝这一假设。模型3显示不仅家庭出身与动员时的态度有关，下乡时间也与动员时的态度有关（A*B，A*C，P<0.01）。整个模型与实际情况差别很小（Pr=0.59），可以接受这一假设。另外，公式（1）中的最后一项，λ_{ijk}^{ABC}，可以省去。

附录6 对数回归模型

对数回归模型是一种特殊的线性回归，与线性回归模型有很多相同之处。它们的模型形式基本上相同，区别在于它们的因变量不同。线性回归模型的因变量一般是连续函数，对数回归模型的因变量一般是二分类的（当然也可以是多分类的），如"是"或"否"，"同意"或"不同意"，"通过"或"不通过"等。对数回归模型中，我们不像在一般回归模型中计算因变量的具体数值，而是计算其发生的概率 p。比值的计算是：$\frac{p}{1-p}$。以下是对数回归模型的一般表达式：

$$\ln(\frac{p}{1-p}) = \beta_0 + \beta_1 x_1 + \beta_2 x_2 + \beta_3 x_3 + ... + \beta_n x_n \quad (2)$$

式中的 p 表示应变量的概率，x_i 表示自变量，β_i 表示参数。对数回归的计算结果有两种：一是参数[1]，二是比值比[2]。参数的解释比较直观，但是较抽象，不容易理解。参数可以从负无穷大到正无穷大。如果是负数，则表示该变量的影响小于另一个对比的类别（通常称为"参考类"）。如果是正数，则表示变量的影响比参考类大。举个具体例子来说明这一问题。假设因变量是"参加群众组织与否"，自变量是"红五类"，它的对应的参考类别是黑五类。如果红五类的参数是正的，则表示红五类比黑五类更有可能参加群众组织。如果是负的，则相反，红五类更可能成为逍遥派。

虽然这样的理解比较直观，但是如果需要分析到底有多大差别，参数很难给出直观的结果，所以一般用比值比来解释。比值比也叫作机会比、优势比、交叉乘积比、相对比值、两个比值的比。比值表示两数相比所得的值。例如，某个食谱要求面粉与水的重量比例是 1:4,

---

[1] Coefficient.
[2] Odds Ratio, OR.

即加 1 份重量的面粉和 4 份重量的水。

第 3 章中的结果显示,相对于黑五类子弟,革军革干子弟参加群众组织的比值比是 2.835。这就是说,如果黑五类参加组织之比是 1:2(三个人中有一个参加组织,两个人不参加组织),那么红五类子弟参加组织之比就是 2.835:2,是黑五类的 2.835 倍。比值比可以从 0 到无穷大,大于 1 表示可能性大于参考类,比值比越大于 1,表示参加的概率越大。由于华人在日常生活中用比值比的情况不太多,所以使用起来比较别扭。

附录 7 隐类别分析法

许多抽象概念无法直接测量，我们用间接的办法进行测量。例如，虽然我们无法直接测量出一个人信仰宗教的程度，但是我们可以通过观察此人到教堂礼拜的次数、祷告的次数、向教会捐的金额、平时行为举止等等。这些可以观察得到的现象是此人宗教信仰的表现，当我们把礼拜次数、祷告次数、捐的金额、平时的行为举止作为指标的话，我们有理由相信这些指标的表现是受一个隐藏因素的影响[1]，我们可以用下图表示隐藏因素的关系：

附录图 1. 可测指标与隐藏因素间的关系

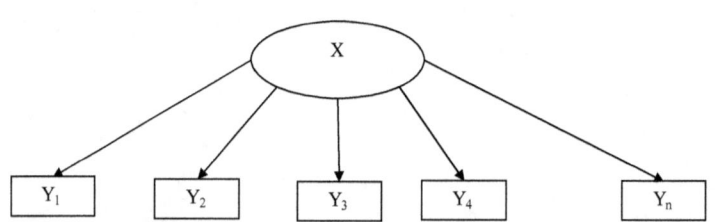

图中 X 是隐藏因素（不可直接观察到的隐变数），Y_1，Y_2，Y_3，Y_4，……Y_n 是可测指标（可以直接观察到的显变数）。早在 1950 年美国学者[2]提出隐藏因素的设想。1974 年，这方面的研究有了突破性的进展[3]。上世纪 90 年代开始，在众多的学者努力下[4]，专门用于非数值数据的隐类别分析法走向成熟。由于电脑的飞速发展，隐类别分析法更加日臻完善。该分析方法可以用作许多用途，我们在这里只讨论其分类的用途。其基本思路如上图所示，各个可以观察到的指标

---

1 McCutcheon（1987）.
2 Lazarsfeld（1950），Gibson（1959），Lazarsfeld and Henry（1968）.
3 Goodman（1974）.
4 Haberman（1979），Hagenaars（1990），Vermunt（1997），Collins and Lanza（2010）.

（图中的方块）之间的变化完全受隐类（图中圆圈）影响。

隐类别分析的基本模型是多个显变数（即可以直接观察到的变数，如知青下乡期间的六种心态）和一个隐变数（即无法直接观察到的变数，如知青的心态类别）。显变数被认为是隐变数的表现。我们假设显变数分别为 Y_1、Y_2、Y_3、…… Y_L，隐变数为 X，有 C 类。本文采用宾州州立大学研究方法中心提供的 SAS 隐类别分析软体插件进行分析计算[5]。

隐类别分析模型的基本概念是获得回答 y（即 1 或 2）的概率[6]：$P(Y=y)$ 定义为：

$$P(Y = y) = \sum_{x=1}^{C} P(X = x) P(Y = y \mid X = x) \qquad (3)$$

其中，C 是隐类别数，$P(X=x)$ 是属于某类的人数比例。隐类别分析的一个假设是局部独立，即每一类之间独立，所以有：

$$P(Y = y \mid X = x) = \prod_{l=1}^{L} P(Y_l = y_l \mid X = x) \qquad (4)$$

结合公式 3 和公式 4 得：

$$P(Y = y) = \sum_{x=1}^{C} P(X = x) \prod_{l=1}^{L} P(Y_l = y_l \mid X = x) \qquad (5)$$

也有学者采用以下方式表示公式[7]：

$$\pi_{ijklt}^{Y_1 Y_2 Y_3 Y_4} = \sum_{x=1}^{C} \pi_{ijklc}^{Y_1 Y_2 Y_3 Y_4 X} \qquad (6)$$

我们来看知青下乡期间心态的分类问题。首先，我们需要确定知青分为几类。隐类别分析模型对这一问题有比较成熟的统计指标，较

---

5 Lanza et al (2007).
6 Vermunt and Magidson (2015).
7 Hagenaars (1990).

常用的有 AIC[8]，CAIC[9]，BIC[10]和调整 BIC 或 BIC$_{adj}$[11]。它们各自的定义如下：

$$AIC = -2\log L + 2p \qquad (7)$$

$$CAIC = -2\log L + p(\log(n)+1) \qquad (8)$$

$$BIC = -2\log L + p\log(n) \qquad (9)$$

$$BIC_{adj} = -2\log L + p\log(\frac{n+2}{24}) \qquad (10)$$

其中，p 是自由度，n 是样本数量。有学者证明 BIC$_{adj}$ 是选择隐类别数量的最有效的指标[12]。下表是隐类别分析法对知青分为 1 类到 5 类的各项指标：

附录表 6. 知青心态分类的隐类别统计指数表

类别	自由度	G²	AIC	CAIC	BIC	BIC$_{adj}$
1	57	3291.4	3303.4	3344.5	3338.5	3319.4
2	50	1217.6	1243.6	1332.5	1319.5	1278.2
3	43	975.5	1015.5	1152.3	1132.25	1068.7
4	36	617.6	**671.6**	**856.2**	**829.2**	**743.4**
5	29	585.8	653.8	886.3	852.3	744.2

根据 AIC，CAIC，BIC 和 BIC$_{adj}$（表中粗体数字）综合考虑，知青分为四类（外加"无忧无虑类"）较为合适。

附录表 7. 中共建政以来各运动分类数据

运动名称	X1	X2	X3	X4	X5	X6	X7
土改	N	Y	N	Y	Y	N	Y
镇反	N	Y	N	Y	Y	N	Y
抗美援朝	N	Y	Y	Y	N	N	N
三反五反	N	Y	N	Y	Y	N	Y
反右	N	Y	N	Y	Y	N	Y

---

8 Akaike（1973）.
9 Haughton（1988），Bozdogan（1987）.
10 Schwartz（1978）.
11 Sclove（1987）.
12 Yang（2006）.

运动名称	X1	X2	X3	X4	X5	X6	X7
人民公社	Y	Y	N	Y	N	N	N
大跃进	N	Y	N	Y	N	N	N
四清	N	Y	N	Y	N	N	Y
学雷锋	N	Y	N	Y	N	N	N
学大寨	N	Y	N	Y	N	N	N
学大庆	N	Y	N	Y	N	N	N
学解放军	N	Y	N	Y	N	N	N
上山下乡	N	Y	N	Y	Y	N	N
二月镇压	N	Y	N	N	Y	N	Y
清理阶级队伍	N	Y	N	Y	Y	N	Y
一打三反	N	Y	N	Y	Y	N	Y
清查516	N	Y	N	Y	Y	N	Y
批林批孔	N	Y	N	Y	N	N	N
批邓反击右倾翻案	N	Y	N	N	N	N	N
五讲四美	N	Y	N	Y	N	N	N
反资产阶级自由化	N	Y	N	N	N	N	Y
三讲	N	Y	N	Y	N	N	N
取缔法轮功	N	Y	N	Y	Y	N	Y
三个代表	N	Y	N	Y	N	N	N
科学发展观	N	Y	N	N	N	N	N
和谐社会	N	Y	N	Y	N	N	N
保持先进性	N	Y	N	Y	N	N	N
社会主义荣辱观	N	Y	N	Y	N	N	N
创先争优	N	Y	N	Y	N	N	N
群众路线	N	Y	N	Y	N	N	N
全红总	Y	N	Y	N	N	Y	N
王金调查团	Y	N	Y	N	N	N	N
文革群众运动	Y	N	Y	N	N	N	N
知青大返城运动	Y	N	Y	N	N	N	N
四五运动	Y	N	N	N	N	Y	N
八九民运	Y	N	Y	N	N	N	N
民主墙	Y	N	Y	N	N	Y	N
八六民运	Y	N	N	N	N	Y	N
美国黑人民权运动	Y	N	Y	N	N	Y	N

附录表 8. 运动分类的隐类别统计指数表

类别	自由度	G^2	AIC	CAIC	BIC	BIC_{adj}
1	120	168.8	182.8	201.4	194.4	172.5
2	112	28.9	58.9	98.8	83.8	36.9
3	104	4.4	**50.4**	**111.6**	**88.6**	**16.7**
4	96	3.4	65.4	148.0	117.0	20.0

根据 AIC，CAIC，BIC 和 BIC_{adj}（表中粗体数字）综合考虑，运动分为三类较为合适。

附录 8 　线性回归模型

我们以距离、速度和时间的关系来解释线性回归模型。我们有以下公式求得距离：

$$距离 = 速度 \times 时间 \qquad (11)$$

等号左边的是因变量，随着等号右边的自变量速度和时间的变化而变化。只要知道速度和时间，就可以计算出行驶的距离。把上述方法运用到社会科学中，可以分析、解释和推测很多社会现象。线性回归的表达式为：

$$y_i = \beta_0 + \beta_1 x_{i1} + \ldots \beta_p x_{ip} + \varepsilon_i$$
$$= X_I^T \beta + \varepsilon_I \qquad I = 1,2,3,\ldots,n \qquad (12)$$

式中，y 为因变量，x 为自变量，β 为参数。第四章讨论了知青下乡生活，个人收入 y 由一系列因素 x_i 决定，如性别、年龄、家庭出身、本人政治面貌等，计算结果如下：

$$y = -3.35 + 2.38 * 年龄 + 19.52 * 男性 + 38.40 * 跨省 + 159.37 * 兵团$$
$$+ 113.84 * 农场 + 26.78 * 工农子弟 + 12.85 * 灰五类子弟$$
$$+ 7.89 * 黑五类子弟 + 39.10 * 红类 + 5.20 * 中等类 + 59.82 * 脱产$$
$$+ 16.86 * 坚持劳动 \qquad (13)$$

除年龄外，其他变量为 0（非）或 1（是），未出现的类别为参考类别。如性别中，女性为参考类，计算女性时不用加，如果是男性，则变量"男性"为 1，乘上 20.27。也就是说，如果其他条件完全相同，男性比女性年收入增加 20.27 元。

第七章讨论知青返城后对目前生活的满意度，z，计算结果如下：

$z = 2.12 - 0.01 * 年龄 + 0.10 * 女性 + 0.09 * 本省安置 + 0.25 * 子女教育程度$
$+ 0.77 * 学者类白领 + 0.74 * 管理类白领 + 0.40 * 中层白领 + 0.19 * 工农$
$+ 0.18 * 灰五类 + 0.09 * 黑五类子弟 + 0.12 * 红类 + 0.04 * 黑五类$
$+ + 0.14 * 农场 + 0.02 * 兵团 + 0.55 * 无忧无虑类 + 0.45 * 一般痛苦类$
$+ 0.23 * 失望类 + 0.19 * 痛苦/失望类$ （14）

计算具体得分方法同上。

附录9 广东知青逃港抽样估算

通过抽样估计总体是统计学中常用的方法。对于回答是或者否的变量抽样，常被称为属性抽样[1]，如知青是否参与过逃港，是否逃港成功，计算公式如下：

$$\sum_{i=0}^{x} \frac{\binom{k}{i}\binom{N-k}{n-i}}{\binom{N}{n}} > \alpha/2 \quad (15)$$

$$\sum_{i=x}^{n} \frac{\binom{k}{i}\binom{N-k}{n-i}}{\binom{N}{n}} > \alpha/2 \quad (16)$$

式中，N=总体数量，n=样本数量，k=总体中具有某种特性的数量，x=样本中具有某种特性的数量，α=置信度。公式（15）中的k是上限，公式（16）中的k是下限。

下表是对广州培英学校逃港的估算[2]：

附录表9. 广州培英中学逃港情况估计

全校人数=1,400，下乡人数=1,000，班级=29，抽样班级=10，置信度=95%					
类别	抽样班	全校	占下乡人数%	下限	上限
逃港	71	206	20.6%	172	243
成功逃港	54	157	15.7%	127	191
不幸死亡	6	17	1.7%	9	33

---

1 Attribute Sampling.
2 本计算采用美国卫生及公共服务部（HHS）总监察长办公室（OIG）发布的 Rat-Stat 软件。该软件普遍用于美国医保等方面的审计工作，可以在以下网址免费获得。https://oig.hhs.gov/compliance/rat-stats/index.asp

附录 10　定性比较分析法

定性比较分析法是一种非对称的数据分析技术，是介于定性方法（以案例为基础）和定量方法（以变量为基础）之间的研究方法，是一种能够兼得两种方法优势的综合研究法[1]。案例研究侧重描述、解释和预测单个条件和条件组合作为前因对结果的影响，变量研究侧重两个或多个变量方差的相似性。

回归分析基于统计原理，假定变量间存在线性相关关系，因此主张对称关系。换言之，导致结果变量水平高或低的因素是一致的，两者正相关时为同向变化（如身高越高，体重越重），负相关时为反向变化（如身高越高，四肢的反应越慢）。定性比较分析法以研究集合间隶属关系为主要手段，可以分析不对称的因果关系[2]，即导致结果变量高水平的条件和低水平的条件未必相同，两者可以包含不同的条件要素。

定性比较分析法的主要思路基于集合论和布尔运算，探究导致给定结果的不同条件组合[3]。条件组合是一组具有协同性质的原因变量，用以映射观察到的结果。较之传统的将结果变量处理为分类变量的方法，定性比较分析法处理此类问题更为便捷。由于能在数量有限的案例中归纳分析其构型本质，该方法首先被应用于政治学和社会学领域[4]。

本节采用 fsQCA3.0 软件[5]，计算充分必要性分析的相关指标，以科学和精确的方式比较各战术发挥的作用：

---

1 Ragin（1987）.
2 Judge and Fainshmidt（2014），Bell et al（2014），Fiss（2011）.
3 Ragin（2008）.
4 Marx et al（2014），Rihoux et al（2013）.
5 由美国加州大学欧文分校社会学系教授 Charles C. Ragin 主持设计。网上可下载：https://www.socsci.uci.edu/~cragin/fsQCA/software.shtml

附录表 10. 定性比较分析法的计算结果

	集会示威	绝食	罢工	卧轨
一致率 Consistency	1.00	0.50	0.50	0.75
覆盖率 Coverage	0.80	0.67	1.00	1.00
共存率 Coincidence	0.80	0.40	0.50	0.75

以上是充要性分析，即判断各战术在多大程度上是成功返城的必要和充分条件及其对返城成功的解释力度。定性比较分析法将一致率和覆盖率作为检验结果可靠性的指标[6]。其中，一致率用来描述充分条件与结果对应的程度，计算公式如下（X 为条件要素，Y 为结果变量）：

$$一致率\ Consistency = \frac{X \cap Y}{Y} \quad (17)$$

式中 ∩ 表示逻辑"与"（AND）。覆盖率用来描述某前因作为引致结果变量路径的唯一性程度，其计算公式为：

$$覆盖率\ Coverage = \frac{X \cap Y}{X} \quad (18)$$

共存率结合一致率和覆盖率进行综合分析。共存率分析两个集合间重合率的大小。换言之，检测两个集合间属于同一个集合，具体公式如下：

$$共存率\ Coincidence = \frac{X \cap Y}{X \cup Y} \quad (19)$$

式中 ∪ 表示逻辑"或"（OR）。相对而言，集会示威很重要，综合指数（共存率）最高，达到 0.8，但是罢工和卧轨的覆盖率达到 1.0。根据综合指数，卧轨、罢工和绝食分别是：0.75，0.50，0.40，即卧轨优于罢工，罢工又优于绝食。从三项指标看，绝食总是排最后，所以绝食对于民众来说，并不是好的战术。

---

6 Ragin (2008).

附录11 T-检验

T检验是用t分布理论来推论差异发生的概率,常用于比较两个平均数的差异是否显著。如第7章中,我们对两组知青(感到有悔,无悔)的平均出生年份,年收入进行比较。计算公式如下:

$$t = \frac{\overline{x_1} - \overline{x_2}}{\sqrt{\frac{s_1^2}{n_1} + \frac{s_2^2}{n_2}}} \tag{20}$$

式中,$\overline{x_1}$,$\overline{x_2}$ 分别为比较的两组数据的平均数,$\overline{n_1}$,$\overline{n_2}$ 分别为两组的样本数,s_1,s_2 分别为两组均方差。结果显示两组知青的出生年份和年收入平均数之间有显著差别。

参考文献

Aberle, David. 1966. The Peyote Religion Among the Navaho. Chicago: Aldine.

Adorno, T. W. 1991. "Freudian Theory and the Pattern of Fascist Propaganda." The Culture Industry: Selected Essays on Mass Culture, ed., J. M. Berstein. London: Routledge, 1991.

Akaike, Hirotugu. 1973 "Information Theory and an Extension of the Maximum Likelihood Principle". Second International Symposium on Information Theory, ed., by Petrov, B. N., Csaki, F. Akademiai Kiado, Budapest, pp. 267-281.

Aldenderfer, Mark and Blashfield, Roger. 1984. *Cluster Analysis*. Newbury, CA: Sage Publications, Inc.

Barrett, Kimberty and Lynch, Michael J.. 2015. "Social Justice and Criminal Justice." *International Encyclopedia of the Social & Behavioral Science*, ed., by James Wright. 2nd, Volume 22.

Bateson, Gregory. 1972. *Steps to an ecology of mind: Collected essays in anthropology, psychology, evolution and epistemology*. San Francisco, CA: Chandler.

Bell, R G, I. Filatotchev and R. V. Aguilera. 2014. "Corporate Governance and Investors' Perceptions of Foreign IPO value: An Institutional Perspective." Academy of Management Journal, 2014, 57(1): 301–320.

Benton, Gregor. 2010. "Dissent and the Chinese Communists before and since the Post-Mao Reforms". *International Journal of China Studies*, Vol. 1, No. 2, (October 2010), pp. 311-329.

Bernstein, Thomas P. 1977. Up to the Mountains and down to the Villages: The Transfer of Youth from Urban to Rural China. New Haven : Yale University Press.

Bozdogan, H. 1987. "Model Selection and Akaike's Information Criterion (AIC): The General Theory and its Analytic Extension". *Psychometrika*, 52.

Chen, Pi-chao. 1972. "Overurbanization, Rustication of Urban-Educated Youths, and Politics of Rural Transformation: The Case of China." Comparative Politics, No. 3, 1972, PP. 361-386.

Clement, Matthew T.. 2015. *Local Growth and Land Use Intensification: A Sociological Study of Urbanization and Environmental Change*. https://scholarsbank.uoregon.edu/xmlui/bitstream/handle/1794/19269/Clement_oregon_0171A_11282.pdf?sequence=1

Collins, Linda M., Lanza, Stephanie T. 2010. *Latent Class and Latent Transition Analysis for the Social, Behavioral, and Health Sciences.* New York: Wiley.

Cox, Laurence and Nilsen, Alf Gunvald. 2005. "At the Heart of Society Burns the Fire of Social Movements: What Would a Marxist Theory of Social Movements Look Like?", *Tenth International Conference on Alternative Futures and Popular Protest*, ed., by Barker, Colin and Tydesley, Mike, Manchester Metropolitan University, p. 1. http://eprints.nuim.ie/460/.

Crutchfield, Leslie R. 2018. How Change Happens: Why Some Social Movements Succeed While Others Don't., Hoboken, New Jersey: John Wiley & Sons, Inc.

Defay, Jason Bradley. 1999. *The Sociology of Social Movements.* UCSD. http://www.weber.ucsd.edu/~jdefey/sm.htm.

Dobson, Charles. 2001. "Social Movements: A summary of what works." The Citizen's Handbook: A Guide to Building Community in Vancouver. http://www.vcn.bc.ca/citizens-handbook August 2001

Drury, John. 2015. "Social Movements: A Social Psychological Perspective." *International Encyclopedia of the Social & Behavioral Science*, ed., James Wright, 2nd, Volume 22.

Edwards, Gemma. 2014. *Social Movements and Protest.* New York: Cambridge University Press.

Eisinger, P. 1973. "The Conditions of Protest Behavior in American Cities." *American Political Science Review*, 81, pp. 11-28.

Ferree, Myra M and Merill, David A. 2000. "Hot Movements, Cold Cognition: Thinking about Social Movements in Gendered Frames." *Contemporary Sociology*, 29(3), pp. 454-462.

Fiss P C. 2011. "Building Better Causal Theories: A Fuzzy Set Approach to Typologies in Organization Research." Academy of Management Journal, 2011, 54(2): 393-420.

Gamson, William A. and Modigliani, Andre. 1989. "Media Discourse and Public Opinion on Nuclear Power: A Constructionist Approach." *American Journal of Sociology*.95: 1–37.

Ganz, Marshall. 2009. Why David Sometimes Wins: Leadership, Organization, and Strategy in the California Farm Worker Movement. New York, NY: Oxford University Press, Inc.

Gibson,W.A.1959. "Three Multivariate Models: Factor Analysis, Latent Structure Analysis, and Latent Prole Analysis". *Psychometrika* 24, pp. 229-252.

Goodman, Leo A . 1974. "The analysis of Systems of Qualitative Variables when Some of the Variables are Unobservable. Part I: A Modified Latent Structure Approach". *American Journal of Sociology*, 79, pp. 1179-1259.

Haberman, Shelby J. 1979. "Analysis of Qualitative Data", Vol 2, *New Developments*. New York: Academic Press.

Hagenaars, Jacques A. 1990. *Categorical Longitudinal Data: Log-Linear Panel, Trend, and Cohort Analysis*. Newbury Park, CA: Sage Publications, Inc.

Haughton, D. 1988. "On the Choice of a Model to Fit Data from an Exponential Family". *Annals Statistics*, 16, pp. 342-355.

Heilmann, Sebastian. 1996. *Turning Away from the Cultural Revolution: Political Grass-Roots Activism in the Mid-Seventies*. Center for Pacific Asia Studies at Stockholm University (September, 1996).

Hobsbawam 1959. Primitive Rebels: Studies in Arabic Forms of Social Movement in the 19th and 20th Centuries. Manchster: Manchester University Press.

Judge W Q and Brown S. Fainshmidt. 2014. "Which Model of Capitalism Best Delivers Both Wealth and Equality." Journal of International Business Studies, 2014, 45(4): 363-386.

Katznelson, Ira. 1993. Marxism and the City. Oxford University Press.

Killian, Lewis. 1964. "Social Movements". *Handbook of Modern Sociology*, ed., by Farris, Robert E. Chicago: Rand McNally, pp. 426-445.

Ivory, Paul E, and William R. Lavely. 1977, "Rustication, Demographic Change, and Development in Shanghai." Asian Survey, No. 5, 1977, PP, 440-455.

Jasper, James M. 2010. "Social Movement Theory Today: Toward a Theory of Action?" *Sociology Compass*, 4/11, pp. 965-976.

Kurzman, Charles. 2008. "Meaning-Making in Social Movements." *Anthropological Quarterly*, Vol. 81, No. 1, pp. 5-16.

Lanza, S. T., Collins, L. M., Lemmon, D. R., and Schafer, J. L. 2007. PROC LCA: A SAS Procedure for Latent Class Analysis. Structural Equation Modeling, 14 (4), pp. 671-694. The Methodology Center, Penn State. SAS Procedure LCA & Procedure LTA. http://methodology.psu.edu/

Lazarfeld, Paul. F. 1950. "The Logical and Mathematical Foundation of Latent Structure Analysis and the Interpretation and Mathematical foundation of Latent Structure Analysis". *Measurement and Prediction*, ed., by Stouffer, Samuel, Guttman, Louis, and Suchman, Edward. Princeton, NJ: Princeton University Press, pp. 362-472.

Lazarsfeld, Paul F., and Henry, Neil W. 1968. *Latent Structure Analysis*. Boston: Houghton Mill.

Le Bon, Gustave. 2001/1895. *The Crowd: A Study of the Popular Mind*. Kitchener, Ontario: Batoche Books.

Lee, Hong Yung. 1978. *The Politics of the Chinese Cultural Revolution: A Case Study*. Berkeley, CA: University of California Press.

Mahmoud, Abdesselem. 2015. "Social Movements in Tunisia and Egypt: A Tale of Two Revolutions." *International Journal of Social Science Studies*, Vol. 3, No. 3, pp 8-20.

Marx, Axel, Benoît Rihoux, and Charles Ragin. 2014. "The Origins, Development, and Application of Qualitative Comparative Analysis: The First 25 Years." European Political Science Review 6 (1): 115–42. https://doi.org/10.1017/S1755773912000318.

McAdam, Doug, Tarrow, S. and Tilly, C. 2001. *Dynamics of Contention*. Cambridge: Cambridge University Press.

McAdam, Doug. 1982. *Political Process and the Development of Black Insurgency, 1930-1970*. Chicago, IL: University of Chicago Press.

McCarthy, John, and Zald, Mayer. 1977. "Resource Mobilization and Social Movements: A Partial Theory." *American Journal of Sociology*, Vol. 82, No. 6, pp. 1212-1241.

McCutcheon, Allan. 1987. Latent Class Analysis. Newbury, CA: Sage Publications, Inc.

McPhail, Clark. 1991. *The Myth of the Madding Crowd*. New York: Aldine de Gruyter.

Melucci, Alberto. 1980. "The New Social Movements: A Theoretical Approach." *Social Science Information*, Vol. 19 No. 2, pp. 199-226.

Meyer, David. 2004. "Protest and Political Opportunities." *Annual Review Sociology*. 30, pp. 125-45.

Morris, Aldon and Herring, Cedric. 1987. "Theory and Research in Social Movements: A Critical Review". *Annual Review of Political Science,* 2, pp. 137-198.

Openstax. 2015. Introduction to Sociology. https://openstax.org/details/books/introduction-sociology-2e

Perry, Elizabeth. 2002. "Moving the Masses: Emotion work in the Chinese Revolution". *Mobilization: An International Journal*, (2002: 7(2)), pp. 111-128.

Perry, Elizabeth J. 2001. "Challenging the Mandate of Heaven: Popular Protest in Modern China". *Critical Asian Studies* (2001: 33(2)), pp 163-180.

Porta, Donatella Della and Mario Diani. 2015. "Introduction: The Field of Social Movement Studies." The Oxford Handbook of Social Movements, edited by Donatella Della Porta and Mario Diani. DOI: 10.1093/oxfordhb/9780199678402.013.61

Poletta F. 2008. "Storytelling in politics." Contexts. 2008;7(4):26-31.

Porta, Donatella D. And Diani, Mario. 2006. *Social Movements: An Introduction*, 2nd ed. Malden, MA: Blackwell Publishing.

Ragin, C. Charles. 1987. The comparative method. moving beyond qualitative and quantitative strategies. Berkeley/Los Angeles/London: University of California Press.

Ragin, C. Charles. 2008. Redesigning Social Inquiry: Fuzzy Sets and Beyond. University of Chicago Press.

Reicher, Stephen, and Drury, John. 2015. "Collective Behavior, Social Psychology of." *International Encyclopedia of the Social & Behavioral Science*, ed., by James Wright, 2nd, Volume 4.

Rihoux, Benoît; Priscilla Álamos-Concha, Damien Bol, Aexel Marx and Ilona Rezso˝hazy. 2013. "From niche to mainstream method? A comprehensive mapping of QCA applications in journal articles from 1984 to 2011." Political Research Quarterly, 66(1), 175-184.

Saeed, R. 2009. "Conceptualising Success and Failure for Social Movements." Law, Social Justice & Global Development Journal (LGD), 2009(2). http://www.go.warwick.ac.uk/elj/lgd/2009_2/saeed

Salter, Lee. 2003. "Democracy, New Social Movements, and the Internet." *Cyberactivism: Online activism in theory and practice*, eds., by Martha McCaughey and Michael D. Ayers. New York, NY: Routledge.

Schwartz, G. 1978. "Estimating the Dimension of a Model". *Annals Statistics*, 6, pp. 461-464.

Sclove, L. S. 1987. "Application of Model-Selection Criteria to Some Problems in Multivariate Analysis". *Psychometrika*, 52, pp. 333-343.

Shahin, Emadel-Din. 2012. "The Egyptian Revolution: The Power of Mass Mobilization and the Spirit of Tahrir Square." *Journal of the Middle East and Africa*, 3, pp. 46-69.

Smelser, Neil. 2015. "Collective Behavior, Sociology of." *International Encyclopedia of the Social & Behavioral Science*, ed., by James Wright. 2nd, Volume 4.

Smith, Jackie and Fetner, Tina. 2010. "Structural Approaches in the Sociology of Social Movemsnts." *Handbook of Social Movements across Disciplines*, eds., by Klandermans, Bert and Roggeband, Conny. Springer.

Snow, David. A., Rochford, E. Burke Jr., Worden, Steven K., and Benford, Robert. D. 1986. "Frame Alignment Process, Micromoblization and Movement Participation." *American Sociological Review*, Vol. 51, No. 4, pp. 464-481.

Snow, David. A. and Benford, Robert. D. 1988. "Ideology, Frame Resonance, and Participant Mobilization." *International Social Movement Research*, vol. 1, pp. 197-217

Snow, David. A. and Benford, Robert. D. 1992. "Master Frames and Cycles of Protest." *Frontiers in Social Movement Theory*, ed., by A. D. Moms and C. McClurg Mueller. New Haven, CT: Yale University Press.

Strauss, Julia. 2006. "Morality, Coercion and State Building by Campaign in the early PRC: Regime Consolidation and after 1949-1956". *The China Quarterly*, pp. 891-912.

Tan, Pang-Ning, Steinbach, Michael, and Kumar, Vipin. 2005. *Introduction to Data Mining*. Pearson Addison-Wesley.

Tarrow, Sidney. 1998. *Power in Movement*. Cambridge, New York: Cambridge University Press (First Published in 1994).

Tarrow, Sidney. 2011. *Power in Movement: Social Movements and Contentious Politics*, 3rd edition. New York, NY: Cambridge University Press.

Tilly, Charles. 1978. *From Mobilization to Revolution*. Reading, MA: Addison Wesley.

Tilly, Charles. 1984."Social Movements and National Politics." *State-making and Social Movements: Essays in History and Theory*, ed., by Charles Bright and Susan Harding. Ann Arbor, MI: University of Michigan Press.

Turner, Ralph and Killian, Lewis. 1972. *Collective Behavior*, 2nd edition. Englewood Cliffs, NJ: Prentice-Hall.

Unger, Jonathan. 2007. "The Cultural Revolution at the Grass Roots."*The China Journal*, No. 57, (January 2007), pp 109-137

Vermunt, Jeroen K. 1997. *Log-linear Models for Event Histories*. Thousand Oaks, CA: Sage Publications.

Vermunt, Jeroen K., and Magidson, Jay. Latent Class Analysis. March 18, 2015 retrieved from
http://www.statisticalinnovations.com/articles/Latclass.pdf

Walder, Andrew G. 2009. "Political Sociology and Social Movements." Annual Review Sociology. (35):393-412

White, Lynn T. 1979. "The Road to Urumchi: Approved Institutions in Search of Atminable GoMs during Pre-1968 Rustication from Shanghai." The China Quarterly, No. 79, 1979, P. 486.

White, Lynn T. and Law, Kam-yee. "Introduction: China's Revolution at its Peak". *Beyond a Purge and a Holocaust: The Cultural Revolution Reconsidered*, ed., by Law, Kam-yee. Basingstoke: Palgrave Macmillan, pp. 1-24.

White, Lynn T. 1989. *Policies of Chaos: The Organizational Causes of Violence in China's Cultural Revolution*. Princeton, NJ: Princeton University Press.

Wilson, John. 1973. *Introduction to Social Movements*. New York: Basic Books Inc.

Yang, Chih-Chien. 2006. "Evaluating Latent Class Analysis Models in Qualitative Phenotype Identification". *Computational Statistics & Data Analysis*, 50(2006), pp. 1090-1104.

Yang, Guobin. 2009. *The Power of the Internet in China: Citizen Activism Online*. Columbia University Press.

Zhang, Joshua and Wright, James. 2018. *Violence, Periodization and Definition of the Cultural Revolution: A Case Study of the Two Deaths by the Red Guards*. Boston, MA: Brill.

阿陀。2013。"知青逃港潮——广州培英中学老三届调查。"《记忆》第 93 期。

博天德。2019。"中国知青血洒异邦。"《昨天》第 141 期。

蔡霞。2014。"上山下乡运动中知识青年婚姻研究（1968—1980）。"梁景和主编《婚姻·家庭·性别研究》第 4 辑。社会科学文献出版社。

陈兵。2010。"山西原北京知青返京问题解决纪实。"《炎黄春秋》网刊外稿。

陈秉安。2015。"长沙知青大逃亡."《爱思想》https://www.aisixiang.com/data/86985-2.html。

邓鹏 。2013。"被放逐的朝圣者——'文革'前老知青的精神炼狱。"《社会科学论坛》2013 年第 2 期。

邓鹏。2010。"'文革' 前上山下乡运动与乌托邦理想。"《社会科学论坛》2010 年第 14 期。

邓贤。2015。《中国知青梦》。北京：人民文学出版社。

定宜庄。1998。《中国知青史：初澜（1953-1968 年》北京：中国社会科学出版社。

定宜庄。2014。"百万知青的婚姻生活。"《老知青家园》

丁惠民。年份不祥。"在激流与漩涡的中心。"

丁言鸣。2012。《尘封的记忆》。香港凌天出版社。

董国强、Walder。2012。《昨天》第 12 期。

风起云涌。2016。"中国知青运动的终结地——勐定。"《民间历史》香港中文大学中国研究服务中心。

何皮特、瑞志·安德蒙。2012。《嵌入式行动主义在中国：社会运动的机遇与约束》。北京：胡甫臣。2014 年。"对建国后历次政治运动的认识"。《共识网》2014 年 9 月 28 日。

黄健民。2015。"老知青反思：什么叫'青春无悔'？"《共识网》2015-01-15。社会科学文献出版社。

黄鹤生。2018。"造反夺权迁户口的安顺知青。"《昨天》第 111 期。

黄东汉。2020。"现代勾践——阿钟。"《记忆》第 286 期。

黄东汉。2013。"波涛暗涌求生路——'起锚'之一。"《记忆》第 93 期。

胡甫臣。2014 年。"对建国后历次政治运动的认识"。《共识网》（2014 年 9 月 28 日）。

姜海龄。2015）。"黑龙江生产建设兵团时期第一个返城知青的始末。"《北京知青网》http://www.bjzqw.com/lanmu/zqsk/2015/1004/7520.html

金春明。1995 年。《"文化大革命"史稿》。成都：四川人民出版社。

金春明。1998 年。"'两个文革说'与'义化大革命'的定性研究"。《中共党史研究》1998 年第 2 期。

金大陆。1998。《世运与命运：关于老三届人的生存与发展》。上海人民出版社。

金大陆、金光耀。2019。中国知青研究的历史学转轨(2008—2018)《史林》05 期

金光耀、金大陆。2014。《中国新方志知识青年上山下乡史料辑录》。上海人民出版社。

蒯大富。2014。"蒯大富的三十六条权经"。启之编著。《水木风雨：北京清华大学文革史》。台湾：独立作家出版社。

老歌。2011。"真相：1974.8.28 地震大逃亡——36 年后重访亲历者。"《华夏知青》http://hxzq.net/aspshow/showarticle.asp?id=6389

李硕。2014。《军垦记事》。中国文史出版社。

李建中。2013。"从'督卒'到'起锚'。"《记忆》93 期。

李志圣。2019。"130 万返城知青创造史上最奇特的病退风潮。"《昨天》第 141 期。

梁海祥。2014。"'无悔'时代的婚姻:生命历程理论下知青婚姻研究。"《经济研究导刊》2014 第 16 期。

梁晓声。2012。"若无高干子女下乡知青返城不会那么快。"《博讯新闻网》https://bnn.co/news/gb/z_special/2012/07/201207161728.shtml。

柳黎民、邓贤。2014。"云南知青三次大暴动。"《地方文革网》https://difangwenge.org/archiver/?tid-9683.html

刘国凯。1997年。"三年文革与两条线索"。《中国之春》(1997年)第2期。

刘愿。2016。"弥补那逝去的青春:知青对子女教育的代际补偿研究。"《世界经济》2016年第5期。

刘小萌。1994。"西方学者对'知识青年上山下乡运动'的研究",《青年研究》,1994/3,29-32页。

刘小萌。2004。《中国知青口述史》。中国社会科学出版社。

刘小萌。1998。《中国知青史：大潮（1966-1980年）》。北京：中国社会科学出版社。

刘小萌。2015。"不要美化上山下乡。"《文学城论坛》https://bbs.wenxuecity.com/memory/842956.html

龙泉。2015。"知青谈知青之苦,苦在哪里：希望渺茫,返城不公。"《上海知青网》http://zhiqingwang.shzq.org/studyDes.aspx?id=9678）

罗丹。2017。"1967年长沙六千知青大逃亡始末。"《博讯新闻网》。https://bnn.co/news/gb/z_special/2017/10/201710310655.shtml

马昌海。2009。"回首上山下乡运动。"《炎黄春秋》第8期

米鹤都。2011。"我看知青情结——兼论青春无悔"。《心路：透视共和国同龄人》。中央文献出版社。

潘鸣啸。2010。《失落的一代——中国的上山下乡运动（1968~1980）》中国大百科全书出版社出版。

裴毅然。2009。"一千八百萬知青下鄉真相。"《开放杂志》10月号。

钱理群。2016。"书信里的知青心路历程——读《民间书信》。"《记忆》第178期。

乔晞华。2015。《既非一个文革,也非两个文革：南外红卫兵打死工人王金事件个案分析》。台湾博客思出版社。

乔晞华、Pilip Monte、James Wright。2020。《文革群众运动的动员、分裂和灭亡：以社会运动学为视角》。美国华忆出版社。

秦小华。2019。"我的知青造反经历。"《昨天》第141期。

邱新睦。2003。"'知识青年上山下乡'研究综述。"《当代中国研究》2003年第4期（总第83期）。

沈殿忠。2019。"彻底否定知青运动是对50周年最好的纪念。"《知青》杂志（美国南加州）第21期,第4-11页。

四书斋主。2021。"知青骀荡的返城风。"《民间历史》。香港中文大学中国研究服务中心。

施子杰、赵德深。2019。"昆明知青为回家冒险翻越高黎贡山悲剧。"《昨天》第 141 期。

孙成民。2015。《四川知青史》四川人民出版社。

苏淮青。2021。"张衍少将：建议停止'上山下乡'第一人。"《知乎》https://zhuanlan.zhihu.com/p/390834311

塔罗·西德尼。2005。《社会运动与斗争政治》。江苏南京：译林出版社。

王虹。2021。《南京师范学院附中教育改革文献资料（1964-1966）》。美国华忆出版社。

王富秋。2019。《"文化大革命"时期下放辽宁省北票乡村"知青"研究》。博士论文。http://eprints.utar.edu.my/3652/1/ICS-2019-1508257-1.pdf。

王甫勤。2011。"'上山下乡'与知识青年的阶层分化及生活幸福感研究。"《南京社会科学》2011 年第 2 期。

王江。1996。"关于'老三届'人研究的方法论。"《中国青年研究》，1996/4，13-15 页。

王心文。2010。"云南知青大返城事件爆发的前前后后。"《民间历史》香港中文大学中国研究服务中心。

夏瑛。2014。"从边缘到主流：集体行动框架与文化情境"。《社会》第 34 卷。

向前。2008。"湖南老知青在文革中造反"。《记忆》第 45 期。

襄河农。2012。"知青大返城。"《黑龙江襄河种马场知青论坛》http://shzq.net/xhq//Thread.asp?tid=7418。

夏小强。2021。"男生咳血，女生闭经，军垦农场强劳动'后遗症'。"2021 年 4 月 3 日《夏小强博客》。https://www.xiaxiaoqiang.net/sequences-of-forced-labor-on-the-army-reclamation-farm/.html

晓剑、郭小东。1999。《老三届——与共和国同行》。中国文联出版社。

徐友渔。2010。"大规模上山下乡运动原因何在？"《地方文革网》

徐云。2019。《有话说：知青史料》。美国学术出版社。

许人俊。1980。"20 世纪 70 年代的知青返城浪潮。"《党史博览》第 2 期

阎淮。1991。"中国大陆政治体制浅论。"《中国大陆研究》第 8 期 18-40 页。

杨继绳。2016。《天地翻覆——中国文化大革命历史》。香港：天地图书。

姚联合。2014。"知识青年上山下乡运动简史。"《文史参考》18 期。

易海涛。2018。"资料、内容、理论方法：中国知青史研究的回顾与思考。"《中共党史研究》2018 年 1 期。

余杰。2021。"知青口述：上山下乡的那一刻。"《民间历史》香港中文大学中国研究服务中心

余杰。2021。"青海知青大返城纪实。"《民间历史》香港中文大学中国研究服务中心。

张理茜，蔡建明，王妍。2010。"城市化与生态环境响应研究综述。"《生态环境学报》19(1)：244-252

郑谦。2014。"文化大革命"中知识青年上山下乡运动五题。" http://www.cssn.cn/zgs/201405/t20140506_1149793_3.shtml

张程、乔晞华。2020年。《总统制造：美国大选》。美国华忆出版社。

张化。1987。"试论'文化大革命'中的知识青年上山下乡运动。"《十年后的评说——"文化大革命"史论集》。中共党史资料出版社，135-147页。

张卫。2008。"'知青大返城'的率先行动，为什么偏偏是云南知青？"《民间历史》香港中文大学中国研究服务中心。

赵华娟（2021）。"我哭知青绝食。"

赵鼎新。2005。"西方社会运动与革命理论发展之述评——站在中国的角度思考"。《社会学研究》第1期。

中共中央党史研究室。2011。《中国共产党历史》（上卷）。中共党史出版社。

中共南京市委党史工作办公室，中共南京市委组织部。2001。《南京党史八十年》。江苏人民出版社。

索　引

人名索引

奥尔森 166
贝特森 170
伯恩斯坦 24, 25
蔡立坚 19
蔡玉琴 19
陈双喜 106
蒂利 171
丁惠民 16, 22, 96-100, 185-199, 252
定宜庄 26, 40
董家耕 18
冯晶宝 106
葛兰西 171
侯隽 18, 39
胡建国 97, 188, 196
蒋科 93-95
金大陆 26
金光耀 26
金训华 21, 112
康国华 130
蒯大富 56
勒庞 46, 165, 210
李庆霖 21
李志圣 119
梁晓声 173
列宁 171
刘先国 188, 196
刘小萌 26, 36, 39, 41
洛赛 102
马克思 23, 24, 46, 166-171

毛泽东 3, 13, 14, 17, 19-21, 25, 45, 46, 82, 84, 87, 150, 158, 159, 172, 180, 184, 185
欧阳琏 104-107, 176, 187, 194, 195
潘鸣啸 25, 26, 78, 150
彭冲 93-95
秦小华 111
丘林 114-116
邱新睦 25
瞿玲仙 188
施子杰 114-116
苏德宽 102
谭震林 18
王百明 86
王良德 106
王曦 129-130
王震 99, 189
吴大胜 93-95
吴先明 114-116
吴向东 100
吴亦凡 213
夏确立 113-114
邢燕子 18, 39
徐建春 17
许家屯 93-95
许世辅 190
许世友 92-95, 173, 184
杨华 17
余杰 42
张衍 173, 183
张勇 21

张育海 128-129
赵凡 6, 99-102, 200
钟志民 182
周恩来 2, 18, 19, 182

主题索引

阿拉伯之春 196, 210, 211, 215,
突尼斯革命 209-211, 215
兵团情结 11, 152, 160
城市化 23, 24
多核心发展模式 24
扇形发展模式 24
同心圆模式 24
芝加哥学派 24
搭便车 204-205

大返城

北上请愿 97-99, 187-188, 202
病退 7-8, 117-122, 132-133, 139-141, 206
顶职 6, 8, 132, 133, 138, 139, 142, 185
困退 7-8, 117-122, 132-133, 139-141, 206
联名信 22, 96, 97, 185-187, 193, 196,
跑震 6, 195
新疆阿克苏 6, 7, 103, 187, 190, 193-195, 200, 201
云南景洪农场 22, 96, 97, 186, 188, 197, 198
云南勐定 6, 99, 100, 190, 200
道县 86

党的运动

斗争运动 13, 14, 179
生产建设运动 14, 179
思想教育运动 14, 179
整人运动 13, 14, 179

动机（文革）

对当权派不满 51, 52, 54, 56, 158, 159
同情受打压者 51, 52, 55
响应毛的号召 3, 4, 51-53, 56, 158, 159, 183
争取改善处境 51-53, 158, 159
饭圈 213, 214
高考入学 8, 137, 138, 142
高黎贡山 114, 115
户口 7, 19, 43, 83-85, 107, 110-114, 172, 174
户口保留证 116, 117
婚恋 5, 73, 74, 76,
  非知青婚 6, 76-78
  农婚 6, 76
  知青婚 6, 73, 75, 77, 78
  老知青 6, 13, 21, 63, 83-85, 129, 172, 181, 184, 195
利益集团 163, 175, 213
满意度 2, 11, 27, 147-149, 152, 153, 160, 240
缅甸共产党 127
知青旅 128
南京知青工龄 205
南师附中 40
  72贤 40
内讧 98, 173, 197, 198, 215

评价（上山下乡）

青春无悔 11, 12, 150, 151, 155-161
   无悔（见青春无悔）
   有悔（见青春无悔）
迁徙 1, 14, 20, 23, 179, 180
区间闭塞 204
瑞丽江大桥 89, 90
瑞丽县 88, 92,

三无

无大台 210
无阶级 210, 211
无领导 210, 211
无线 210, 211

上山下乡研究

初潮期 25, 26
高潮期 25, 26
后高潮期 25, 26
萌芽期 25, 26

社会运动

定义 12, 162, 163
分类 163
  改革运动 163
  革命运动 163
  环保运动 214
  救赎运动 163
  民权运动 14, 178-180, 192, 195
  民主运动 14, 178-180, 188, 192, 207, 214, 215
目的性 12, 13, 162-164
嵌入式社会运动 214

群体性 12, 13, 122, 123, 163, 164, 171, 174
认同性 12, 13, 163, 164
时间性 12, 13, 163, 164
替代运动 163

社会运动学

动员结构 14, 192
疯子论 13, 165
共鸣构框 14, 192
构框理论 13, 169-172
坏人论 13, 165
理性选择论 13, 166-168, 171, 172
群体行为学 13, 164, 165
人渣论 13, 165
社会冲突论 13, 166, 168, 171, 172
乌合之众论 13, 46, 47, 165, 166, 172
新社会运动论 171, 172
政治过程论 3, 168, 171, 172, 184, 211
政治机会 13, 14, 168, 170-175, 192
资源动员论 167, 168, 171, 172
罪犯论 13, 165

省分类

输出类 2, 36-38
输入类 2, 36-38

收入

低收入 4, 58-61
自给标准 58, 82
四个不满意 173, 183
  国家不满意 173, 183
  家长不满意 173, 183

社队不满意 173, 183
　　知青不满意 173, 183
逃港（起锚）122-126

统计学

比值比 49
参考类 49, 50
定性比较分析法 15, 201-203
对数线性模型 3, 42
覆盖率 203, 243
聚类分析法 2, 36
零假设检验 41, 42
线性回归 11, 61, 62, 148
一致率 203, 243
指标 14, 174, 180, 203
综合指数 203, 243
推荐上学 7, 132, 136, 137, 142, 149, 185
脱产 60, 61, 63
维稳 214

文革定义

博弈说 1, 45, 46
两个文革说 45, 46
　　内乱说 45, 46
　　社会冲突说 45, 46
一个文革说 45, 46
问卷调查 2, 26, 27, 48, 50, 78, 206
下放户 6, 13, 92-96, 173, 184, 192, 193, 202

心态

精神苦 63, 64, 69, 70
绝望类 5, 70-75, 148, 149, 159, 160
困惑 64, 66-71,
生活苦 64, 65, 69-71
痛苦/失望类 70-74, 148, 159, 160
失望类 5, 70-74, 148, 159, 160
思乡 63, 64, 68-71
无忧虑类 5, 70-74, 148, 159, 160
一般痛苦类 70-74. 148. 159. 160

运动

目的性 12, 13, 162, 163, 176
自发性 12, 14, 174, 176, 180
自主性 12, 14, 162, 165, 174, 176, 180
运动战术 15, 196, 199-204, 206
罢工 6, 12, 15, 22, 97-100, 103, 163, 174, 189-194, 200-204, 207
绝食 6, 12, 15, 99-102, 106, 107, 163, 174, 190, 191, 193, 200-203
卧轨 6, 12, 15, 86, 94, 98, 102, 174, 184, 189, 191, 192, 198, 200-204
再教育 20, 25, 41, 58, 107-109, 119, 131, 199,
扎根 19, 74, 76, 82, 112, 121, 156
招兵 7, 9, 10, 60, 103, 118, 130, 132-135, 142-148
招工 7, 9, 10, 18, 21, 43, 60, 118-121, 123, 124, 129, 132-135, 142-148, 185
政治体制 168, 207

知青

流向 24, 34, 36, 37
下乡地 2, 27, 30-32, 59, 81
原住地 28, 30
知青点 39, 86, 110

职业

管理类白领 9-12, 142, 146-155, 160, 161

蓝领 9, 11, 12, 142, 144-148, 149, 151-155, 160

学者类白领 9-12, 142, 144-148, 151-155, 160

中层白领 9-12, 142, 144-148, 151-155, 160

智猪 204, 215

中共政权结构 208

作者简介

乔晞华,美国 Tulane 大学(译为杜兰大学)社会学博士,得克萨斯州司法部数据分析师,研究领域:社会运动学、犯罪学、研究方法论、统计学。论著有:

《文革群众运动的动员、分裂和灭亡:以社会运动学视角》

《既非一个文革,也非两个文革》

《社会问题 40 问:西方社会学面面观》

《总统制造:美国大选》

《星火可以不燎原:中国社会问题杂论》

《多棱镜下:中国电影与时装时尚》

《我的美国公务员之路》

Mobilization, Fractionalization and Destruction of Mass Movements: A Social Movement Perspective(译为:文革群众运动的动员、分裂和灭亡:以社会运动学视角)

Violence, Periodization and Definition of the Cultural Revolution: A Case Study of Two Deaths by the Red Guards(译为:文革的暴力、分期和定义:两起红卫兵打死人事件个案分析)

www.ingramcontent.com/pod-product-compliance
Lightning Source LLC
Chambersburg PA
CBHW051113230426
43667CB00014B/2561